Detox de homem

10 DICAS PARA FUGIR DE RELACIONAMENTOS PROBLEMÁTICOS

Zoe Strimpel

Detox de homem

10 DICAS PARA FUGIR DE RELACIONAMENTOS PROBLEMÁTICOS

Tradução
Patrícia Azeredo

1ª edição

Rio de Janeiro | 2016

CIP-BRASIL. CATALOGAÇÃO NA PUBLICAÇÃO
SINDICATO NACIONAL DOS EDITORES DE LIVROS, RJ

S875d

Strimpel, Zoe
    Detox de homem: 10 dicas para fugir de relacionamentos problemáticos. / Zoe Strimpel ; tradução Patrícia Silva de Azeredo. - 1. ed. - Rio de Janeiro : Best Seller, 2016.

    Tradução de: The man diet
    ISBN 978-85-7684-639-0

    1. Autoestima. 2. Técnicas de autoajuda. 3. Relacionamentos. I. Título.

16-34006
                                        CDD: 158.1
                                        CDU: 159.947

Texto revisado segundo o novo Acordo Ortográfico da Língua Portuguesa.

Título original
THE MAN DIET
Copyright © Zoe Strimpel, 2011
Copyright da tradução © 2016 by Editora Best Seller LTDA.

Capa: Gabinete de Artes
Editoração eletrônica: Ilustrarte Design e Produção Editorial

Todos os direitos reservados. Proibida a reprodução,
no todo ou em parte, sem autorização prévia por escrito da editora,
sejam quais forem os meios empregados.

Direitos exclusivos de publicação em língua portuguesa para o Brasil
adquiridos pela
EDITORA BEST SELLER LTDA.
Rua Argentina, 171, parte, São Cristóvão
Rio de Janeiro, RJ — 20921-380
que se reserva a propriedade literária desta tradução

Impresso no Brasil

ISBN 978-85-7684-639-0

Seja um leitor preferencial Record.
Cadastre-se e receba informações sobre nossos lançamentos e nossas promoções.

Atendimento e venda direta ao leitor
mdireto@record.com.br ou (21) 2585-2002

Agradeço ao meu agente Bill Hamilton por me ajudar a dar forma à ideia inicial e por me estimular a seguir em frente. E também a Charlie Brotherstone por arrumar um lar para o livro. Também sou grata às garotas da Avon, é claro, particularmente a Claire Bord e Helen Bolton, que mantiveram a calma e me deram todo apoio ao longo da criação relativamente curta, porém intensa, deste livro. Foi um prazer trabalhar com elas.

Agradeço aos meus dois adultos prediletos em Londres: Diana e Mike Preston, que sempre me deram apoio. Devo a eles muito reconhecimento (e jantares deliciosos).

Agradeço à encantadora Janet Kwok, que me ajudou demais.

Agradeço a Tom Stammers: você sabe o quanto é importante.

Agradeço a todas as mulheres maravilhosas, inteligentes e entusiasmadas pela confiança e disposição em dividir suas experiências mais pessoais e seus pontos de vista. Agradeço imensamente aos especialistas que cederam seu tempo para ajudar a esclarecer minhas ideias: Val Sampson, Ricky Emanuel, Susan Quilliam, Janet Reibstein. Todos forneceram informações cruciais e eu não teria conseguido escrever este livro sem vocês. Cecilia d'Felice: muito obrigada por ter sido fundamental na inspiração deste livro.

Agradeço a Allister Heath e todo o pessoal do jornal *City A.M.* por me garantirem um período de licença para escrever o livro. Foi uma grandiosa demonstração de apoio e significou muito para mim.

Lexie, Diane, Lucie, Terri, Danya, Ruth e as outras moças encantadoras: vocês sabem quem são. Agradeço a Jonathan Silberstein Loeb, que me chamou a atenção para incontáveis artigos e ideias interessantes.

E um agradecimento imenso ao meu avô que, aos 91 anos, ainda me fascina com seus sábios insights sobre mulheres, homens, a vida, o amor e o universo.

Agradeço a Lisa Bud pela orientação incrivelmente precisa e ao meu irmão Daniel por representar um contraste esclarecedor em relação ao meu jeito de viver e por levantar questões nas quais eu jamais teria pensado.

Por fim, os meus pais merecem meu agradecimento, como sempre, por serem a minha principal fonte de apoio.

Para minha velha e querida amiga Eleanor Halgren.
E, é claro, para *todas as solteiras*.

SUMÁRIO

	Por que escrevi este livro	11
Regra número 1:	Recusar o sexo sem compromisso	29
Regra número 2:	Diminuir o álcool	67
Regra número 3:	Não fuxicar o Facebook	101
Regra número 4:	Não falar sobre homens	129
Regra número 5:	Fazer algo ousado	155
Regra número 6:	Dar um tempo nos joguinhos	177
Regra número 7:	Não correr atrás	203
Regra número 8:	Dar um tempo nos namoros pela internet	227
Regra número 9:	Concentrar-se na sua autoestima	249
Regra número 10:	Conhecer seus obstáculos	275
	Para concluir...	297
	Feminismo e outras leituras	305
	Bibliografia	315

POR QUE ESCREVI
ESTE LIVRO

Aqui vai uma historinha:

Estou com um cara lindo, já matamos dois terços da garrafa de champanhe grátis que consegui por meio dos meus contatos como relações públicas e calculo a probabilidade de um beijo, ou quem sabe algo mais quando terminarmos. Justamente quando estou imaginando o triunfo que seria conhecer o quarto dele, o iPhone do rapaz toca. Parece que outra garota precisa dele — uma "amiga" está "com problemas" —, e lá se vai o gato, não antes, porém, que eu roubasse um beijo enquanto ele ligava a motocicleta.

Mas quando chego em casa, em vez de ficar feliz da vida por ter beijado o cara maravilhoso que eu havia conhecido como um massagista muito profissional num spa no centro de Londres, eu deito na cama e me sinto... triste. Rejeitada. Uma bosta. Cansada. Como se tivesse me vendido barato, sem saber muito bem o motivo. O que eu esperava ganhar? Uns amassos com um homem — muito forte, diga-se de passagem — que precisei atrair para um encontro com a promessa de álcool grátis?

Aqui vai outra história: *Minhas amigas Kim e Kate estavam assistindo ao Uruguai jogar contra a Holanda nas semifinais da Copa do Mundo e acabaram pegando dois alegres holandeses. Porém, depois de imaginar que os peguetes adorariam manter contato, as duas ficaram chocadas por não terem recebido notícias deles. Kim chegou a mandar um e-mail e recebeu uma resposta totalmente grossa. Teria sido cômico se ela não tivesse se sentido horrível e vazia por isso, levando a uma crise de autoestima que durou uma semana e se somou a uma série de outros problemas (trabalho ruim, carreira estagnada, vida sem direção). E pelo quê? Por um cara aleatório! Enquanto isso, o peguete da Kate respondeu e aceitou encontrá-la para tomar um drinque. Ele só estará livre uma semana depois, tempo de sobra para Kate ficar moderadamente empolgada. O encontro acontece num pé-sujo escolhido por ele, e mais tarde o rapaz parece esperar que ela o acompanhe até em casa. Kate lhe concede um beijo de língua e, depois de três dias sem receber notícias, enche a cara e manda uma mensagem de texto para ele. Após ficar sem resposta, ela também passa uns dias com raiva e se odiando.*

Deveríamos estar vivendo a melhor época das nossas vidas, mas como as histórias acima sugerem, ser solteira e feliz no século XXI está longe de ser fácil. Ruth, de 29 anos, define bem a situação: "Ser solteira é um trabalho, mas um trabalho secreto". Estamos constantemente equilibrando a ansiedade interna por estarmos solteiras com uma persona pública livre, leve e solta. Por isso, embora a solteirice pareça maravilhosa para uma jovem bem-depilada, sexualmente liberta e financeiramente independente, está longe de ser moleza.

O que me motivou a escrever este livro foi o fato de a solteira ocidental nunca ter estado em uma situação tão boa. Ela tem mais oportunidades do que nunca nos campos profissional, social e sexual, e enfrenta menos assédio e complexos de superioridade por parte dos homens. Também tem salários maiores, além de transar e beber como nunca. Em suma, ela pode fazer o que quiser, mas, de alguma forma, quando se trata dos pontos cruciais para a sociedade — amor e sexo — ela não consegue ficar satisfeita. Pelo menos não o bastante.

Detox de homem expressa a minha opinião de que não precisa ser assim. Quero ajudar a mulher solteira a ultrapassar o maior obstáculo para a sua felicidade atualmente: o amor junk food. Quero contribuir para eliminar a sensação de tristeza e inutilidade que muitas de nós compartilhamos quando não temos um anel nem um homem em mãos para continuarmos sendo — e nos sentindo — incríveis.

> *"Ser solteira é um trabalho, mas um trabalho secreto."*

Vem fácil, vai fácil: bem-vinda ao mundo do amor junk food

O Badoo é um site de namoro voltado para héteros, com 120 milhões de usuários e 300 mil novos registros por dia no momento da escrita deste livro. O Floxx, que surgiu como FitFinder, é um microblog em que os usuários descrevem pessoas atraentes ao seu redor em termos picantes (em outras palavras, um portal de pervertidos), enquanto o tubecrush.net permite às usuárias (apenas mulheres, curiosamente) publicar fotos de rapazes bonitos tiradas discretamente no metrô. Já o Flirtomatic permite aos usuários mandarem cantadas eletrônicas: a página inicial é uma explosão de fotos em movimento que chega a enjoar. Dezenas de sites do gênero são criados todos os dias. Vou parecer incrivelmente careta agora, mas vejo esses sites como um subproduto natural de um ambiente de namoro que oferece cada vez mais fast-food malfeita e menos refeições saudáveis e bem-preparadas. Pronto, falei.

No início de 2010, quando voltei a ficar solteira, estava totalmente envolvida no amor do tipo fast-food e abracei feliz da vida a ideia de que "tem muita gente no mercado". Fiquei meio eufórica, correndo atrás de homens e dizendo sim para eles como se fosse minha obrigação por ser solteira e, como disse, supostamente estava "amando tudo isso".

A Dra. Cecilia d'Felice, psicóloga e especialista em relacionamentos, foi a primeira a me recomendar um "detox de homem" depois que contei a minha experiência como solteira.

> "Em cada fracasso — o homem que não topa sair pela segunda vez, o cara mal-educado ou o encontro do qual você não gostou — há uma potencial perda de autoestima. Ter muitas experiências negativas faz você se desvalorizar, ficar para baixo, além de aumentar a ansiedade em relação a sua capacidade de conseguir estar com alguém."
>
> Dra. Cecilia d'Felice, psicóloga clínica e especialista em relacionamentos, autora de *Dare to Be You*

Ouço todas perguntarem: o que é uma detox de homem? Bom, em termos bem simples, é uma dieta na qual você evita cair de boca nos homens, literal e metaforicamente. Simplesmente os dispensa. Você os esquece e passa a priorizar a autoestima, seus interesses, sua personalidade. Em suma, dedica-se mais a você. O objetivo é relaxar, dar um tempo nesse negócio de relacionamentos, romance e tal.

Pensei mais sobre essa corajosa ideia: eu seria capaz de fazer isso? E no fim das contas, será que eu *queria* fazer isso? Era algo que parecia igualmente tentador e desafiador, tive que admitir. Não tinha certeza se conseguiria, mas senti que teria muitos benefícios se a seguisse. A detox de homem parecia ser um belo caminho, que tem suas ladeiras, é claro, mas em geral é agradável e com uma paisagem interessante. Parece o tipo de viagem cujas ladeiras vão deixá-la com glúteos e coxas de dar inveja quando terminar.

Comecei não só a prestar atenção no que eu estava fazendo de errado, mas também a observar discretamente o comportamento de minhas amigas solteiras, em vez de apenas estimulá-las a continuar tirando o gosto amargo de um encontro insatisfatório indo a outro encontro insatisfatório. Claro que agíamos errado, basicamente da mesma forma: nos entregando demais e a muitas pessoas, sem um bom motivo para isso. Homens bons com quem se pode ter um relacionamento para toda a vida não dão em árvore hoje em dia (algum dia já deram?) e você sabe quem são eles quando os encontra. Como não conseguíamos encontrá-los, incorporamos a Samantha de *Sex and the City*, fazendo o estilo "quantidade supera qualidade", e adivinha só: isso não nos deixou felizes. Nem aumentou a chance de encontrar alguém que valesse a pena, pois o tipo de cara que estávamos atraindo nunca melhorava ou mudava.

E se não conseguíamos arranjar alguém e ficávamos "na seca", conversávamos sobre isso, desperdiçando energia emocional. Encontros com caras de quem não gostávamos muito, independente de termos conhecido pela internet ou qualquer outro lugar, também machucavam e prejudicavam nossa autoestima. Com ou sem homens, nós sempre nos definíamos em relação a eles.

Quem está a fim de você, além de quantas ficadas, trepadas, mensagens de texto sugestivas no celular, cantadas no Facebook ou intrigas você consegue acumular parece ser o arroz com feijão da mulher solteira (melhor dizendo: o excesso de carboidratos). Comecei a ver que, na verdade, esses são nossos venenos. Não por serem ruins em si, mas porque têm um efeito muito parecido com o de drogas: sem eles nós nos sentimos péssimas, e com eles só conseguimos pensar na próxima dose. Ficamos satisfeitas em algum momento? Claro que não.

A identidade e a mulher solteira: sou gostosa o suficiente?

A sensualidade, assim como o ouro (embora não seja tão sólida), virou a moeda social e sexual mais desejada da sociedade.

No sensacional livro *Female Chauvinist Pigs*, Ariel Levy é direta e franca ao dizer que "o ruído superaquecido da sexualidade" no Ocidente, centrado no imagético, é muito mais uma questão de consumo do que de ligação humana verdadeira. Sem dúvida, as pessoas gastam muito dinheiro adquirindo essa forma brilhosa de sensualidade.

Como define Maria, 31 anos, "tudo se resume a: 'Você acha que eu sou bonita ou não?'"

Em algum lugar no fundo do nosso cérebro está a ideia aprendida na infância de que tudo de bom acontece com as garotas bonitas: o príncipe num cavalo branco, atenção desmedida, popularidade. Sendo assim, na falta de um príncipe e de uma vasta gama de boas opções, a solteira sente que precisa provar a si mesma e aos outros que não está solteira por não ser atraente. Embora ser considerada gostosa atue como uma imensa fonte de motivação para mulheres em qualquer estado civil, trata-se de uma preocupação ainda mais importante para a solteira. A sensação de: "Mostre que sou bonita o bastante para que eu tenha certeza de que realmente sou. Do contrário, tenho medo que as pessoas — inclusive eu — vejam a minha solteirice como consequência de uma beleza abaixo da média. E isso vai me deixar arrasada".

A falsa promessa de transar como um homem

Queremos mostrar que somos gostosas e sexo é uma das formas de fazer isso. Mas tem que ser sexo fácil, tranquilo e casual porque somos mulheres independentes e fomos levadas a acreditar que uma boa forma de mostrar independência é trepar muito ou escancaradamente.

Fazer marcas na cabeceira da cama para cada transa virou um símbolo comum de empoderamento, mas na minha opinião é um falso poder, pois a equação que favorece a quantidade em vez da qualidade não deixa feliz a maioria das mulheres. Essa convicção se baseia em parte na minha experiência como solteira: fiz várias ofertas generosas do meu corpo e recebi pouca recompensa em termos de amizade, afeto ou (até parece) emoção verdadeira. (Italianos aleatórios com QI abaixo de zero em encontros rápidos em apartamentos emprestados e alemães bêbados que traíam mulheres e namoradas em armários de vassouras nas festas podem parecer uma grande diversão, mas perdem a graça rapidamente.) Também se baseia num vasto conjunto de pesquisas, algumas convincentes, outras nem tanto. Afinal, a última coisa de que você precisa são homens pesquisadores alegando que de acordo com a ciência as mulheres devem ser castas enquanto os homens podem continuar mandando ver por aí porque isso está no DNA deles. Autoras como Natasha Walter em *Living Dolls: The Return of Sexism* e Cordelia Fine em *Homens não são de Marte e mulheres não são de Vênus* ficam particularmente enfurecidas com o determinismo biológico e vão convencer qualquer mulher pensante a ver argumentos prescritivos em termos biólogos com um pé atrás. Mas existem algumas evidências úteis e honestas sobre mulheres e depravação sexual capazes de dar base ao que aprendi com a experiência e a observação. Falarei mais sobre isso depois.

A ideia de "se agarrar ao poder e fazer sexo como um homem" seduziu toda uma geração de jovens, tendo como deliciosa porta de entrada a série de TV *Sex and the City*. Nós ficávamos ansiosas para ver Carrie, Miranda, Charlotte e, claro, Samantha, o ícone sexual da série, discutindo o assunto de forma aberta e hilária e realmente *fazendo* "sexo como um homem" (seu objetivo declarado já no primeiro episódio). Havia uma certa competitividade nisso e muitas de nós que assistiram a esse e vários outros episódios nos quais as personagens fazem sexo puramente pelo prazer (a norma para Samantha) sentiam vontade de gritar "isso!" e dar soquinhos no ar. Afinal, parecia muito com o feminismo. E sem dúvida o ideal de experimentação sexual sem compromisso apresentado na série ajudou a definir o feminismo conhecido como "terceira onda". Segundo Debbie Stoller, cofundadora da revista americana *Bust*, na busca pela realização sexual as "feministas lascivas da terceira onda" não estão deixando pedra sobre pedra. Brinquedinhos, técnicas: estamos experimentando *tudo*.

Contudo, acho que uma amiga minha chamada Kristen, 32 anos, apresenta uma imagem mais próxima da realidade do que a mulher poderosa de Manolo Blahniks batendo no chão e cabelos perfeitamente penteados pós-coito em *Sex and the City*:

> "Existe uma expectativa de que devemos fazer sexo casual e de que isso não nos afeta — mas afeta. Vemos o sexo casual como forma de empoderamento, mas quando eu fazia sexo 'casual' com o cara com quem dividia o apartamento, ficava chorando no meu quarto sempre que ele transava com outra pessoa no quarto ao lado. Não me sentia tão empoderada assim."

Várias jovens entrevistadas no *Female Chauvinist Pigs*, de Levy, explicam assustadoramente bem como estão, junto com as amigas, encarando o sexo avidamente, de maneira parecida com os homens, para mostrar que não são "mulherzinhas".

Sexo casual inúmeras vezes não significa empoderamento verdadeiro (embora também não seja *necessariamente* o oposto disso). Empoderamento não é se sentir péssima quando um cara a usa como auxílio masturbatório e fingir que não se importa.

Empoderamento não é insistir: "Posso fazer o que quiser. E se eu quiser me magoar, ser usada, desvalorizada, ficar péssima e diminuir minha autoestima, eu posso!" E também não é uma questão de *simular* empoderamento através do sexo. Você se empodera prestando muita atenção ao que realmente melhora o seu bem-estar e sabendo diferenciar entre diversão e um tratamento péssimo disfarçado de diversão.

O desconforto social e a mulher solteira

Como se a situação precisasse ficar ainda mais difícil, a cereja do bolo é que as solteiras de hoje em dia ainda sentem uma ansiedade sobre o próprio estado civil que varia de gerenciável a debilitante. As mulheres não são mais definidas pela habilidade para criar filhos e limpar a casa, mas isso não parece diminuir a obsessão da sociedade com o status romântico e sexual delas. Nos Estados Unidos, profissionais bem-sucedidas costumam se afastar do trabalho por dois anos (DOIS ANOS) para planejar o casamento.

> "Existe uma pressão da sociedade de que se você é uma solteira na casa dos 30 anos, será vista como louca, desesperada ou problemática de alguma maneira. É como diz Stanford em *Sex and the City*: 'Você não é ninguém até ser amada por alguém.' Agora, eu não quero chegar aos 50 anos, ter muito sucesso e morar num belo apartamento para as pessoas só ficarem lembrando que estou solteira. Não gosto de ser reduzida a isso, a um fracasso por não ter alguém para transar a longo prazo."
>
> Ronnie Blue, 30 anos, jornalista

Reality shows sobre casamento e a procura do homem certo fazem sucesso e se reproduzem como coelhos: *Bridezillas, The*

Bachelorette, My Big Fat Gypsy Wedding e tantos outros. No Reino Unido, a despedida de solteira chegou ao ponto de lembrar a adoração a uma deusa. O dinheiro não deve ser um obstáculo para a homenagem completa que a noiva merece. "O casamento virou um culto", diz Ronnie. "As despedidas de solteira viraram uma loucura, como se o casamento fosse a maior conquista de uma mulher. Se você for solteira, fica se sentindo um fracasso total. Mas se não houvesse essa pressão, essa visão, você não ficaria tão ansiosa para encontrar alguém. Essa ansiedade afeta o seu comportamento com os homens e a deixa menos atraente."

O apogeu decrescente da mulher solteira: de Cleópatra e Elizabeth I a Bridget Jones

Vale a pena lembrar e ter orgulho das nossas origens. Os epítetos mais terríveis eram dirigidos a solteiras não viúvas. Elas eram consideradas, no mínimo, vadias sem vergonha ou solteironas horrendas, virgens e frígidas. Mas muitas de nossas antecessoras, de Joana D'Arc a Florence Nightingale, consideravam a solteirice fundamental para a busca do trabalho que desejavam conquistar. Cleópatra falava nove idiomas fluentemente como rainha do Egito e mal podia suportar a idiotice do amante (e não marido) Marco Antônio. Elizabeth I permaneceu virgem, "casada com seu povo". A russa Catarina, a Grande, teve vários amantes — aos quais pagava generosamente quando não a satisfaziam mais — enquanto mudava o rumo da história europeia.

Estadistas como elas eram obviamente exceções raríssimas à regra de que "ser uma mulher solteira significa ser digna de pena e desprezada". E os obstáculos enfrentados por elas foram imensos (basicamente, homens e as leis escritas por eles). Hoje que somos livres para fazer o que quisermos, com ou sem um homem ao lado, e podemos ter uma vida sexual tão safada ou polígama quanto quisermos, deveríamos disparar em frente, plenas com a alegria da liberdade.

Mas em vez de imitar a forma surpreendente pela qual Catarina, a Grande, tratava os amantes e a política imperial, é o modelo hilário, porém assustador, de Helen Field que retrata a solteirice no início da meia-idade. *O diário de Bridget Jones* exerce uma influência verdadeira sobre as mulheres. Adoramos a mistura caótica de falta de aptidão profissional, vulnerabilidade, vergonha e frustração, em parte porque tudo isso parece dizer: "Você também é assim".

Na página, escrito numa letra com formato agradável, tudo é charmoso, ótimo e termina num casamento de conto de fadas. A realidade, contudo, é diferente e pode melhorar. Depois de muito observar e analisar, ficou absurdamente claro que a Dra. d'Felice tinha descoberto algo importante: estamos preenchendo a vida com muito amor junk food que, em vez de nos dar força, apenas nos entope de peso morto emocional. Por isso decidi experimentar a detox de homem.

Explicando a detox de homem: para que ela serve?

A detox de homem explica e explora dez regras criadas para acabar com o vício do amor junk food, ou mais precisamente:
- Experiências negativas relacionadas a homens
- Pensamentos nocivos e obsessivos em relação a homens
- Ações prejudiciais relacionadas a homens

A detox foi feita para ajustar o seu comportamento mental e social de modo a fortalecer sua autoestima. Isso deverá transformar sua solteirice em algo saudável, criativo e, sim, feliz. Muitos livros colaboram para aumentar o estigma de não ter um relacionamento fixo ao ensinar como conquistar um homem, ou ao defender agressivamente a mensagem que você pode ser feliz *apesar* de ser solteira. Esta obra ensina como tratar bem a si mesma em termos emocionais e intelectuais *enquanto* estiver solteira.

Dietas são difíceis. Esta também é?

Não chega a ser incrivelmente difícil, mas também não é moleza. Embora seja definitivamente menos dolorosa do que uma dieta alimentar (ainda que não necessariamente menos desafiadora), a detox de homem exige, sim, um esforço significativo, pois envolve cortar boa parte do amor junk food altamente disponível e consumido com frequência. Este amor está em todo lugar: no *feed* de notícias do Facebook, em nossa disponibilidade na internet, nossas múltiplas caixas de entrada, nossa falta de concentração. Está na crença de que a conexão emocional é ruim e certamente não combina com sexo, que ter um cara é melhor do que não ter nenhum, que a melhor e mais simples forma de passar o tempo é pensando e falando sobre homens. Também está nos homens em si: eles se alimentam de uma cultura de pornografia ao estilo vale-tudo, na qual o cavalheirismo está morto e o sexo, milagrosamente, dá em árvores.

Lembre-se: o amor bom também existe. É por isso que esta detox é positiva no fim das contas. Ao cortarmos o amor ruim, abrimos espaço para o bom. O amor bom pode envolver homens bons, coisas boas com homens de quem você gosta, ou pode significar você se sentir bem sem homem algum. A detox de homem é um método para separar o joio do trigo em termos emocionais, sexuais e românticos. Independentemente de você estar gostando de namorar e se divertir, de estar solteira há tempos e desesperada por uma transa ou de ter a intenção de achar um parceiro sério para o resto da vida, cortar o amor junk food é uma grande vantagem.

Posso sair com alguém enquanto estiver lendo este livro?

Sim! Mas de um jeito saudável, seguindo a detox de homem e sem amor junk food. Você pode ficar com homens e até transar com eles na "detox", mas só se for do jeito certo, com o sentimento certo e, sendo bem direta, com um cara legal. É uma questão de reduzir o lixo. Em outras palavras, a detox de homem diz respeito a definir fronteiras emocionais, não físicas.

Para quem a detox serve?

A detox não é apenas para quem tem pretendentes vorazes batendo à porta: secas são tão comuns para a solteira atraente quanto se empanturrar de homens pouco saudáveis. A detox é para qualquer pessoa que pensa demais e de modo pouco construtivo sobre homens, ou cuja vida está sendo prejudicada pela presença — ou ausência — deles.

O seu objetivo é se sentir plena e apreciar essa plenitude, longe dos homens e da validação que a atenção deles nos dá. O propósito deste livro é inspirá-la a se respeitar mais e ir atrás dos seus interesses obstinadamente. Sendo você mesma, não uma pessoa que quer desesperadamente ser escolhida e vive da atenção masculina e da validação que ela traz.

A chave para a satisfação, como a detox de homem vai mostrar, não é dormir com mais um homem musculoso, ter uma aventurazinha com o cara casado do trabalho ou tentar atrair aquele gato da academia. É entrar num relacionamento forte e respeitoso consigo mesma. Sim, eu sei, "amar a si mesma" é o conselho mais velho e mal explicado do mundo. Mas se você é solteira ou tem um relacionamento complicado com os homens, a detox de homem vai mostrar como conseguir essa proeza. E se você acha estranho usar a palavra "amor" em relação a si mesma (minha mão está levantada), essa dieta vai colocá-la no caminho para a felicidade sendo autêntica e assumindo o controle da própria vida. O resto — achar o cara certo e tudo mais — deve acontecer naturalmente, embora assumir o controle da própria vida seja o objetivo principal, e um excelente motivo por si só. A detox de homem é para qualquer pessoa que deseje se sentir o melhor possível, especialmente se isso estiver difícil como solteira.

O plano de dieta "misturar e combinar"

Se você for perfeccionista e gostar de medidas drásticas, pode seguir todas as regras ao mesmo tempo, de uma vez só, mas há grande probabilidade de acabar frustrada ou entediada, como acontece nas detox alimentares.

Eu prefiro uma abordagem mais flexível. Um dos motivos pelos quais gosto da detox de homem é o fato de ela ser perfeita para misturar e combinar regras, bem como a intensidade com que você as aplica. Recomendo escolher de três a sete regras para seguir ao mesmo tempo.

Como seguir essas regras?

A primeira parte de cada capítulo explica o contexto social da regra e por que as mulheres podem precisar dela. Ao final de cada capítulo há uma lista bem prática que ensina a seguir a regra em questão e vai do campo geral até o específico.

Como saber quais regras eu escolho?

No início de cada capítulo um guia mostra quem vai se beneficiar mais com a regra, bem como as regras que a complementam/combinam com ela. Quando comecei, a "Não correr atrás" (regra número 7) parecia ser a mais urgente. Você vai ter uma intuição sobre qual é a *sua* área mais problemática. Algumas regras precisam ser cumpridas totalmente logo de cara, e "Não correr atrás" é uma delas. Outras podem ser cumpridas com maior ou menor intensidade, como "Não falar sobre homens".

Depois que comecei a relaxar na minha busca constante por parceiros, parando de mandar mensagens para lembrá-los da minha existência e tal, confiei em minha intuição para definir as regras seguintes. Eu estava indo bem em não correr atrás de homens na maior parte do tempo, mas à noite, após alguns drinques, sentia os dedos coçarem para pegar o celular. E quando chegava em casa, ia direto para o Facebook. Então os próximos passos foram "Diminuir o álcool" (regra número 2 e algo que eu queria fazer há tempos) e "Não fuxicar o Facebook" (regra número 3).

As outras regras vieram logo depois, mas não dá para fazer tudo de uma vez só, tipo intensivo. Comece com a regra mais urgente e siga adiante. "Não correr atrás" e "Não fuxicar o Facebook" andam juntas, por exemplo, enquanto "Fazer algo ousado" combina com "Não falar sobre homens".

Quanto tempo leva para a detox funcionar?

Você pode ficar na detox de homem por duas semanas, um mês ou um ano (ou para sempre). Os benefícios aparecem entre um dia e um mês depois de começar, tempo suficiente para mudanças no estilo de vida terem algum impacto. Depois que você sentir os benefícios, voltar às atitudes antigas provavelmente não vai ser mais tão atrativo.

Fazer algo ousado que não envolva sexo (de ler um bom livro a realizar uma boa ação) faz com que eu me sinta imediatamente uma mulher mais forte e mais completa. Isso acontece porque essa é uma regra ativa. Por outro lado, algo como não falar sobre homens (regra número 4) pode levar um pouco mais de tempo, pois exige um período maior para você e suas amigas se acostumarem a isso. Mas após uma ou duas semanas, dependendo do quanto você tenha oportunidade de praticar, será possível notar uma verdadeira reprogramação do cérebro e das emoções para melhor. De modo a obter os melhores resultados, use o máximo de regras possíveis de uma vez (mas não todas, como já mencionei, para você não ficar frustrada) e continue seguindo-as por um mês. Os benefícios serão mais profundos do que o prazer superficial de, digamos, ter escolhido um livro difícil ou lutado contra o impulso de stalkear um cara no Facebook.

Com uma boa dose de disciplina e paixão (e também de paciência consigo mesma), sua autoestima deverá aumentar a longo prazo, além de o seu comportamento geral melhorar. Outros benefícios da detox de homem são: crescimento no trabalho, descoberta de novas formas para liberar a criatividade e de novos territórios com amigos.

Preciso fazer a detox para sempre?

Não de um jeito rígido. Você pode fazê-la por uma semana, um mês ou dois meses e sentir os benefícios. Quando voltar ao estilo de vida pré-detox de homem, você estará mais ciente de suas ações e de como elas a afetam.

O ideal é que a detox de homem lhe dê uma perspectiva útil, que pode se transformar em hábito depois de um tempo. Você pode acabar optando naturalmente por seguir algumas regras. Por exemplo, depois de ter experimentado o sabor da liberdade fornecida pela regra "Não fuxicar o Facebook", pode ser que você nunca mais abra o Facebook na vida. Outras regras você até pode deixar para trás, mas os pensamentos, sensações e ideias que terá enquanto estiver na detox de homem lhe trarão grandes benefícios.

Isso vai me enlouquecer?

Não. Muito pelo contrário, vai deixar você mais feliz. Além do mais, as regras são divertidas, não um castigo. Prometo.

Mas estou solteira há séculos! A última coisa de que preciso é uma detox de homem!

Faça as seguintes perguntas a si mesma e seja sincera: a ausência de homens na sua vida a deprime? Você já foi rejeitada, talvez mais de uma vez, de maneira que ficou triste ou perdeu a autoestima? Você gasta muita energia tramando novos jeitos de conhecer um cara decente? Fica irritada que suas amigas constantemente sentem necessidade de discutir sua vida amorosa? Se você respondeu "sim" a qualquer uma dessas perguntas, então vai sentir os benefícios da detox de homem, pois ela diz respeito a fronteiras emocionais, não físicas.

Quais são os primeiros sinais de que a dieta está dando resultado?

Bom, após algumas semanas na detox de homem, eu perdi uma boa quantidade de peso emocional *vazio*. Foi como acabar com a retenção de líquido e o inchaço provocado por alimentos com trigo. Eu me sentia melhor psicologicamente e me concentrava mais em coisas reais como o trabalho, livros e boas conversas, ao contrário da eternamente fugidia possibilidade de envolvimento romântico. Vai acontecer o mesmo com você.

Você também vai ficar admirada ao notar que terá conversas melhores com os homens que vier a conhecer, pois elas não estarão mais tão carregadas de expectativas. Você gastará pouca energia mental pensando se eles vão entrar em contato ou não. Para mim, o simples fato de não arrumar um jeito de entrar em contato (regra número 1) foi bastante libertador. Dizem que "sem sofrimento não há resultados". Bom, eu descobri que na detox de homem, "menos sofrimento gera melhores resultados".

Convenhamos, seria um absurdo eu não compartilhar essa descoberta.

E se eu tiver uma recaída?

Você é humana. Retome a dieta e leia a seção de SOS ao final de cada capítulo. Sinceramente, esta detox não é de privação e autopunição, mas sim de felicidade e autoestima. Convido você a seguir a dieta o mais rigidamente que puder, mas quando a vida a levar para um caminho diferente, pergunte-se o motivo. Não se critique por isso! Dietas desagradáveis nunca dão certo mesmo. Basta perguntar aos Vigilantes do Peso.

REGRA NÚMERO 1

Recusar o sexo sem compromisso

Você precisa dessa regra se...
- Faz muito sexo sem compromisso, mas não fica feliz com isso.
- Sente-se péssima quando um cara perde o interesse em você depois do sexo.
- Sempre diz sim porque:
  - não quer decepcioná-los;
  - acha que eles vão gostar mais de você;
  - acha que é sua "função" como mulher solteira;
  - pensa que "é melhor ter alguém do que ficar sozinha".
- Tem medo de parecer exigente caso se apegue ao cara.
- Quer mostrar que é durona e moderna e tem certeza de que essa é a melhor forma de fazer isso.
- Tem um número de caras na sua cabeça em que você gostaria de chegar.
- Quer ter um relacionamento sério, mas caiu no hábito de "transar primeiro e pensar depois".

Combina com...
- Concentrar-se na sua autoestima
- Fazer algo ousado
- Não correr atrás

Lucy, de 33 anos, estava em busca de diversão com a amiga Karen, de 29. Elas conheceram dois caras e a princípio não estava claro quem estava a fim de quem. Mas logo ficou aparente que os dois estavam a fim de Karen. Porém, ela não queria ficar com nenhum deles, porque um não era nada atraente (vamos chamá-lo de Bill) e o mais gato (vamos chamá-lo de Bob) não fazia o tipo dela. Quando Lucy, que estava solteira havia dois anos e era insegura em relação à aparência, perguntou a Karen se a amiga se importava caso ela levasse Bob para casa, Karen disse que tudo bem. "Mas não espere nada", alertou ela enquanto Lucy entrava na BMW de Bob. Karen se preocupava quando Lucy fazia esse tipo de coisa, porque a amiga sempre acabava magoada ou com a autoestima no chão.

O que aconteceu depois...

No dia seguinte, pasme, Lucy telefonou para Karen e falou que Bob não fez questão de demonstrar interesse nela, tanto no bar quanto depois do sexo. Lucy sabia que ele não era candidato a um relacionamento sério. Apesar de bonito, Bob era o típico playboy dono de carro esporte e pouco inteligente. Ela sabia que não deveria ter criado expectativa alguma. Agindo como uma "boa menina", deixou bem claro para ele que era apenas uma transa. Porém, como "menina má", criou expectativas pelo fato de eles terem transado.

E agora se sentia rejeitada, usada, um tanto ofendida e com raiva de si mesma por repetir o mesmo erro. Por quê? Porque ela estava com tesão e seria divertido, pensou Lucy na hora, mas como ele não estava tão a fim dela, o sexo não foi bom e nem matou o tesão, acabou sendo esquisito e distante. Ela confessou a Karen que se sentiu impelida a fazer sexo mesmo sabendo que seria assim.

O que o sexo "sem compromisso" realmente significa?

Tecnicamente, significa que ambas as partes saem da cama sem qualquer obrigação de compromisso e, supostamente, sem qualquer *desejo* de tal compromisso. Significa que você pode dormir com várias pessoas ao mesmo tempo. Significa que você não precisa ter obrigações. Na realidade, significa que os caras não precisam fazer coisas chatas, como ligar para a garota e parecer interessado em namorá-la (ou efetivamente fazê-lo) depois do sexo. Como mulher, significa que é melhor não mostrar envolvimento, carência ou expectativas após o sexo. Se o fizer, então descumpriu as regras e terá que ir para o quarto de castigo, sua menina má. Acima de tudo é um termo que vem de mãos dadas com "pau amigo" e "amizade colorida" e geralmente não tem muita relação com a realidade, pelo menos não com a realidade das mulheres, que são, obviamente, metade da equação sexual para os héteros.

Por que o sexo sem compromisso é uma mentira?

O impulso de revelar nossas necessidades no amor e na cama atenuando-as é incrivelmente forte. Há pouco tempo uma amizade minha com um homem que subitamente ficou solteiro ganhou um clima de flerte. Eu sugeri (e ele concordou) que poderia ser divertido se fizéssemos sexo, mas me recusei a garantir que faria isso sem sentimentos. "Se a gente transar, vai ser de acordo com as minhas condições", ele retrucou. "Quais são elas?", perguntei, esperançosa, já saboreando a perspectiva de algo ainda indefinido com ele. "Sem compromisso", respondeu ele, seco, acessando com facilidade instintiva aquela regra fria e sibilante que permite aos homens (e mulheres) impedir o subproduto natural do sexo e uma de suas maiores alegrias — a verdadeira intimidade — de sequer chegar perto do ato. Talvez seja ótimo para os homens, a quem uma quantidade absurda de pesquisas atribui um desejo pela quantidade em vez da qualidade no sexo, além de uma quantidade mais baixa de oxitocina, o hormônio do apego pós-sexo. Mas não é ótimo para mim nem para a maioria das mulheres. Depois da detox de homem, eu me recusei a abandonar essa regra, então acabamos não fazendo nada. Mas houve várias ocasiões em que a minha mente se voltou para a oferta dele. Mesmo sabendo que eu teria odiado quando depois de termos dormido juntos, ele inevitavelmente se gabasse de outras conquistas na minha frente e que eu seria obrigada a manter uma fachada alegre e durona para que ele não pensasse (Deus me livre!) que eu queria compromisso.

A audaciosa Mary Wollstonecraft, mãe de Mary Shelley (autora de *Frankenstein*), fica maravilhosamente furiosa com a injustiça gerada por outro tipo de servidão sexual em 1792. Atacando seus contemporâneos irritantes, ela escreveu:

> "Rousseau declara que uma mulher deve [...] ser governada pelo medo de exercer sua perspicácia natural e ser transformada em escrava paparicada a fim de torná-la um objeto de desejo mais atraente, uma companhia mais doce para o homem sempre que ele escolher relaxar."

Ela está certa: estar pronta para ceder à predileção masculina pelo sexo sem compromisso por medo de não ser desejada nos transforma em escravas voluntárias. A detox de homem deve acender uma resistência a estar disponível sempre que um homem "escolher relaxar" (para todos os fins e propósitos).

Deixe os sentimentos de lado: por que o sexo sem compromisso é pior para as mulheres

A definição "sem compromisso" antes do sexo é muito mais perniciosa do que parece. Ela fecha a porta não só para o aqui e agora — definindo que o sexo será apenas uma questão de corpos, então nem pense em gostar muito dele seja em termos racionais ou emocionais —, mas também para qualquer possibilidade de algo sério. É a seguinte afirmação: "Você sempre servirá apenas para o sexo porque não gosto de você o bastante para pensar em algo mais e nunca vou gostar de você o bastante para pensar em algo mais." Esse é um remédio imensamente amargo para as mulheres (e talvez alguns homens) engolirem e ainda assim muitas de nós, eu incluída, já o tomamos várias vezes.

O fato de muito sexo sem compromisso fazer mal para as mulheres é amplamente reconhecido por psicólogos. A Dra. Cecilia d'Felice, psicóloga clínica, afirma: "Em estudos nós descobrimos o que seria de se esperar, que se você oferecer a oportunidade de fazer sexo aos homens, na maior parte das vezes eles vão aceitar. Se você oferecer a mesma oportunidade de sexo às mulheres, a maioria delas não vai aceitar. Existe uma imensa diferença entre homens e mulheres em termos de propensão a assumir riscos. As mulheres são biologicamente menos dispostas a assumir riscos, por motivos óbvios".

A terapeuta de relacionamentos Val Sampson alega que as mulheres são por natureza mais seletivas em relação aos parceiros sexuais. "Mesmo que elas digam não ter problemas com o sexo sem compromisso, não necessariamente é verdade. Se você virar apenas um recipiente no qual muitos homens fazem sexo, estará nadando contra a corrente. Enquanto os homens separam o sexo do amor com mais facilidade, as mulheres se sentem decepcionadas. Isso ocorre porque o potencial máximo que elas poderiam tirar do ato sexual não está sendo realizado. Pelo contrário, está sendo rejeitado, o que gera um sentimento de 'qual é o meu valor?'. Elas podem acabar se sentindo prostitutas, mas sem ganhar dinheiro no final."

O sexo sem compromisso e o respectivo espírito de negação e estagnação feminina foi deliciosamente criticado em 1970 por Germaine Greer no livro *A mulher eunuco*. No prefácio à edição especial de aniversário de 21 anos, ela lista todas as liberdades sexuais que as mulheres já podiam apreciar desde que o livro fora publicado. "O que mais as mulheres poderiam querer?", pergunta perigosamente. "Liberdade, apenas... Liberdade da inibição. Liberdade do dever de estimular o apetite sexual do macho entediado, para o qual nenhum peito é suficientemente grande e nenhuma perna é suficientemente longa... O argumento de *A mulher eunuco* ainda é valido, pois defende que a mulher tem direito de expressar a própria sexualidade, o que em hipótese alguma equivale ao direito de ceder aos avanços masculinos."

Basta dizer não... Mas por que é tão difícil?

Primeiro, porque concordar com o sexo sem compromisso é fácil. A terminologia existe e está pronta para uso: "pau amigo", "amizade colorida" e por aí vai. Como disse na introdução, tudo isso vem disfarçado de empoderamento feminino, segundo o qual agora transamos como homens porque podemos e, como "feministas", *devemos* fazer isso.

Mas a nível pessoal, um imenso medo de parecer carente tomou conta das mulheres e o estereótipo da mulher que sobrecarrega o homem e todos ao redor com um poço sem fundo de carências, necessidades e inseguranças alcançou proporções épicas, pairando em nossa mente de modo cruel ao longo da vida sexual e romântica. A Dra. Janet Reibstein, professora visitante de Psicologia na Universidade de Exeter e autora de um livro sobre o que faz os casais felizes, observa: "Dizer 'quero algo sério' é de certa forma considerado vergonhoso. E a vergonha vem de admitir que se dá prioridade ao relacionamento em relação à independência. Se uma mulher diz, 'Não quero fazer sexo com você porque quero um relacionamento', o homem pode pensar com temor, 'opa, ela está tentando me encoleirar!'." Reibstein também vê algo de político na ideia do sexo sem compromisso: "Querer algo sério não faz parte da herança feminista. Foi um erro das feministas dos anos 1970, eu sendo uma delas, não destacar a importância dos relacionamentos".

Depois do breve caso com Bob, perguntei a Lucy o que a motivava a se oferecer sem compromisso, quando inevitavelmente ela iria querer algo sério. "Sentimentos são PROIBIDOS", ela disse enquanto devorava um sushi. "Apesar de preferirmos que não fossem. Não os permitimos, mas eles estão lá. Por isso ficamos confusas e divididas."

Quanto a Bob, ela explicou: "Foi sexo casual, mas tudo bem, porque eu não tinha expectativa alguma. O pior é quando você leva um cara para casa e cria mil e uma expectativas. Com esse cara, eu não chorei o que já foi uma vitória. Então digo que foi empoderador, mas a verdade é que fico feliz só por não ter sido horrível".

O aumento da crença no sexo sem compromisso tem suas raízes numa cultura que transformou o sexo em acessório, suprimento obrigatório de experiência e exibição descarada de poder, determinado pelo status das pessoas com quem você transou ou pela quantidade de pessoas "traçadas". O sexo é a moeda social e o assunto mais comentado pelas pessoas. A sexualização é a estética social e de entretenimento dominante (propaganda, revistas, pôsteres, caixas de cereais e jornais são uma festa de corpos sarados pós-gravidez, antes do verão e depois do fim de um relacionamento, sempre de biquíni), tendo a pornografia como pano de fundo privado (*A Billion Wicked Thoughts* [*Um bilhão de pensamentos sacanas*], como diz o título de um imenso estudo sobre a pornografia na internet feito por Ogi Ogas e Sai Gaddam). Além disso, a escolha de possíveis parceiros sexuais é quase infinita graças à internet. Como sempre o corpo feminino, preferencialmente nu ou seminu, é o centro dessa cultura altamente visual e hipersexualizada.

A mulher e o crescimento da transa casual

A mulher moderna partidária da transa casual está surfando a onda iniciada pelas feministas da década de 1970, que desejavam liberdade sexual e uma oportunidade de explorar a natureza sexual feminina para além das restrições e da submissão da vida de esposa em meados do século XX. Mas essas feministas se separaram em facções rivais, ferozmente divididas em dois grupos: "sexo-positivo" (favoráveis à pornografia como uma fatia do bolo da liberdade sexual) e "sexo-negativo" (que consideravam a pornografia degradante para as mulheres). Por vários motivos, como o apoio do ricaço Hugh Hefner, o grupo sexo-positivo e pró-pornografia venceu, e sua influência evoluiu para o que muitas meninas e mulheres hoje chamam de feminismo, isto é, tirar a roupa, transar e "escolher" usar o próprio corpo para apreciação pública ou pornográfica. Essa descrição é incrivelmente simplista, mas acho fundamental observar que a norma do sexo sem compromisso veio dos corações e mentes de algumas das feministas mais nobres do século XX, por mais perversamente irônico que pareça.

Como esperado, as transas casuais aumentaram bastante. Uma pesquisa da National Survey of Sexual Attitudes and Lifestyles feita em 1990 revelou que 53% dos homens e 79% das mulheres consideravam transas casuais erradas. Dez anos depois, apenas um terço dos homens e metade das mulheres tinha essa visão.

Os adolescentes — adultos de amanhã — estão na liderança dessa tendência. A especialista em adolescentes Raychelle Lohmann observa na revista *Psychology Today* que os namoros do ensino médio estão sendo substituídos pela cultura de ficar sem compromisso. Essas adolescentes estão para se transformar nas mulheres sobre quem a Natasha Walter diz que "ter muitos parceiros sexuais sem muito comprometimento emocional costuma ser visto como a forma mais autêntica de agir".

Não que esse tipo de sexo tenha sido totalmente digerido pela sociedade. Hollywood, por exemplo, não se sente confortável com ele, mesmo sendo obcecado pelo assunto. Vide três filmes recentes cujos protagonistas começam num aparente paraíso de sexo sem compromisso, mas acabam escolhendo a monogamia: em *Sexo sem compromisso*, a personagem da Natalie Portman sai de uma mentalidade de sexo casual para um relacionamento sério; *Passe livre* tem Owen Wilson interpretando um marido que não para de "secar" lascivamente as moças ao redor e recebe um passe livre da esposa para sair com outras mulheres por uma semana; e *Amizade colorida* mostra Mila Kunis e Justin Timberlake usando-se mutuamente para sexo.

Todos esses filmes querem mostrar que o sexo sem compromisso não é uma boa ideia, a menos que leve ao amor. É uma mensagem legal, mas ao mostrar repetidamente que transar por transar é uma forma de chegar a um final feliz e romântico (afinal, quem não gostaria de conquistar o coração de Ashton Kutcher?), Hollywood está, como sempre, nos dando um conto de fadas que tem pouquíssimo a ver com a realidade (a menos, é claro, que você seja a cara da Mila Kunis ou da Natalie Portman).

Sexo sem compromisso: a realidade

Essa cultura da vulgaridade cobra um preço inevitável na forma pela qual as mulheres se veem em relação ao sexo. Somos caçadoras vorazes de respostas para a pergunta "sou gostosa?" e tendemos a procurar validação externa em vez de interna. Sei que quando saio para caçar um homem ou esperando ser caçada, procuro tanto a intimidade quanto o "barato" do elogio — não do meu cérebro, mas da minha beleza ou, mais especificamente, da minha capacidade de sedução sexual.

Sendo assim, para muitas mulheres (certamente não para todas) a velha dupla amor e sexo foi separada, levando ao sexo apenas pelo sexo num vácuo mecânico que deixa nossas impressões, sentimentos e necessidades sexuais escondidos debaixo do tapete, bem longe dos olhares públicos e masculinos. Colocar os dois nos mesmos trilhos, se possível no mesmo trem, faz você se sentir muito melhor quando sua autoestima tiver ido para o espaço depois de uma tentativa de sexo casual. Também ajuda a aumentar a qualidade (isto é, o elemento humano), em vez da quantidade, do contato sexual.

A sensação de entorpecimento e insatisfação vivenciada pelas mulheres em encontros casuais é concreta e destruidora.

Lillian, 28 anos, contou que chega a chorar durante o sexo casual, tamanha a sensação de afastamento.

> "A quantidade de vezes que chorei durante o sexo e a pessoa não notou... Fico tão distante que é insano. Eu choro e espero que ele note. A frieza e o afastamento são assustadores. Às vezes sinto que não tenho outra opção para me expressar."

O sexo sem compromisso faz exatamente isso: suprime as suas opções para se expressar. A situação ficou tão feia que Lillian começou a fazer uma espécie de detox de homem por conta própria. Quando tomamos um café algumas semanas depois da confissão do choro, ela disse que agora se perguntava "Por que eu deveria dormir com alguém?", em vez de "Por que não?". Eu falei da regra "Recusar o sexo sem compromisso" da detox de homem, sugerindo que ela não deveria ter vergonha de mandar embora quem só quer sexo. E que se ela escolhesse apenas fazer sexo com homens dispostos a oferecer o que ela obviamente precisava em termos emocionais (familiaridade e afeto), certamente se sentiria infinitamente melhor e não estaria perdendo nada além de uma bela cistite ocasional. Antes Lillian fazia sexo para provar que era desejável, mas descobriu que era justamente não fazer sexo (por um tempo) que acabava tornando-a desejável. Após dar uma chance à detox de homem, seguindo as regras "Recusar o sexo sem compromisso", "Fazer algo ousado" e "Concentrar-se na sua autoestima", tenho o orgulho de dizer que ela não chora mais durante o sexo. Lillian ainda fica com homens aos quais não se apega emocionalmente e vice-versa, mas quando percebe que há algo de isolamento na relação sexual, para nas boas e velhas preliminares. Ela agora parece muito mais tranquila e feliz. Ponto para a detox de homem!

Assim como Lillian, muitas mulheres sentem-se entorpecidas ou distantes durante o contato sexual sem intimidade. Mas, felizmente, a história dela mostra que é possível trabalhar nisso e melhorar a experiência emocional do sexo em pouco tempo.

Lisa, 31 anos, também precisa muito da detox de homem. Decidi incluir sua história por ser um exemplo lamentavelmente perfeito do afastamento que a mulher sexual moderna precisa combater. Lisa me contou que faz sexo de olhos fechados, porque não estar cara a cara com uma pessoa real a ajuda a se manter distante e forte por todo o processo. A única vez em que abriu os olhos, com um namorado, Lisa viu que ele estava olhando para todos os lugares menos para ela e imediatamente voltou a fechá-los.

Pá pum

Lisa é ótima, muito carinhosa, visivelmente sensível e sincera. E ainda assim diz em tom de provocação, como se tivesse assumido subconscientemente a preferência masculina pelo sexo "pá pum": "Não sou muito de dormir abraçadinha, especialmente se não gosto do cara." Além disso, Lisa "adora" um sexo mais bruto. "De quatro é minha posição favorita", conta ela, mais uma vez obedecendo à preferência masculina. Por que ela fecha os olhos e não gosta de ficar abraçadinha? "Porque tudo está voltado para mim. É o meu momento." Se é assim, você pensaria que ela pelo menos está obtendo muito prazer com isso, mas Lisa nunca chegou ao orgasmo com um homem. "A verdade é que estamos fazendo o jogo dos homens", admite. "Eles definiram todas as regras a favor deles. Nós podemos lutar contra isso ou fazer o jogo, e eu escolhi fazer o jogo. Sou uma feminista pós-moderna. Não acho que precisamos ser iguais aos homens, estamos bem assim, etc. e tal. Mas, no sexo, a história é outra." E obviamente, conforme mulheres como Lisa e Lillian deixam bastante claro, o jogo masculino do sexo sem compromisso não é exatamente uma deliciosa, eterna e saudável diversão.

Elas também mostram o quanto as mulheres internalizaram os estereótipos sexuais masculinos e os adotaram para si com um toque de pseudofeminismo (e sentem-se péssimas com isso, no caso das mais conscientes emocionalmente). Segundo a ótima definição de Germaine Greer em *A mulher eunuco*: "Fazer amor virou mais uma habilidade masculina, da qual as mulheres são as juízas".

A excelente pesquisa sobre a cultura sexual feminina contemporânea feita por Natasha Walter em *Living Dolls: The Return of Sexism* lança um olhar intenso sobre os costumes sexuais da mulher e seu contexto. Um grupo de estudantes privilegiadas do sexo feminino no final da adolescência entrevistado por ela falou sobre o sexo de modo hostil, competitivo, mercenário e totalmente sem alma:

> "Eu me sinto muito mais atraída pelos caras que não estão nem aí."
>
> "Estávamos propondo que numa semana a gente deveria tentar arrumar o máximo de peguetes que conseguir, com a maior variedade possível: de idade, tipo, profissão, história de vida..."

Elas chegam a dizer que se sentem solidárias com a Miranda de *Sex and the City* quando a personagem precisa ligar para a longa lista de amores passados depois de pegar uma DST. Elas também admiram a garota de programa Belle de Jour e outras profissionais do sexo como exemplos glamourosos de sexo sem compromisso e pornograficamente ousado. Walter conclui: "Essas jovens estão em sintonia perfeita com a cultura que as cerca, pois tiveram sucesso em extrair a emoção da vida sexual".

Essas meninas provavelmente são muito mais jovens do que você e eu. Afinal, elas nem chegaram aos 20 anos. Talvez o posicionamento agressivo de se definir por "gosto de transar" exista porque elas ainda não estão preocupadas com compromisso sério. Mas o fato que eu acho ainda mais comovente é que embora elas possam ser idealistas e sonhar com "o cara certo", estão se configurando como mulheres duronas e liberadas em termos sexuais, para quem o sexo sem compromisso é único que existe. Essas são as mulheres de amanhã.

O tipo errado de diversão

As estudantes loucas por sexo e que odeiam vínculos afetivos no livro de Walter parecem ser influenciadas mais diretamente pelas imagens e pela pressão sexual do que a maioria das mulheres entre os 23 e 35 anos com emprego que eu conheço (incluindo a mim mesma). Mesmo assim me senti movida por uma ideia específica de "diversão" atribuída à solteira, considerada como algo que se espera dela. Na verdade, a palavra diversão é presença certa quando se fala do sexo sem compromisso que as solteiras devem fazer aos montes. No início do meu período atual de solteirice, eu me lembro de contar à minha amiga Carol, ainda meio trêmula, sobre um encontro regado a álcool com um cara totalmente inadequado, e a resposta dela foi: "Ah, tudo bem, é só diversão." Wendy, 31, relata: "Todas as minhas amigas estão com alguém, então quero encontrar um cara especial. Enquanto isso... Por que não me divertir?" Ou, como diz Ruth: "As pessoas vão perguntar constantemente por que você está solteira e esperam que você responda 'Gosto de estar solteira. Gosto de fazer sexo livre e desimpedido com estranhos'".

Mas toda essa pressão para se divertir acaba transformando a diversão em tarefa exaustiva. "[Encontros sexuais com homens] parecem ser muito baseados nas suas façanhas", diz minha amiga Molly, 27 anos. Quase todas as mulheres que entrevistei para este livro usaram as palavras "cansativo" ou "exaustivo" junto com a palavra "diversão", seja em relação a ficar com várias pessoas, sair o tempo todo ou se esforçar para parecer livre, leve, solta e feliz. "O empoderamento é exaustivo", como diz minha amiga Michelle, 27 anos.

A mania de se dar bem

A abordagem mercenária de fazer uma marquinha na cabeceira da cama para cada parceiro sexual não é saudável e não traz felicidade para a maioria das mulheres. O mesmo vale para várias coisas que parecem (ou são) divertidas na hora. Por isso, apesar dos prejuízos causados por tudo isso serem aparentemente óbvios, consigo me identificar perfeitamente bem com a ânsia de "aumentar os números". Tem um quê de poder nisso, como se você tivesse saído para caçar e trazido um monte de belos faisões para cozinhar e dividir com as amigas (o que é o relato pós-transa com a galera se não uma refeição triunfal coletiva, da qual você é a anfitriã?). Há também a vaga sensação de dar um golpe bem no olho de quem acha que as mulheres sempre se envolvem emocionalmente e se transformam em psicóticas carentes após o sexo. Desnecessário dizer que é um péssimo motivo para fazer algo, especialmente porque o único olho que vai ser golpeado é o seu, quando você dormir com um cara lixo que não vai nem ligar de volta. Pensando bem, acho que algumas de nós pensam que com quanto mais homens se dorme, mais atraente se é. Apreciar a intimidade intensa, porém falsa, fornecida por um encontro sexual também é um motivo para aceitar muito sexo sem compromisso.

Observar como eu me gabava, o tom de bravata que usava para me referir a ficadas antes da detox de homem me afastou dessa mania de se dar bem. Era irônico, mas revelador. As amigas geralmente se elogiam pela quantidade de homens com quem transam ou ficam. A presença de um par de sapatos masculinos na porta do quarto de uma colega de apartamento rende tapinhas nas costas no dia seguinte. Uma grande amiga minha costumava perguntar: "Quantos [parceiros sexuais você já teve até agora]?" E outra dizia: "Quero chegar aos 35 antes do Natal".

Não estou simplesmente reclamando ou dando lição de moral aqui. Essa atitude em relação ao sexo estava me deixando dividida, ansiosa e insegura do meu valor. Vi isso acontecer com outras mulheres também. E como algo tão simples quanto renunciar ao sexo sem compromisso fez eu me sentir mil vezes melhor — mesmo tendo uma ou duas recaídas —, espero que você consiga o mesmo através da detox de homem.

Solteira e sexy

A ligação rosa chiclete entre a diversão e a mulher solteira foi ilustrada com poderosa clareza por Helen Gurley Brown, ex-editora da *Cosmopolitan*, em seu clássico livro de 1962: *Solteira e sexy*. O livro não tem nada de teoria social, longe disso. São apenas dicas lúdicas do que se deve ou não fazer ao ter relacionamentos com homens casados, como decorar o apartamento de modo amigável para os homens, e sobre os ambientes de trabalho que apresentavam maior probabilidade de encontrá-los. Na reedição de 2003, Gurley Brown fala alegremente sobre não precisar de um marido no auge da vida (e da beleza) e diz também que os homens são mais divertidos se apreciados em grandes quantidades, em vez de individualmente.

Para ser justa, o livro é hilário e bastante honesto. Só não é particularmente de grande ajuda imaginar todas nós como uma trupe glamourosa de garotas que saem com homens casados e têm belos apartamentos em Greenwich Village.

A solteira de hoje e *Sex and the City*

As solteiras mudaram tanto assim desde os anos 1960? Claro que sim: na época, Germaine Greer e outras feministas da década de 1970 ainda não tinham deixado suas marcas. Além disso, nós somos mais bem-sucedidas economicamente. E mais dinheiro traz mais consumo, e mais consumo traz mais desejo. Não só por sapatos e casas, mas por sexo também.

Trinta e tantos anos depois de Gurley Brown ter mostrado como uma solteira pode viver (num apartamentinho no Village, tendo um caso amoroso ou outro, saindo para dançar com as amigas e trabalhando como secretária numa empresa incrível e cheia de homens), surgiu *Sex and the City*. A série gravou com muito mais força uma ideia em nosso cérebro e nossa retina sobre a vida de solteira: ela deveria girar em torno de sexo e homens, uma vida profissional poderosa e glamourosa com muita diversão, incluindo compras e bebidas. A escritora nova-iorquina Ariel Levy, que é tão fã da série quanto eu, chama essa visão consumista de "comilança vertiginosa" por mostrar o sexo como algo a ser devorado, do mesmo jeito que Manolo Blahniks, drinques e bolsas. A cintilante mistura de papo de garotas inteligentes, cosmopolitans, doses aceitáveis de sexo, roupas maravilhosas, belos corpos, taças tilintando, restaurantes da moda e (o mais importante!) finais felizes é tão sedutora que fica difícil não querer tudo isso desesperadamente.

"Comilança" é uma boa palavra para descrever a visão do sexo de *Sex and the City*. Meg Daly, autodenominada feminista da terceira onda e escritora, definiu o sexo ao estilo Samantha em termos do "prazer aventureiro" que vem de contar as marcas na cabeceira da cama e da alegria de se gabar das técnicas sexuais. Daly parece tão atraída pelo direito de se gabar quanto pelo prazer do ato em si.

> *"Me vê uma dose de sexo com esse drinque, por favor."*

Eu me recordo dos tapinhas nas costas, das marcas na cabeceira da cama e da mania de se dar bem das minhas amigas, e me pergunto: será que estamos apenas devorando homens e sexo vertiginosamente? Às vezes parece que sim. É por isso que antes de começar a detox de homem eu me sentia com tanto peso emocional vazio. A gula faz isso com você.

Mr. Big: o clássico representante masculino do sexo sem compromisso

Também vale a pena mencionar como o conceito de conclusão de um relacionamento é difamado em *Sex and the City*, transformando qualquer sexo em sexo casual, em última instância. Sim, a ideia de encontrar o Sr. Perfeito é a linha que move toda a série, inicialmente sendo lançada, depois virando alvo de brincadeiras até ser aceita pelas protagonistas. Mas como Joanna Di Mattia escreveu no artigo "What's the Harm in Believing?" ["O que há de mal em acreditar?"]: "É a desconstrução do mito do Sr. Perfeito que permite o romance continuar sem uma conclusão." No fim das contas, Carrie não consegue lidar com a conclusão oferecida por Aidan. Antes de terminar de vez, ela tenta se rebelar, ainda que levemente, usando o anel de noivado no pescoço e, claro, sente urticária quando experimenta um vestido de noiva branco e cheio de babados. Mr. Big, por outro lado, é o Sr. Perfeito que não se concretiza. Sua principal característica é jamais oferecer compromisso verdadeiro. Ele é tão evasivo e representa tão bem o sexo sem compromisso que nem nome tem. Claro que a resistência de Carrie à conclusão romântica serve a um importante propósito estrutural: abre caminho para anos de diversão como solteira, que acompanhamos avidamente. Fica a impressão de que a conclusão dos relacionamentos e o compromisso atrapalham a diversão e a loucura da vida.

E sua equivalente do sexo feminino: a impossível Samantha

Carrie nunca foi minha favorita. O posto era (e é) de Samantha. Por vários anos eu a citei como a portadora da bandeira feminista na TV. Ela era a única mulher na televisão que não caía nessa de romances melosos, jamais revelou ter uma natureza carente em ultima instância e nem desejou um típico casamento de conto de fadas. E tudo isso exibindo um apetite sexual impressionante, sem jamais se sentir para baixo, usada ou confusa. Eu ainda adoro a Samantha, mas não tento imitá-la agora, pois percebo que ela é boa demais para ser verdade. Quer dizer, ela não é de verdade e tentar ser igual a ela não foi nada bom para mim.

> *"Já tentaram explicar Samantha como sendo basicamente um homem gay usando um Versace feminino."*

Não chega a surpreender que exista uma disciplina de faculdade associada à série, chamada *"Sex and the City* e a Mulher

Contemporânea". Na parte da ementa dedicada a Samantha, definida como "a mulher sexual", a primeira questão feita é: "Samantha é uma mulher liberta ou uma vadia?" Não poderiam ter escolhido uma dualidade mais errada para a personagem. A implicação dessa pergunta é que a depravação sexual por si só fará de você ou uma vadia (eu esperava que essa velha ideia misógina estivesse morrendo) ou "liberta" (a questão é que hoje em dia, a liberação não deveria estar relacionada com a quantidade de pênis que entram na sua vagina, mas de acordo com Walter e Levy, isso virou uma parte fundamental da definição). A pergunta dá um imenso crédito ao ato sexual, pois há vários julgamentos morais, sociais e políticos espremidos entre "vadia" e "liberta". E colocar a boa e velha Sam numa dessas categorias com qualquer grau de seriedade é uma bobagem e mais uma vez lança confusão sobre a forma de interpretar a realidade vendida pela série. Já tentaram explicar Samantha como sendo basicamente produto dos roteiristas e produtores gays de *Sex and the City*, alegando que ela seria um homem gay usando um Versace feminino. Não importa. Também havia roteiristas do sexo feminino na série, e ela é uma personagem sensacional. No entanto, ver seu estilo de vida como alcançável, embrulhado numa caixa de autossuficiência imperturbável, é pura ilusão.

Sex and the City: influente ou não?

Muitas mulheres com quem falei disseram que *Sex and the City* não tinha influenciado o comportamento delas de fato, e quando se identificavam com alguma personagem, poucas admitiam ser a Samantha (embora uma tenha dito com tristeza que gostaria de se ver como Carrie, mas que na verdade era provavelmente mais como Samantha). Sem dúvida, *Sex and the City* se infiltrou na cultura feminina e na visão das mulheres sobre sexo, moda e estilo de vida urbano desde que estreou em 1998. Uma pesquisa séria capaz de explicar por que um simples seriado de TV como *Sex and the City* conseguiu afetar as decisões tomadas pelas mulheres, independente de elas admitirem ou não, foi feita por Albert Bandura em 1977. Ele propôs a Teoria da Aprendizagem Social, a ideia de que se você assistir a outra pessoa fazendo algo vai conseguir aprender que recompensas/consequências estão ligadas ao comportamento dela (e assim decidir se deve fazer o mesmo e como fazê-lo). Essa pesquisa foi inovadora, pois Bandura descobriu que assistir às ações de uma pessoa real ou de um personagem na TV pode ser *igualmente* eficaz como aprendizagem empírica. Os componentes desse modelo de "veja e aprenda" são: Atenção, Retenção, Reprodução e Motivação. A sua motivação é obtida através das recompensas que surgem após determinado comportamento da outra pessoa que você viu.

De acordo com Janet Kwok, que estuda o desenvolvimento e a educação humana em Harvard, "Assistir às moças de *Sex and the City* encontrando o final feliz mesmo tendo comportamentos problemáticos gerou uma crise da teoria do aprendizado social em grande escala, se quisermos ser dramáticos. O comportamento delas era fácil de lembrar (Retenção) e eram mostradas recompensas atraentes (Motivação), sem as possíveis consequências que poderiam ter sido mais representativas das experiências dos espectadores".

Eu acrescentaria à teoria de Bandura que a diversão de assistir a *Sex and the City* pode ser confundida com a diversão de fazer o mesmo que elas na vida real, isto é, fazer muito sexo sem compromisso e divertido (ainda que problemático, mas sempre analisados em animados *brunches*). O problema é que, embora as moças de *Sex and the City* tenham provado de certa forma que o sexo pode ter o resultado que a maioria das mulheres deseja (marido, filhos, riqueza, felicidade, sucesso), não podemos ter a certeza do mesmo resultado. E o nosso caminho para chegar lá vai ser muito mais complicado até percebermos que não é possível ser a Samantha, seja na quantidade ou na abordagem. Ou negando a nós mesmas o direito a ter um relacionamento sério.

Profissionais do sexo: amantes sedutoras numa eterna maratona sexual sem compromisso

Há outro fator que confunde nossa ideia de "diversão" e talvez esteja mais próximo de nós do que os bares e quartos de Upper Manhattan. É a profissional do sexo, que toma as ruas e boates de Londres e habita as páginas dos jornais britânicos e as prateleiras das livrarias do Reino Unido. Conheço intimamente a cultura de "fazer e contar", pois por um ano e meio fui colunista de relacionamentos para o *thelondonpaper*, um jornal gratuito que, embora não exista mais, foi bastante popular. Eu era novata e por isso dava muitas informações íntimas quando comecei. As pessoas adoravam quando eu fazia isso, mas mesmo assim decidi parar porque me sentia profundamente desconcertada com a noção de que todo mundo, do extremista islâmico que me ameaçou de morte, até minha prima de 12 anos, estava lendo sobre minhas proezas.

Quando eu não estava fascinando a humanidade com meus diversos encontros e ficadas (das quais algumas foram, digamos, levemente melhoradas), meu trabalho consistia em retratar um estilo de vida glamouroso, um pouco como a Carrie. Eu era encorajada a citar nomes de bares e lugares da moda, dando a entender que eu saía para grandes noitadas todos os dias, nunca me cansava e estava sempre envolvida em algo excitante. Criei um mundo no qual aventuras sexuais, contratempos românticos e ótima vida noturna andavam sem problemas juntos. Imagino que esse estilo de vida fosse sedutor, pois fiquei nessa por um ano e meio e as pessoas se lembram com carinho da coluna até hoje.

Mas eu era só uma colunista de relacionamentos, totalmente baunilha, mesmo entre as colegas de jornal. Minhas rivais eram outra história, contavam tudo mesmo: Catherine Townsend do *Independent* revelava a duração e intensidade dos seus orgasmos, Belle de Jour (nome verdadeiro: Brooke Magnanti, cientista) iluminava o mundo com suas histórias de garota de programa.

O livro de Zoe Margolis, *A garota que só pensava naquilo*, publicado sob o pseudônimo Abby Lee, abordou o problema do pudor: "Minhas próprias amigas parecem bem felizes de ficar num pub trocando histórias ao estilo *Sex and the City* e fazendo piada sobre vibradores em forma de coelho, mas a verdade é que se eu quisesse falar mais detalhes, como, digamos, experimentar um anel peniano num cara ou fazer fio-terra nele, todas ficavam quietas na hora... E eu lá sentada, olhando para o volume na calça do barman..." Caso o tipo de sexo que ela gosta ainda não esteja claro, ela incluiu no livro uma lista com as definições exatas. Definições de uma garota sobre parceiros sexuais: "Um pau amigo é um cara com quem você está sexualmente envolvida, mas sem compromisso romântico ou emocional. Ele NÃO é um amigo com quem você trepa... O relacionamento é puramente sexual." Ah, e para você não ser boba e pensar que poderá acrescentar um pouquinho de humanidade na transação: "Com um pau amigo, não há qualquer intimidade além da nudez e o tesão mútuo... Não é como se encontrar com alguém para ver um filme e comentar o enredo durante o jantar. Por definição, a relação com um pau amigo ocorre apenas fisicamente."

Bem diferente das palavras da anarquista do início do século XX Emma Goldman, presa por defender o direito da mulher à contracepção. Em *Living My Life*, ela escreveu: "Defendi a liberdade no sexo. Eu mesma tive vários homens, mas os amei. Nunca fui capaz de sair com homens indiscriminadamente."

O psicoterapeuta Ricky Emanuel está desesperado com a cultura de Só Pensar Naquilo e me disse na cantina do hospital Royal Free: "Esta mercantilização do sexo é extremamente maléfica para as mulheres. Tenho algumas pacientes que fazem sexo com cinco pessoas ao mesmo tempo e descrevem a situação como 'amigos com quem faço umas coisas'. Trata-se de uma sexualidade infantil, voltada para excitação e o dinamismo, totalmente desprovida de profundidade ou benefício emocional. As jovens sentem que precisam fazer isso, mas a falta de significado as deixa deprimidas. Só me resta perguntar: o que houve com a conquista? Com a ideia de conhecer alguém antes de fazer sexo? Não é por acaso que a Bíblia usa a palavra 'conhecer' como sinônimo de contato sexual profundo e emocional. Hoje em dia, o sexo casual não tem nada a ver com conhecer."

O livro bem-escrito de Catherine Townsend, *Sleeping Around: Secrets of a Sexual Adventuress* trata dos seguintes assuntos: "Sexo a três, sexo com *sorbet*, ligar bêbada para alguém, orgasmos múltiplos, troca de fofocas entre garotas, comprar lingerie de seda: bem-vinda ao estilo de namoro da garota moderna." Espere aí, então se eu fizer sexo com (ou será que é tomando?) *sorbet*, comprar lingerie de seda e tomar cosmopolitans, vou ter orgasmos múltiplos? É similar à imagem apresentada em *Sex and the City*, uma mistura sedutora de estilo de vida com sexo. Mas nem no seriado há a garantia de orgasmo múltiplo, pois ter sequer um orgasmo durante o sexo não é fácil para muitas mulheres. Estima-se que entre 20 e 30 por cento das mulheres consiga obtê-los por meio de penetração vaginal, enquanto o resto precisa de certo grau de segurança para pedir ao parceiro outras formas específicas de estimulação, algo que leva tempo e uma boa dose de confiança.

O sexo em si

Você já parou para pensar que o sexo com um desconhecido ou com alguém de quem você não gosta não é lá essas coisas? A verdade é que você transa, fica feliz por ter transado, conta a todas as suas amigas e depois esquece o distanciamento que sentiu algumas vezes durante o sexo em si.

Vimos como Lisa e Lillian falaram de suas experiências com sexo casual: uma chora durante a transa, como um teste de atenção do parceiro, a outra mantém os olhos fechados. Minha amiga Melissa ficou arrasada após ter feito sexo casual com um homem muito mais velho que conhecera num bar. Semanas depois, ela ainda ficava deprimida ao se lembrar da falta de intimidade e a repulsa que percebeu ter sentido por ele quando ficou sóbria. O que ela mais lembrava era de torcer para que ele acabasse logo e gozasse, uma experiência comum a muitas mulheres durante o sexo casual, quando você apenas imagina o que pode funcionar na hora H. Não tirando o sexo casual de vez da jogada movida por algum fervor religioso, esta regra vem da observação de que embora consideremos tudo ótimo e divertido na hora, depois de um tempo, sentimos o estrago.

"Durante o sexo, você precisa ser uma atriz"

O sexo junk food varia do perigoso (leia-se: sem proteção) ao insensível e absurdamente egoísta, passando pelo pseudoíntimo, quando é bom e você gostaria que houvesse um compromisso. No entanto, espera-se, cada vez mais, que você faça de tudo para ser sexy. Ruth, de 31 anos, diz:

> "Falei para um cara que não iria dormir com ele e o que ouvi como resposta foi: 'Pelo menos me deixa meter na sua bunda.'"

Aliás, um conhecido meu, que é um gato, me contou que as mulheres brigam para dormir com ele, oferecendo sexo anal logo de cara "para se diferenciarem das demais". A bem-sucedida jornalista de moda Holly, de 32 anos, explica:

> "Rola uma pressão incrível para ser boa de cama. Você precisa ser uma atriz e topar tudo, fazer o boquete perfeito etc. Não basta ficar apenas no papai-mamãe basicão. O que é irônico, pois a maior parte dos caras é uma merda na cama."

Outra tendência fatal do sexo junk food é o fato de os homens justificarem o mau desempenho colocando a culpa na camisinha, o que faz as mulheres se sentirem culpadas por insistir no sexo seguro. Ruth diz: "Nunca pensei que isso iria me influenciar, mas influencia. Tudo o que você precisa fazer é ser sexy e fazê-lo gozar, isto é o mais importante. Nunca penso no meu prazer, então, a única chance de conseguir um orgasmo vai ser num relacionamento sério." As estatísticas sobre mulheres e o sexo anal são reveladoras: a maioria não gosta (parece que as bolinhas anais podem ajudar) e não costuma sugerir o sexo anal ao parceiro. É uma coisa que as mulheres fazem apenas para agradar os homens. Num estudo realizado em 1992 e publicado pela Universidade de Chicago sobre comportamento sexual, 20 por cento das mulheres entre 25 e 29 anos relataram ter feito sexo anal. Em outro estudo, publicado em outubro de 2010 pelo Centro para a Promoção da Saúde Sexual na Universidade de Indiana, a ocorrência de sexo anal relatada pelas mulheres da mesma faixa etária tinha mais do que dobrado, chegando a 46 por cento.

Autoconsciência

Até o sexo feito com carinho quando se está num relacionamento pode ter vestígios daquela ansiedade típica dos encontros casuais. Uma amiga revelou que fica tão paranoica que o namorado, com quem se relaciona há quatro anos, vai vê-la numa posição desfavorável que nunca transa sem uma lingerie cobrindo seu corpo (ela abaixa as alças). E a revista *Company* me pediu para escrever uma matéria listando sete posições sexuais que não só permitissem acesso ao ponto G (que ainda não é muito bem compreendido) como também deixassem o corpo da mulher mais *desejável*. Por exemplo, qualquer uma em que a barriga fique retinha e a cabeça seja jogada para trás. Tente fazer isso, lembrar onde fica o ponto G e ainda ter noção de que há outra pessoa ali participando do ato, tudo ao mesmo tempo.

Essa autoconsciência, essa preocupação constante por ser atraente, não é um tema novo. Naomi Wolf, autora do cânone do manifesto feminista *O mito da beleza*, explica com sua habitual perspicácia como a experiência feminina do próprio corpo é fragmentada. Ela comenta que desde o século XIV a cultura masculina desconstrói o corpo feminino. Os trovadores se especializaram em listar o "catálogo de características" femininas ideais, e o poeta Edmund Spenser levou esse catálogo a outro nível com *Epithalamion*. Segundo Wolf, essa abordagem fragmentada das características femininas persiste ainda hoje nas matérias que "listam os seus pontos bons" nas revistas femininas e na fantasia coletiva sobre a perfeição feminina estimulada pelo marketing ostensivo. Ela está certa: não importa o que se está vendendo, relógios ou iogurte, as imagens relacionadas com a perfeição feminina, como pele clara e macia, parecem ser essenciais.

A consciência da pornografia

"Eu mostrava todos os truques e personas sexuais que conhecia."

Deixando de lado a enxurrada de bustos, lábios e pernas femininos que permeia a cultura comercial, acredito que boa parte da insegurança sexual das mulheres está relacionada à consciência e onipresença do padrão criado pela pornografia. Eu não assisto a pornografia, é tóxica para mim, mas muitas pessoas assistem, inclusive mulheres (cerca de um terço da pornografia é vista por elas). Contudo, eu já assisti e sei como até os atos mais deliciosos parecem radicais (para mim). Também sei que a maioria dos homens, incluindo aqueles com quem provavelmente acabarei transando, consumirá pornografia. Eles podem não exigir o padrão de beleza da pornografia: entrevistei vários homens para o meu último livro e a maioria deles era muito mais generosa em relação aos nossos corpos do que acreditamos. Mesmo assim, sabemos que a pornografia está a um clique de distância, o que também é péssimo.

A escritora norte-americana Natasha Vargas-Cooper conseguiu expor muito bem o malabarismo que a solteira faz na cama, além do desconforto que ela está disposta a aceitar de bom grado para que o homem alcance o orgasmo, isto é: passar pelo Ponto de Partida e ganhar 100 dólares, como no Banco Imobiliário. Ela menciona um caso de sexo casual com um conhecido de longa data, bem-sucedido e educado, e que foi um fracasso total. Ele não conseguia se manter excitado, apesar de ela recorrer a todos os truques que conhecia, de sedutora a submissa, passando por gritar com (falsa) excitação, chegando a ficar muda. No fim, ele pediu sexo anal. Vargas-Cooper perguntou por que isso, especificamente, o excitaria. Segundo ele, essa seria a única coisa que a deixaria desconfortável. Em vez de cair fora, Vargas-Cooper aceitou de imediato. Quando parou para analisar, ela percebeu que esse encontro não se encaixava no modelo feminista de sexualidade. A realidade é que o prazer e o desprazer são dois lados da mesma moeda sexual, uma contradição "harmoniosamente" resolvida por meio da pornografia e consequentemente de forma muito favorável aos homens, observa ela.

A questão da pornografia é vastíssima e foge ao escopo deste livro, mas acho válido reconhecer que a sua presença com todos seus pixels ubíquos e facilmente ativados por um bilhão de cliques complica ainda mais o sexo para as mulheres. Na maratona do sexo sem compromisso e sem apoio, essa complexidade é simplesmente incômoda e irregular demais para ser processada e, assim como um pedaço de seda jogado na máquina de lavar, não dá certo.

Máquinas do orgasmo: mulheres e um admirável (e hipersexualizado) mundo novo

"Temos esse negócio que tem sido extensivamente forçado à sexualidade feminina, essa coisa de leoa caçadora de orgasmos."

O que faz Lillian chorar e Lisa fechar os olhos durante o sexo é o distanciamento alienante, a solidão do corpo feminino exposto sendo golpeado pelo corpo masculino. Mas essa experiência do sexo como algo puramente anatômico e movido pelo orgasmo masculino se encaixa perfeitamente nas descrições contemporâneas do ato. Veja a *London Amora*, exposição que ficou um ano na Piccadilly Circus e foi vendida como "a primeira atração do mundo sobre relacionamento, sedução e bem-estar". Seu objetivo: "tornar o mundo um lugar mais sexy", ou seja, mais orgasmos para mulheres e também, é claro, para homens. Ao entrar no site da *Amora*, nos deparamos com números, pontos de exclamação, ordens e cores brilhantes: "Dez segredos que as mulheres gostariam que você soubesse", "Sinais que os homens dão quando estão apaixonados", "250 dicas para uma vida sexual mais saudável e feliz." E MAIS: lounge afrodisíaco, butique da Amora, workshops para meter a mão na massa e, veja só: "Mais de 80 experiências envolventes e interativas para melhorar os relacionamentos e apimentar a vida amorosa." Mesmo assim, havia algo quase deprimente no localizador de zonas erógenas, bem como nos atos de apertar consolos de tamanhos variados e projetar o parceiro perfeito numa tela interativa. Katherine Angel, historiadora de ciência sexual na Universidade de Exeter, observou na revista *Prospect* que a Amora girava em torno da estética da pornografia, provando o quanto estão relacionados a pornografia e o senso comum sobre o erótico. Obsevando a presença previsível de vários corpos femininos (muito mais que masculinos) "arrebatadores", Angel concluiu que a exposição era "mais um" lugar que convidava as mulheres a autoanalisarem os corpos e o desempenho sexual de acordo com um ideal inatingível.

Além de associar imagens de corpos femininos atraentes com o êxtase sexual, *Amora* vende a ideia de que o orgasmo não é o bastante para satisfazer a vigorosa mulher comum. Essa é a mensagem na mídia como um todo. Por exemplo, a CAKE (cakenyc.com), uma "marca internacionalmente reconhecida que promove o prazer sexual feminino", é totalmente voltada para a nova mulher hipersexualizada. De acordo com o site: "Em setembro de 2000, a CAKE promoveu a primeira das famosas festas CAKE na boate FUN, embaixo da Ponte de Manhattan. Vendida como Festa Pornográfica, os anfitriões exibiram cenas explícitas em telas que iam do chão ao teto."

A pressão para ser uma máquina de orgasmos chegou ao que Melissa Goldman, autora do documentário *Subjectified: Nine Young Women Talk About Sex* [*Sujeitificadas: Nove mulheres jovens falam sobre sexo*], chama de "histeria". Segundo ela, nos EUA "a situação é tão grave que as mulheres acreditam ter alguma patologia se não conseguirem chegar ao orgasmo pela penetração. Nós temos este negócio da Samantha de *Sex and the City* que tem sido extensivamente forçada à sexualidade feminina, essa coisa de leoa caçadora de orgasmos." Sem dúvida, a pressão das ideias contemporâneas de sensualidade, sexo e prazer na cama como medida de sucesso pessoal é um peso enorme para as mulheres. E as solteiras, por estarem mais abertas a acusações de não serem suficientemente sensuais ou atraentes, são as que mais sentem essa pressão. Afinal, se elas se encaixassem nesses parâmetros, não estariam solteiras...

Ao dar um tempo no sexo sem compromisso, podemos evitar o que Greer descreve: "o sexo para muitos virou algo triste, uma liberação mecânica sem descobertas nem triunfos, tornando cada vez mais óbvio o isolamento humano, de maneira desanimadora." Também podemos evitar a imagem do homem que "educadamente se deixa entrar na vagina... de modo árduo e cruelmente computadorizado." É impressionante a maneira como Greer previu as pessoas de 2012: "a ideia de que existe a foda estatisticamente ideal que sempre resultará em satisfação se os procedimentos corretos forem seguidos é deprimente e falsa. Não há substituto para a excitação: nem todas as massagens do mundo garantem a satisfação, pois se trata de liberação psicossexual. A verdadeira gratificação não fica encastelada num pequeno aglomerado de nervos e sim no envolvimento sexual da pessoa inteira." Amém!

Abandonado o sexo sem compromisso: como fazer (na verdade, como não fazer...)

Falamos de muitos assuntos neste capítulo. Espero que alguns pontos lhe tenham sido interessantes e/ou úteis para dar contexto à forma pela qual você (ou suas amigas) age. Particularmente achei muito útil ver de onde eu tinha tirado algumas das minhas ideias mais fortes e inúteis sobre sexo. Entendendo onde eu me encaixo na cultura sexual fica mais fácil questionar essas ideias.

Sei que algumas podem estar lendo este capítulo e dizendo a si mesmas: todo nesse negócio de sexo sem compromisso parece ótimo, pelo menos é sexo! Para as que estão enfrentando uma seca interminável, eu me solidarizo com vocês. Já passei muitas vezes por essa situação com uma mistura de raiva, frustração, aceitação e uma boa dose de promiscuidade do tipo "faça sempre que puder" seguida de remorso.

Para as moças da seca: colocar esta regra em prática também melhorará o seu estado mental, prometo! Aqui vão algumas dicas para orientá-las durante o processo:

1. Reconheça o seu estado mental

Você tem a sensação de que não conseguirá encontrar alguém, que nenhum cara jamais gostará de você, e acha que está quase ficando virgem de novo? Se for este o seu caso, tenha ainda mais cuidado porque está mais propensa a ter comportamentos sexuais autodestrutivos. Foi durante a minha maior "seca" que fui atraída pela falsa promessa de servidão sexual, pensando: "pelo menos é sexo." Mas essa isso acaba sendo uma enganação, porque depois você se sente deixada de lado e um pouco suja por ter feito sexo com alguém que varia de indisponível a desinteressado, passando pelo péssimo. Isso se você conseguir fazer sexo com eles. Você também pode ficar bêbada e arriscar. E fracassar, mesmo depois de ter abaixado os seus padrões, o que também é horrível.

2. Desafie a crença do "pelo menos é sexo"

Pensar que é melhor aceitar porque, assim como dinheiro, devemos pegar o máximo de sexo que puder, é algo surpreendentemente comum. Quando comecei a detox de homem, eu concordava totalmente com isso, ou seja, levava a sério demais o meu papel de solteira, sendo selvagem, louca e contando um monte de ótimas histórias. As secas me torturavam.

Eu realmente estava feliz por não estar comprometida. Tinha acabado de sair de um relacionamento e minha personalidade tinha ficado meio instável diante do peso de ser uma namorada "bacana" (isto é, permissiva, generosa, não carente, tranquila). Mas supus que a alternativa à frase "não estou pronta para um relacionamento" era "vou sair por aí e levar para a cama o máximo de pessoas que puder" e "se eu não estou saindo com uma ou várias pessoas, estou desperdiçando um tempo valioso como mulher jovem e solteira. Pânico, pânico, o que há de errado comigo?" O fato de parar, sossegar e permitir que as minhas fronteiras se estendessem a outras esferas além da sexualidade foi um bálsamo para a minha alma.

3. É preciso ser cruel para ser gentil: pare "na marra"

Se há muito sexo sem compromisso em oferta, simplesmente pare "na marra". Recuse, apague os caras do Facebook, bloqueie o telefone deles. (Excluí vários amigos do Facebook para impedir que janelas de bate-papo aparecessem do nada e me levassem para o mau caminho.) Depois dessa crueldade, a gentileza vem rapidamente: assim que larguei de uma vez aqueles que me ofereciam sexo casual, eu me senti limpa, leve, energizada e muito consciente de que estava me prejudicando antes. Segundo a conselheira de relacionamentos Val Sampson:

> "Não que ser uma careta vitoriana aumente a sua autoestima, mas dormir com um cara com quem você não quer namorar ou que não acha você particularmente interessante como pessoa faz mal a sua autoestima."

4. Afaste-se de um amigo

Isso é diferente de se livrar de um, dois ou cinco caras que só querem sexo sem compromisso. Certamente vocês dois têm uma intimidade mais profunda ou diferente da que rola com um desconhecido. Você pode estar até apaixonada por ele. É superdifícil se afastar dele justamente porque há tantos sentimentos misturados, mas o ponto principal ainda se aplica: ele está conseguindo o leite sem ter a vaca e não vê a menor necessidade de mudar isso. Então, se você puder juntar todas as suas forças, só precisa abrir o jogo e contar tudo. Não deve ser difícil. Ele ficará assustado e pode acabar, facilitando as coisas, se você disser: "Da próxima vez que rolar algo entre nós, vou supor que você quer namorar sério." Ou se foi você quem ligou em busca de uma rapidinha, basta deixar bem claro que vai querer mais e ele provavelmente vai parar de estimular ou permitir as suas visitas noturnas.

5. Pense no que você quer

As mulheres em busca de um relacionamento sério precisam tirar uma folga do sexo (ou de pensar em sexo) para terem mais clareza sobre o melhor caminho a seguir. Janet Reibstein acredita que um dos principais problemas enfrentados pelas mulheres que dizem estar contra algo sério ou que assumem como padrão o sexo causal é o hábito que acaba juntando tudo depois. "Se você quiser ter filhos, não tem a liberdade de jogar tudo para o alto como os homens fazem", diz ela. "As mulheres precisam ser mais honestas consigo mesmas sobre o tipo de relacionamento em que estão se metendo. Se você dizia 'isso é sexo sem compromisso' aos 28 anos e continua levando os relacionamentos dessa forma aos 30, está reduzindo as chances de encontrar alguém para ser um pai em um relacionamento sério."

Ainda não tenho certeza se quero ter filhos, mas concordo veementemente com Reibstein em outro ponto: "Até você descobrir o que quer, provavelmente vai agradar o homem do jeito que ele quer." Esta parte da detox de homem está aqui para ajudar a descobrir o que queremos, uma tarefa nada fácil numa sociedade de valores (ainda predominantemente) masculinos. Por isso mesmo, dar um tempo da perigosa selva do sexo é a melhor forma de começar.

Como eu segui esta regra:

Antes da detox de homem
Eu não tinha uma política de "dizer não ao sexo sem compromisso". Até sabia que isso não me deixava particularmente feliz, mas achei que era parte essencial da minha persona de solteira ser uma mulher liberal, aventureira e sexual. Minhas peripécias renderam ótimas histórias, mas elas costumavam seguir a linha da aventura apenas pela aventura. Isso aconteceu porque a minha visão sobre o sexo era "por que não?" em vez de "por quê?".

Como eu consegui cumpri-la
Apenas pensei mais a respeito. Refleti sobre a simples ideia de que transar mecanicamente, embora em geral seja prazeroso ou ao menos excitante, não era como o sexo deveria ser de verdade. E separar a verdadeira intimidade da intimidade física provavelmente não era o mais indicado. É incrível o quanto conseguimos fazer apenas pensando. Bastou refletir sobre o assunto para começar a ser muito mais exigente. Não porque eu estava me privando de algo

e sim por que parei de tratar o sexo de maneira simplista, pois eu não sou uma pessoa simples. Nem você.

Outro fator que me mantém na linha é a pergunta: "Eu quero estar exausta amanhã?" Vamos jogar aberto, o sexo sem compromisso geralmente envolve uma saída não planejada para dormir na casa de alguém, e dormir é o que menos se faz. Fazer isso durante a semana é fatal. E nos fins de semana é bem deprimente quando há planos para o dia seguinte.

Sendo bem específica, se um cara aparecer e houver a possibilidade de sexo, eu iria...

- Simplesmente cair fora. Se ele quiser meu telefone, beleza. Se não quiser, eu perdi alguma coisa? Provavelmente nada além de uma marquinha na cabeceira da cama.
- Se algo estiver acontecendo, como um beijinho, simplesmente dou um jeito de sair da situação com um "está ficando tarde" ou "preciso pegar o metrô".
- Penso cuidadosamente em como quero acordar no dia seguinte. Geralmente vence o desejo de estar bem e alerta em vez de arrasada e bêbada sem motivo.

Como eu me senti

Bem. Muito bem, na verdade. Eu me senti dona da situação e tive a clara sensação de estar me respeitando. E, por mais bobo que pareça, também fiquei orgulhosa por me poupar um monte de problemas (envolvimento com caras longe de serem adequados, possível preocupação com DST e por aí vai). Eu senti falta de um monte de sexo selvagem e sem compromisso? Não por um bom tempo. O que me leva a...

O que eu deixei passar
Descobri que ficar longos períodos sem qualquer intimidade física é muito difícil. Muitas mulheres concordam comigo. Por isso, de vez em quando eu deixava a situação rolar naturalmente ou, em alguns casos extremos (geralmente envolvendo álcool), criava a situação. Não sei bem se me senti melhor depois, mas sem dúvida me senti diferente. Minha energia mudou. Ainda sim, só recorro ao sexo sem compromisso no desespero.

E agora?
Tento não fazer sexo sem compromisso, parece não valer a pena. Além de ser sutilmente desagradável quando não leva a lugar algum ou quando rola com alguém abaixo do meu padrão. Eu costumava achar "divertido" esse tipo de coisa. Agora, sou um pouco mais criteriosa com meu conceito de diversão. Quando a vontade que algo aconteça toma conta, eu mergulho de olhos bem abertos, mas ser realista nem sempre ajuda, pois uma pequena parte de você sempre quer que o sexo tenha significado ou acha que vai levar a algo mais sério.

SOS!

Se você teve alguma experiência de sexo sem compromisso depois de um longo e fortificante período de detox, deve estar se sentindo (a) saciada ou (b) uma merda. Mas fique calma, e leve em consideração que a primeira opção significa que você conseguiu gostar do sexo sem compromisso exatamente porque passou um tempo sem ele (por causa da detox de homem), o que aumentou a sua força e autoestima. A segunda opção significa que você agora sabe que não está perdendo grande coisa ao dizer não ao sexo sem compromisso e faz bem ao seguir esta regra. E tem mais:

- Não fique se criticando por isso. Você não fez nada de errado, só pisou um pouquinho na bola. Você sentirá uma reação naturalmente negativa, o que já é punição suficiente ou seguirá em frente com a vida. Siga em frente, mas não pense "oba, já que isso não acabou comigo, então vou fazer mais!" porque vai ser um retrocesso e o caminho para se sentir acabada (possivelmente de novo, dependendo do seu passado).
- Se você sentir um envolvimento pós-sexo, admita só para satisfazer o seu coração, mas não faz sentido piorar tudo e se jogar aos pés do cara. Se a relação começou como sexo sem compromisso, é quase certo que continuará sendo sexo sem compromisso para ele.
- Se por acaso a parte sem compromisso do sexo veio misturada a muito álcool e pouca proteção, não faça vista grossa. Vá ao médico num prazo de até três meses (o período de incubação do HIV. Sim, o sexo pode ter vida longa) e certifique-se de que está tudo bem.

REGRA NÚMERO 2

Diminuir o álcool

Você precisa desta regra se:
- Depois que começa a beber, não consegue parar.
- A maioria dos seus encontros sexuais como solteira acontece depois de uma bebedeira.
- Você não consegue imaginar um encontro sem beber.
- Você tem medo de ficar chata quando está sóbria.
- Você acha que só desperta sexualmente depois de tomar uma garrafa.
- Você costuma se arrepender do que faz com homens quando está bêbada.
- Suas grandes noitadas sempre envolvem o consumo de uma quantidade de álcool dez vezes maior que a recomendada por semana pelo governo.
- Suas ressacas vão muito além de "minha cabeça dói".
- Você tem medo de que a bebida esteja afetando sua saúde e reação mental como um todo.

Combina com:
- Recusar o sexo sem compromisso
- Concentrar-se na sua autoestima
- Fazer algo ousado
- Não correr atrás
- Conhecer suas dificuldades

O despertador de Sarah tocou. Por não conseguir nem pensar na tarefa que tinha pela frente (levantar e ir para o trabalho), ela prolongou a agonia de sair da cama tentando decidir o que era pior sobre a situação atual. Seria o estado físico (coração batendo forte, gosto amargo de vinho tinto misturado ao gim dos gins-tônicas que ela pensou ser um bom remédio para dormir, olhos inchados e pontadas da dor de cabeça)? Ou o inevitável sofrimento que viria quando os eventos da noite anterior voltassem para assombrá-la?

Os olhos dela ainda estão fechados, o despertador continua tocando. Sarah normalmente é uma mulher alegre e emocionalmente estável, mas quando acorda assim, o que acontece com a mesma frequência que suas amigas ou milhões de mulheres no Reino Unido que de vez em quando bebem um pouco demais, ela não está alegre nem está bem. Ela está se odiando e teme o que possa ter feito. Ou fez. Ela imagina um imenso poço escuro do qual precisa sair a fim de retomar o rumo na vida.

O que aconteceu na noite anterior

Neste caso, Sarah não chegou a fazer algo ruim, mas o fato de estar fazendo disso um hábito é um problema. A noite anterior tinha começado com uns drinques a trabalho: alguns advogados reservaram espaço num bar para o grupo de colegas. Uma garrafa de vinho por pessoa já os esperava na mesa, junto com alguns petiscos. Tudo passou muito rápido e de repente o local já ia fechar. Deixando o lado safada falar mais alto (leia-se: o desejo de se enrolar com algum homem), ela decidiu ver o que poderia arrumar. Sarah queria sexo. Ela se sentia impulsiva, selvagem, com a insatisfação romântica e o ego frágil prestes a serem derrubados por uma onda de coragem alcoólica.

Foi um ataque em várias frentes: primeiro, ela mandou algumas mensagens de celular para homens com quem teve algo antes ou com os quais achava que poderia ter algo agora. Ela não gostava de nenhum deles o suficiente para encontrá-los sóbria. Depois, começou a ficar de olho nos candidatos aparentemente interessantes que estavam lá com ela. Mantendo essa estratégia de ataque, ela acabou tendo sucesso. Nenhuma das mensagens foi respondida, algo que a chateou, mas ela poderia lidar com isso depois. Contudo, graças a Deus, um dos caras que apareceu no lugar para onde eles foram depois que o bar fechou parecia estar a fim. Assim que ele claramente mostrou interesse, Sarah sugeriu que eles fossem para o apartamento dela.

O que aconteceu quando chegaram lá não foi nenhuma maravilha. Certamente não foi a festa de orgasmos inebriantes sugerida em algumas representações do sexo casual e livre típico das grandes cidades. A verdade só deixou clara a consideração quase nula que eles tinham um pelo outro e, embora Sarah gostasse de fingir intimidade, o cara não tinha a menor inclinação de fazer o mesmo. Ele transou (por dois segundos antes de botar camisinha e por uns vinte minutos depois), gozou, sugeriu sexo anal. Ela disse não, eles cochilaram por uma hora e ele disse: "Merda, preciso ir", pegou as coisas, saiu e só se lembrou de pedir o telefone dela quando estava na porta. Foi apenas um vago reflexo de educação, qualquer pessoa conseguia ver isso.

Agora, Sarah estava aterrorizada. Por que ela sempre tem esse impulso de levar alguém para casa quando está bêbada, mesmo sendo velha demais para esses encontros completamente vazios? Por que ela se entrega a um cara qualquer que nem ao menos finge ser educado na cama? E, pior de tudo, o que fazer com aqueles segundos de sexo que aconteceram antes de botar a camisinha? Ela estava disposta até a arriscar a própria saúde quando bebe? E por quê? Enfrentando a dor dessas reflexões ainda enevoadas, ela vestiu as roupas com certa relutância e conseguiu chegar ao metrô sem vomitar. O dia não estava bom.

Porém, o arrependimento já tinha diminuído à noite e, no dia seguinte, Sarah já estava pronta para outra. O poço sombrio da manhã anterior estava totalmente esquecido e o sexo da noite anterior já tinha sido relatado às amigas como uma história altamente divertida.

Era noite de sábado e Sarah e sua colega de apartamento, Lynn, tinham um aniversário para ir. As duas se aprontaram ao som de sua música favorita, que também era o toque do BlackBerry de Lynn: "Blame It [On the Alcohol]" {*Ponha a Culpa [No Álcool]*}, de Jamie Foxx e T-Pain.

Já é meia-noite. Lynn está dando uns amassos em um bonitão. Sarah bebeu mais do que deveria (embora menos que na noite anterior) e agora está no modo "caçadora". Como ninguém morde a isca, ela começa a sentir que não está no clima. Quando um gato entra no seu campo de visão e se oferece para pagar outra bebida, ela aceita de bom grado, mesmo sem vontade. Diante da possibilidade de ir para longe dali, Sarah bebe de canudinho a dose dupla de Absolut e conversa em tom de flerte. Ela pede licença para ir ao banheiro e, quando volta, o cara foi embora. Ela procura por todo o bar, mas não consegue encontrá-lo. Agora o barato passou, ela está bêbada e sozinha. Sarah começa a falar com outros caras, mas não dá certo e acaba pegando um táxi para casa. São 3h30 da manhã e Lynn saiu com o rapaz com quem estava se agarrando pelas últimas três horas.

A ressaca do dia seguinte é, ao mesmo tempo, melhor e pior que a da véspera. Pior porque quando a dor passar ela não terá do que se gabar. Nenhuma ficada. Sarah se sente um fracasso como solteira. Ela queria ser capaz de ficar com alguém sempre que quisesse, mas a noite anterior era um lembrete de que isso não era possível. Por outro lado, esta ressaca é melhor por ter acordado sem culpa e sem se odiar, por não ter arriscado a saúde na cama ou cedido o corpo a alguém que não merecia. Ah, e, principalmente, Sarah não precisa trabalhar. Apesar disso, o corpo não está bem e muitas calorias foram ingeridas na noite anterior. Ela terá de compensar isso depois.

Por isso eu digo:

Dê um tempo no álcool. Dar um descanso ao seu corpo e mostrar um pouco de amor a ele mudará sua visão das coisas.

A solteira e o conturbado caso de amor com o álcool

Este não é um retrato incomum ou surtado da vida de uma mulher solteira que gosta de se divertir. Talvez não seja um cenário típico, mas é uma situação com a qual a maioria das britânicas entre os 18 e 35 anos de idade se identifica. Ao fazer minha pesquisa para este livro, perguntei às mulheres na casa dos 20 e dos 30 anos se elas bebem mais quando solteiras. Veja algumas respostas:

> "Fato, eu bebia para cacete quando era
> solteira, muito mais do que hoje."
>
> Naihala, 34 anos

> "Sim, sem dúvida. Eu ficava bêbada o tempo todo,
> era a única forma de superar minha timidez com os
> homens. Eu não tinha confiança e tinha uma vergonha
> imensa do meu corpo. Então, eu precisava estar bem
> chapada para tirar a roupa na frente de alguém."
>
> Laura, 35 anos

> "Com certeza. E quando se está começando a sair com alguém,
> acabamos bebendo bastante. Sabe como é: sair muito à noite,
> encher a cara, comer porcaria, voltar tarde para casa..."
>
> Laura, 32 anos

Outra mulher, uma grande amiga minha chamada Mary, costuma apagar quando bebe. "Eu perdi muitas lembranças apagando assim. Não me lembro de como encontrei metade das pessoas com quem saí e às vezes acordo ao lado de alguém e não me lembro de como fomos parar na cama." Ela não é nenhuma doida varrida: Mary é uma pessoa bem-sucedida, com os pés no chão, sem qualquer problema concreto com álcool. Mas bastam alguns drinques, às vezes apenas três para fazê-la se esquecer do que acontece. Contudo, em vez de ficar apavorada com a situação e suas implicações, ela apenas aceita que isso é comum em grandes noitadas. Esta é a cruz que as solteiras precisam carregar.

O aumento no consumo de álcool entre mulheres é alardeado com grande insistência pela mídia, por um bom motivo: os números sugerem que, em termos de consumo de álcool, somos o grupo que cresce mais rapidamente no Reino Unido, com a imagem da solteira boa de copo liderando a lista. Afinal, as mulheres com idade entre 18 e 24 anos bebem mais no Reino Unido do que em qualquer outro país europeu (Datamonitor, 2005). Do outro lado do oceano, o canal norte-americano de televisão CBS fez uma matéria alarmista mencionando uma "síndrome de *Sex and the City*" inspirada pelo aumento nos índices de acidentes com motoristas sob influência de álcool ou drogas entre mulheres jovens. A matéria expressava preocupação com as "noitadas com as amigas" e os drinques cor-de-rosa popularizados por *Sex and the City*. De novo: há um bom motivo para isso.

Puxão de orelha: a gente realmente precisa abrir mão do álcool?

Esta regra da detox de homem não se resume a dar lição de moral ou fazer cara feia. A proposta é dar uma trégua em hábitos nocivos. Álcool não é um assunto simples (não basta dizer "beber faz mal" e pronto). Ele tem um papel complexo e de destaque em boa parte da nossa vida. A jornalista Kate Spicer escreveu um artigo corajoso para o *The Sunday Times* na linha "a vida é curta demais para não beber" onde confessa ter tomado muitas doses da chamada "água que passarinho não bebe", argumentando que, quando usado apropriadamente, o excesso de álcool pode ser fonte de prazer e relaxamento sem causar muito estrago. Não é o álcool que cria o problema: são as pessoas, conclui ela.

A visão de Spicer é tentadora e não há a menor chance de eu abandonar o hábito de beber socialmente e as bebedeiras ocasionais por um consumo nos moldes recomendados pelo governo. Mas quando a solteira, sob a pressão de se divertir mais do que as outras pessoas (ver os capítulos sobre recusar o sexo sem compromisso e não falar sobre homens), acaba envolvida num monte de promiscuidade movida a álcool seguida por ressacas morais, é hora de fazer uma pausa. Na mesma matéria do *Sunday Times*, a estudante Ruth Gilligan descreveu com precisão a loucura de colecionar as experiências, histórias e fofocas que o álcool geralmente facilita. Ela conta que estava sentada no quarto do alojamento da faculdade enquanto, na porta ao lado, a música alta começava a tocar, anunciando a chegada das garotas convidadas pelos rapazes do alojamento. Ruth escuta o "Vira, vira, vira...Vira, vira, vira... Virou!" em uníssono e respira aliviada quando a música para, pois significa que o grupo já saiu para a balada. Esta é apenas a primeira parte da noitada, embora ela tenha certeza que pelo menos três das garotas voltarão mais tarde com fofocas fresquinhas, prontas para serem consumidas pela manhã.

Toda mulher tem um caso declarado com o álcool. Algumas enchem a cara nos fins de semana, outras gostam de uma taça ou garrafa de vinho numa noite. Há ainda quem o use como uma imensa muleta social e se transforme de menina bobinha que não é chamada para dançar na festa em predadora sexual depois de apenas algumas taças de vinho. Algumas mulheres usam a bebida para provar que são tão festeiras/ boas/ divertidas/ loucas quanto seus parceiros do sexo masculino. Outras não entendem o motivo de todo este estardalhaço e se irritam com perguntas como: "Você bebe muito numa noite?". Outras são abstêmias e enfrentam uma forte pressão social para beber. Muitas se preocupam demais achando que bebem além do limite, mas poucas tentam fazer o esforço de parar.

Obviamente, o caso das mulheres com o álcool é muito mais complexo do que cabe numa matéria alarmista do *Daily Mail*. Sim, nós bebemos demais. Apesar disso, nem todas são a rainha da noitada, bebendo várias e várias doses e parando vez ou outra no hospital para tomar glicose. Essa complexidade também se aplica à conexão entre o álcool e comportamento sexual insensato. Como adepta da detox de homem, o importante é minimizar os efeitos psicológicos dos encontros desconfortáveis com homens idem, algo que abala nossa autoestima, como mostram as manhãs difíceis da Sarah. Por isso, quando proponho uma leve redução no consumo de álcool, a ideia é combater ao mesmo tempo:

a) O sexo de pouca qualidade com uma pessoa abaixo do nosso padrão num ambiente que também não é dos melhores.
b) A terrível ressaca moral, que já é ruim o bastante se acontecer de vez em quando, mas ao longo do tempo faz com que você se sinta realmente fora de controle e totalmente arrasada.

Mais uma vez repito que a solteira está mais propensa às pontadas de arrependimento e autodepreciação do que a mulher que acorda de ressaca ao lado do namorado, independente do que tenha feito na noite anterior.

Então, qual é exatamente a relação entre beber e o pavor ao que parecia perfeitamente aceitável na véspera? Será que ficar bêbada realmente faz com que nos prostremos de modo insensato diante da pélvis de qualquer homem disponível? É provável que sim. Um estudo revelou que a relação entre o consumo de álcool e a possibilidade de "se envolver em sexo" é mais forte para mulheres do que para homens, provavelmente porque elas sofrem a pressão social de *não* transar e o álcool facilita a quebra dessa barreira (Owen, Fincham & Moore, 2011). Mas a relação entre álcool e sexo é previsivelmente mais complexa para as mulheres do que para os homens.

"Será que ficar bêbada realmente faz com que nos prostremos de modo insensato diante da pélvis de qualquer homem disponível?"

O álcool a excita?

De acordo com um estudo publicado na revista acadêmica *Archives of Sexual Behavior*, o álcool em si não deixa as mulheres mais excitadas ou com tesão, nós apenas *pensamos* que isso acontece. A pesquisa realizada em 2011 fez 44 homens e mulheres assistirem a filmes eróticos e neutros enquanto consumiam álcool ou suco. Após beber álcool, participantes relataram maior excitação sexual mesmo assistindo a filmes neutros. Contudo, a resposta genital das mulheres não aumentou com o consumo de maior quantidade de álcool. Então, parece que a excitação sexual *percebida* aumenta mesmo quando a excitação real (isto é, a excitação genital medida por um dispositivo) não muda. Os pesquisadores descobriram que a melhor forma de prever o sexo pós-bebida era analisar a intenção de fazer sexo antes de beber.

Outra teoria sobre a associação entre sexo e álcool soa mais familiar: o efeito do álcool nos *faz* assumir riscos sexuais que não seriam assumidos sem o consumo da bebida, seja sexo sem proteção, com alguém não recomendável ou que provavelmente nos abalará emocionalmente. O estudo comenta os sinais aos quais você responde ou ignora quando está bêbada: de acordo com a teoria cognitiva muito bem nomeada de "miopia alcoólica", o álcool tem efeito desinibidor por deixar a pessoa menos capaz de processar informações. Os sinais que instigam o comportamento sexual continuam a ser processados, enquanto outros sinais mais complexos que normalmente fariam você pensar duas vezes são ignorados. O cérebro bêbado não consegue lidar com tudo ao mesmo tempo e escolhe o caminho mais simples.

Esta é uma clássica história de horror envolvendo álcool, contada por uma amiga minha, que ilustra bem o assunto:

Chloe, 28 anos, dormia com um cara diferente a cada fim de semana enquanto estava solteira e também mantinha um perfil em um site de relacionamentos. Uma noite, estávamos em uma festa na casa de um amigo em comum, ela ficou totalmente bêbada. Não havia boas opções masculinas lá, então, Chloe pegou o celular e começou a dar uma olhada nos caras do site de relacionamentos até achar um, Mark, que por acaso estava on-line às 11h30 da noite de um sábado. Ela o convocou para a festa. Era evidente que ele se exercitava, mas puxava demais as calças e as prendia com um cinto absurdamente fino. Além disso, estava ficando careca, era grosseiro. Enfim, estava longe do ideal. Já cambaleante depois de várias vodcas, Chloe e Mark foram para o jardim nos fundos da casa, onde se pegavam e discutiam ao mesmo tempo. De repente, foram embora.

No dia seguinte, Chloe contou que tinha levado o rapaz para casa apenas para descobrir, quando estava recuperando a sobriedade, que ele era totalmente viciado em sexo (e não é no bom sentido), queria reencenar cenas pornográficas de degradação e começou a chamá-la de "vadia" assim que eles se aproximaram do quarto. Quando ele empurrou a cabeça dela para baixo, exigindo um boquete, ela o expulsou de casa. A princípio ele se recusou, mas acabou indo embora quando ela ficou violenta. Chloe não me contou todos os detalhes naquele dia. Ela ficou tão horrorizada que precisou de duas ou três semanas para revelar tudo o que acontecera. Esta foi a última vez que ela entrou na internet bêbada e a última vez que se esforçou tanto para arrumar sexo.

De sóbria a sensual: bebendo até ficarmos bêbadas

> "Numa noitada daquelas, eu sempre acabo procurando [sexo], mesmo se no fundo eu quiser algo mais tranquilo. É assim que as coisas funcionam."
>
> Jane, 31 anos

Perdemos um pouco nossos limites e tendemos a fazer escolhas sexuais piores quando estamos bêbadas porque esta é a expectativa e a imagem relacionada às mulheres. Um estudo clássico revelou que o comportamento depois de beber é movido pelas crenças que se tem antes de beber, "à moda da profecia que se autorrealiza" (*Journal of Drug Issues*). É fácil se identificar com a ideia da profecia que se autorrealiza. Afinal, quantas vezes você saiu para uma "noitada daquelas" e não fez pelo menos uma tentativa de agir como alguém que está numa "noitada daquelas"? Quando você está "esbanjando," não pode "economizar" na hora H ou vai ficar com fama de estraga-prazeres.

A expectativa de agir como se você estivesse bêbada é uma faca de dois gumes. Não só as mulheres esperam ficar mais a fim de sexo como os homens esperam que nós estejamos a fim quando bebemos. "As mulheres que bebem são percebidas pelos homens como mais disponíveis em termos sexuais e o sexo forçado com uma mulher bêbada tem probabilidade menor de ser visto como estupro", disseram Maria Testa e R. Lorraine Collins num estudo feito em 1997. Segundo elas, essas percepções levam as mulheres a receber mais bebida de homens que esperam conseguir sexo em troca. E também nos dão a sensação de que temos menos direito de recusar sexo justamente por sabermos a impressão que causamos ao beber muito. Em resumo, temos medo de parecer uma pessoa que só provoca, mas na hora não faz nada.

Evidências como o estudo feito por Prause, Staley & Finn sugerem que o álcool nos faz *parecer* máquinas libertinas de sexo mesmo se não ficamos mais excitadas de fato. Outros estudos mostram que quando bebemos mais, ficamos muito mais agressivas e prontas para as preliminares. Embora não surpreenda, também é interessante saber que a percepção da desinibição sexual feminina ficava significativamente maior se o homem pagasse a bebida para ela. A compilação de artigos chamada *Working With Substance Misuers: A Guide to Theory and Practice* [*Trabalhando com quem faz uso abusivo de drogas: um guia teórico e prático*] argumenta que o "álcool não 'faz' você agir de forma estranha. Contudo, sem dúvida o álcool costuma ser usado como desculpa para o comportamento inadequado." Em outras palavras, ao contrário do que Jamie Foxx e T-Pain dizem em seu hino *Blame It*, a culpa é nossa, não do álcool.

As pessoas ficam mais atraentes quando você está bêbada: verdadeiro ou falso?

Verdadeiro. Os estudos comprovam que quanto mais você bebe, mais bonita a pessoa do sexo oposto lhe parece, mas você não precisa que eu lhe diga isso. O interessante é que apesar de vários estudos, "o mecanismo [que nos faz achar as pessoas mais atraentes quando bebemos] ainda permanece sem explicação." Uma possibilidade sugerida por outros especialistas é que estar chapada dificulta a avaliação da simetria facial e de outros sinais de beleza. Outros estudos sugerem que quanto mais a noite avança, mais freneticamente as pessoas procuram companhia e acabam abaixando seus parâmetros. O papel do álcool é óbvio nos eventos dignos de arrependimento em que nos envolvemos quando bêbadas, mas o fato é que nossos amigos das ciências sociais não sabem determinar se nós caímos no papo deles porque literalmente não conseguimos enxergar direito ou se é devido a uma mistura mais complexa de fatores como necessidades reprimidas e desejo de intimidade (eu aposto nesta opção).

Mas nem todas acham o mundo mais atraente quando bebem ou, mesmo que achem, cedem ao efeito do álcool. Eu costumo me perguntar como algumas pessoas não são mais assertivas sexualmente quando bêbadas (às vezes até menos!), enquanto outras vão à loucura e se jogam em cima de qualquer coisa que se mova depois de umas doses. Os impulsivos são mais propensos a se envolver em "comportamento sexual de risco" quando bebem, descoberta que lança uma bem-vinda luz para explicar por que viramos outra pessoa quando embriagadas. Essas pessoas mais impulsivas preferem perder "totalmente a inibição" quando bebem em vez de ter "boas conversas" com "grupos tranquilos". De acordo com o *The Indian Journal of Medical Research*, elas tendem a cair nas categorias "busca de aventura e emoção", "busca de experiências", "desinibição" e "suscetibilidade ao tédio". Então, se você fica entediada com facilidade e adora a emoção causada por experiências novas e intensas (que podem levar à perda de consciência, em alguns casos) deve ter uma tendência maior a transar com o cara errado quando bebe.

Arrependimento e a tristeza do dia seguinte

É praticamente senso comum o fato de as mulheres serem "mais fracas" para álcool do que os homens. Mas sabe de uma coisa? O álcool também nos deixa mais deprimidas que eles. Ou pelo menos estudos descobriram que há uma ligação mais forte entre beber em excesso e depressão em mulheres do que em homens.

Se a probabilidade de ficar para baixo à noite já é grande, é quase certo que será ainda pior no dia seguinte. Primeiro porque as mulheres são mais propensas ao arrependimento do que os homens. De acordo com o psicoterapeuta Ricky Emanuel (ver a regra recusar o sexo sem compromisso), nós nos entregamos mais a comportamentos masoquistas, como olhar fotos de ex-namorados no Facebook, devido à maneira como internalizamos nossa ansiedade. Quanto ao arrependimento, as mulheres apresentam probabilidade duas vezes maior que os homens de se arrependerem da vida amorosa, segundo pesquisadores da Northwestern University.

Mas nenhuma pesquisa pode (nem precisa) descrever com precisão aquele poço específico de raiva de si mesma no qual as mulheres caem na manhã seguinte a uma bebedeira, principalmente quando houve uma má decisão sobre sexo. Os homens tendem a ser mais tranquilos ou melhores na negação. Um artigo chamado "Every Time I Do It I Absolutely Annihilate Myself: Loss of (Self-) Consciousness and Loss of Memory in Young People's Drinking Narratives" ["Toda vez que faço isto eu me anulo completamente: a perda de (auto) consciência e de memória nas narrativas de bebedeira em pessoas jovens"] estudou como os homens e mulheres jovens contam histórias de apagões e outras peripécias quando bêbados. Elas relutavam em discutir o assunto e pareciam ficar mais ansiosas em relação às lembranças ("As mulheres jovens lutavam para gerenciar o espectro de assédio sexual, vergonha e perda da feminilidade considerada respeitável associada ao fato de ficar bêbada e apagar"), enquanto as histórias deles eram mais diretas e envolviam "bebedeiras resolutas" e ritualizadas.

Martha, de 26 anos, conhece muito bem a sensação ruim de autodepreciação que bate no estômago após uma bebedeira pesada:

Ela foi para a noite com uma queda imensa por um francês que conhecera recentemente num casamento. Martha foi encontrar as amigas do trabalho num bar no centro de Londres. Quatro taças de vinho depois, ela viu um cara no bar que jurava ser o francês gato de quem estava a fim. Ela se encaminhou para a direção dele dizendo um grande "Oiiiii!". Não era ele, mas algo na boca do rapaz lembrava o francês e Martha insistiu, partindo para cima com força total. Vai que o cara era um irmão há muito perdido do tal francês? Enquanto isso, as amigas sempre vinham lhe dizer algo, sendo chatas e interrompendo a conversa a cada cinco segundos, mas ela ignorava as interrupções. Depois de outra taça, Martha o convidou para ir a sua casa e não se lembra de praticamente nada a partir daí. Ela acordou no dia seguinte, olhou para o lado e viu que tinha dormido com o ex-namorado da melhor amiga do trabalho. Foi a pior coisa que já fez na vida profissional e pessoal.

Bebida e vergonha

A relutância feminina quanto ao comportamento "ruim" quando embriagadas (geralmente com um componente sexual) também se reflete na literatura. Há incontáveis passagens brilhantes sobre ressacas masculinas descritas (obviamente) por homens. Kingsley e Martin Amis se destacam nesta área (principalmente *Lucky Jim*, de Kingsley, e *Grana: O bilhete de um suicida*, de Martin); o romance meio *noir* de Patrick Hamilton *Hangover Square* exala vapores alcoólicos (álcool, sexo e manipulação estão fortemente ligados), enquanto *À sombra do vulcão*, de Malcolm Lowry, é uma representação marcante de um cônsul britânico no México que é alcoólatra. Mas quando se trata de mulheres, e nós somos liberais e abertas quanto ao consumo de álcool desde a década de 1970, fica difícil achar algo publicado além do *Diário de Bridget Jones*. Ou talvez não sejamos tão abertas assim: as mulheres alcoólatras ainda tendem a ficar escondidas, enquanto a imagem do bêbado do sexo masculino é totalmente comum e pública. Claramente, apesar de nossa invasão em domínios antes considerados masculinos, ainda há uma tensão entre o que as mulheres "fazem como homens" e o que elas têm permissão para fazer desta forma. O álcool é um grande exemplo.

Mulher (bêbada) em busca de homem: o lado negro de caçar bêbada

Não entendo como não há uma obra clássica sobre os problemas da mulher que bebe no ambiente urbano moderno. Afinal, como a mídia faz questão de deixar bem claro, a relação das mulheres com o álcool é uma das histórias mais importantes do nosso tempo. E beber muito rende, não só pelos problemas criados como também por sua força psicológica. A verdade é que existem mais coisas que podemos fazer quando bêbadas que nos colocam em risco ou em posição de maior desvantagem em relação aos homens.

As mensagens de celular embriagadas

Para as mulheres, correr atrás ou deixar claras as suas intenções sexuais não é considerado tão "jogo limpo" quanto para os homens. No meu último livro, *Afinal, o que querem os homens?*, perguntei a vários homens o que os atrai ou os afasta das mulheres. O maior banho de água fria para eles era a mulher que parecia empolgada demais, isto é, corria atrás dele ou se mostrava claramente disponível. Um cara deu o exemplo da garota com quem tinha saído algumas vezes: entre o segundo e o terceiro encontro, ela, bêbada, mandou uma mensagem de texto dizendo que iria encontrá-lo porque estava com tesão e queria dar. As palavras não foram bem estas, mas não estavam muito longe disso. Além de ignorar a mensagem, ele se afastou dela de vez.

O que dá agonia é que não deveria ser assim, mas é. E nós sabemos disso. Sabemos que se mandarmos mensagens bêbadas, transgredimos uma das maiores regras sociais que ditam a relação entre os gêneros. Assim decreta o blog *The Frisky*: "Mais uma vez, garotas: ligar bêbada para alguém é totalmente proibido" em comparação ao "Guia masculino para mandar mensagens bêbado" disponível no site (www.sloshpot.com), contendo pérolas como: "Mande mensagem para uma ex quando descobrir que ela está solteira há pouco tempo" e "Seja persistente nestas mensagens". Nós sabemos que mandar mensagens quando estamos bêbadas não pode acabar bem: ou vai ser um convite para uma rapidinha na qual não estaremos totalmente no controle (e que o cara só aceitou porque estávamos completamente disponíveis) ou vai acabar em rejeição.

> "Não consigo evitar. Quando bebo, tenho que arranjar um homem. Ponho todas as minhas energias nisso, é a minha prioridade máxima e abstraio as consequências. Se ninguém por perto estiver a fim, começo a olhar meus contatos no telefone, geralmente começando pelo último cara com quem fiquei, independente se mantivemos contato depois disso ou não. Eu não ligo de dar umas risadas com ele no dia seguinte se passarmos a noite juntos, mas se eu for ignorada, fico me sentindo uma fracassada."
>
> Mary, 32 anos

Mesmo que você consiga se arranjar, não espere nada além de uma transa casual se for uma rapidinha movida a álcool. Bebida e sexo sem compromisso estão intimamente ligados e simplesmente não é realista esperar nada além disso nessa combinação. Segundo Kathleen A. Bogle, professora de sociologia e justiça criminal na Universidade La Salle, "a cultura do álcool e dos encontros amorosos colidiram, formando a cultura das ficadas".

Há algo muito mais perigoso em ser a agressiva sexualmente bêbada: as rejeições ainda doem bastante e deixam um gosto amargo de humilhação no dia seguinte. Caso você não seja rejeitada, é muito provável que fará sexo inseguro. Ao correr atrás, bêbada, de qualquer Tom, Dick ou Harry em suas caçadas noturnas, você pode muito bem acabar com um verdadeiro babaca. Há uma polêmica entre teóricos sociais, biólogos e psicólogos (para saber mais sobre isto, veja o Capítulo 7, *Não correr atrás*) sobre se as mulheres devem ou não correr atrás de homens (obviamente, *deveríamos* poder). É a sociedade sexista, os homens covardes ou a aversão a risco programada no cérebro feminino que determina a norma? Provavelmente um pouco dos três, mas a verdade é que se você decidir criar coragem e quebrar as regras sobre correr atrás de homens faça isso sóbria e totalmente ciente do risco de rejeição. Procurar homens bêbada apenas faz a humilhante rejeição virar sinônimo de horror. Na música "Drunk and Hot Girls" [*Garotas bêbadas e gostosas*], o rapper Kanye West descreve a cansativa vida da garota bêbada (porém gostosa) numa boate e diz que acaba ficando com ela. Ele não parece lá muito feliz com a constante presença da moça na vida dele. Deixe essa música estranha e grudenta servir como lembrete de que coisas bizarras podem acontecer quando uma garota está bêbada e é gostosa ou apenas está bêbada e com tesão.

Bebida e encontros amorosos

A solteira geralmente tem um relacionamento mais íntimo com o álcool do que uma mulher que esteja num relacionamento fixo, e não é só porque ela quer ser louca e divertida ou por ter mais energia para gastar em sair e encher a cara. Boa parte disso, é claro, tem a ver com os encontros amorosos.

Tomei café com o pessoal do site Match.com recentemente e perguntei a eles qual a maior diferença entre os encontros amorosos nos EUA e no Reino Unido e a resposta foi direta: o álcool. Norte-americanos até topam um encontro num café, já a principal escolha de local de encontro amoroso para os britânicos é o pub.

"É fácil demais confiar no álcool como muleta durante o primeiro encontro," escreve a blogueira especialista em namoros Abi Millar: "Nervoso antes do encontro? Acalme-se com uma dose. Inibido para conversar? Solte-se com uma bebida. A pessoa com quem você marcou parece o David Gest imaginado por Picasso depois de um fim de semana movimentado? Compre uma dose dupla e outra para ela também, coitada da moça. O álcool transforma o possível campo minado social num terreno adorável e turvo de ilusão embriagada e trôpega. Além de ser obrigatório se você está pensando em atacar a pessoa com quem marcou o encontro".

Não consigo me lembrar de um encontro na história da minha vida de solteira que não tenha tido alguns drinques. Também não me lembro de uma história "louca" que não tenha surgido após beber demais. Engraçado que o único encontro sem álcool foi o primeiro que tive com o meu ex-namorado. Após uma caminhada sóbria em Hampstead Health (a meu pedido. Imagine o quanto eu estava me sentindo sensível para marcar uma caminhada), nós saímos por um ano e meio.*

---

* Porém, nós nos conhecemos numa festa na casa de um amigo em comum, com muito álcool.

Não é preciso ser cientista espacial (e nem social) para explicar por que bebemos mais durante os encontros. Conhecer uma pessoa nova, ainda mais alguém que você pode beijar ou fazer algo mais no fim da noite é socialmente estressante. O fato de estar conhecendo a pessoa pode transformar o bate-papo tranquilo num desafio, pois a pisada de bola está sempre à espreita. Quando nos sentimos desconfortáveis, agimos de modo estranho e comportamentos esquisitos acabam com qualquer química. Eu costumava ter uma garrafinha de vodca daquelas que vendem em aviões na bolsa de mão para tomar no metrô a caminho de um encontro particularmente tenso (ou seja, com alguém incrivelmente lindo, mas possivelmente bizarro), o que suavizava o golpe inicial, além de fazer com que eu me sentisse uma bêbada decente.

Mas os encontros amorosos no Reino Unido estão tão ligados ao álcool que optar por não beber quando se está conhecendo gente nova demanda muita força de vontade. Sue Ostler, guru de relacionamentos e autora de *Relationships That Rock!*, ministra o seminário Diva do Flerte (incluindo o item Fisgue um Namorado), divulgado em um site chamado vodkaandchocolate.com. Degustação de vinhos é uma opção popular para encontros. Eu fui a um evento organizado pela empresa Grapevine Social que dava cinco drinques aos solteiros ao longo da noite, com o objetivo de deixar as pessoas suficientemente bêbadas para se esfregarem na pista de dança. Já o serviço de encontros chamado Lovestruck manda e-mails semanais com convite para a noite dos solteiros. Apostando no potencial de diversão dos locais favoritos do Lovestruck para esse tipo de evento, o e-mail diz: "E fica ainda melhor: o Happy Hour vai das 17 às 19h, com 30% de desconto em todas as bebidas!".

Beber e copular são ações indissociáveis no Reino Unido, mas vale a pena separá-las para conseguir ver o que se esconde por trás disso. Seja medo do tédio, desejo de desligar um pouco o cérebro para facilitar a ficada ou incapacidade de relaxar e se sentir sexy sem álcool, esta relação precisa ser analisada. Afinal, a essa altura do jogo da vida, você quer ter confiança suficiente para saber que pode arrasar sem a ajuda de três vodcas-tônicas. Mas será que pode mesmo? Assuma o risco social e descubra. Se você e um cara acabarem se gostando mesmo com você à base somente de água mineral, o segundo encontro pode ser bastante promissor. Como uma boa amiga me disse quando decidimos sair à noite sem beber (e conseguimos): "O verdadeiro sucesso é conseguir se dar bem passando a noite à base de água."

Diminuir o álcool: como conseguir isso na prática

Renunciar totalmente ao álcool provavelmente é pedir demais. Afinal, este não é um livro de perda de peso, nem um curso intensivo de martírio. Uma vez eu fiquei três semanas sem beber nada porque estava na Fase Um da dieta de Atkins. E outra semana eu não bebi porque estava tomando antibiótico. Essas semanas tiveram seus pontos altos, mas foram bem difíceis.

A semana sóbria devido ao remédio (antes do período Atkins) foi tão estranha que eu a vendi como pauta para uma matéria em forma de diário no *The Times* e acabou sendo publicada no *Times2* com chamada na primeira página. O título era: "Jovem mulher passa uma semana sem álcool". Neste período eu me vi mais ansiosa para agradar meus parceiros sociais. Como sabia que eu os estava decepcionando por não pedir um vinho, eu me esforçava para ser uma boa companhia tomando refrigerante diet. O fato de eu sentir essa pressão não é algo digno de aplausos, mas é uma sensação com a qual muitas poderão se identificar.

E as opções para beber só aumentam: a segunda-feira é a nova quinta-feira (houve um aumento considerável na quantidade de festas de empresas realizadas às segundas, talvez porque os locais sejam mais baratos e as pessoas achem que uma ressaca na terça-feira é uma boa maneira de começar a semana). A quinta já é a nova sexta-feira há algum tempo, mas a verdade é que nada supera a boa e velha sexta e os sábados ainda têm o seu charme. Contudo, é possível dizer não para parte disso. Você pode facilmente criar regras para a segunda e a terça-feira, mas dizer não a tudo é uma tarefa hercúlea e a abstinência não é o objetivo da detox de homem.

Pessoalmente, eu tive de pensar muito nesta regra, decidindo onde traçar a linha entre ser realista e pegar leve comigo mesma. Mesmo que eu tenha gostado muito de acordar sem ressaca todos os dias, os antibióticos e a semana da Atkins foram um esforço e uma experiência nada realista.

Saio quase todas as noites com minhas amigas. Consigo dizer não a eventos de trabalho com facilidade e a quantidade de bebidas intocadas no meu apartamento impressiona. Mas quando encontro minhas amigas, seja para uma peça, jantar ou noitada, o normal é pedirmos e apreciarmos alguma bebida alcoólica. Cortar totalmente a bebida daria a sensação de estar perdendo algo fundamental nas minhas reuniões sociais noturnas. Por isso, reservei o período de domingo a terça para ficar praticamente sem álcool, dando-me liberdade nas demais noites, dentro do razoável. Obviamente, as saídas nos fins de semana eram as mais difíceis e mais importantes para a detox de homem, mas descobri que se realmente ouvisse a mim mesma, chegaria a um limite natural *antes* de ficar terrivelmente bêbada e quebrar as regras da detox de homem. Claro que às vezes eu me esquecia de ouvir a mim mesma e acabava ouvindo o grupo dizer: "Mais uma rodada! O que você vai querer?" Equilibrar de maneira saudável a vida social, a sincera apreciação por várias bebidas alcoólicas e a vida numa cultura estragada pelo álcool é uma batalha constante para mim. Por isso, eu lhe ofereço estas três diretrizes:

1. A menos que aconteça naturalmente, não corte todo o álcool. Apenas analise a quantidade que você bebe e quando. Se já faz meses que você não tem uma noite sem álcool, faça duas noites de abstinência. Você vai se sentir incrível e de quebra vai fazer um curso rápido de como recusar bebida, uma habilidade útil. A maioria de nós já fez isso em algum momento, dos adeptos do Dry January (que fazem abstinência em janeiro) aos que tomam antibióticos, mas as pessoas se esquecem com tanta facilidade...
2. Defina metas pessoais. Se você acha que você ou as outras pessoas são interessantes apenas depois de algumas doses, veja se consegue lidar com elas sóbria. Combine de encontrar as amigas para uma noitada e veja o que acontece quando você pede água. Qual a reação delas? Você ficou entediada muito rápido? Tente ir a alguns encontros sem ingerir álcool. Sim, pode ser difícil dizer "vou querer água" quando a norma tende a ser beber nessas situações, mas eu garanto que os resultados serão interessantes e nem tão ruins quanto parecem. E quando você acordar sóbria no dia seguinte, pode até pegar gosto pela coisa.
3. Aprenda a dizer não. Pode parecer uma imensa manobra social recusar ofertas de bebidas ou dizer "posso pagar menos já que não bebi?" no jantar, mas não é o caso. É mais fácil do que parece, além de ser bom se colocar em primeiro lugar assim. Na pior das hipóteses, se você acabar saindo com um cara que ignora constantemente o seu "não, obrigada" e coloca doses de tequila na sua frente, disfarce e jogue tudo fora, fingindo que bebeu. Ou vá embora antes que a situação piore.

Sempre aprendi muito sobre mim mesma quando parei de beber. Ignorar o chamado de "Beba-me!" das garrafas de vinho ao seu redor, bem como o "Quero cada vez mais" de mim mesma depois que começo, dá uma oportunidade de realmente entrar em comunhão com o próprio corpo no nível mais básico. Isto é, você consegue ouvir o seu corpo emitindo seus sinais de "mais, menos, sim, não" porque ele não está enevoado ou influenciado pela bebida. Quando voltar a beber, você ficará muito mais ciente das sensações causadas pelo álcool: confusão, dor de cabeça, impetuosidade, ficar "alta". Nesses primeiros dias de volta à bebida você questiona mais a relação entre o que o seu corpo quer (água) e o que você está lhe dando (uma garrafa de vinho). Trata-se de algo bom de perceber e armazenar para o futuro.

Se quiser sair com a sua colega de apartamento e tomar algumas garrafas de vinho, tudo bem, mas recomendo que não faça isso enquanto estiver na detox de homem. Porque além de descumprir esta regra, há mais chance de acontecer o velho "ah, de repente ele..." ou "e se eu mandasse uma mensagem de texto...". Suas intenções podem ser as melhores no começo, mas podem muito bem ser corrompidas por meia garrafa de malbec. Mesmo se você não acabar mandando a fatídica mensagem de texto, as chances de descumprir outra das regras básicas da detox de homem são maiores, seja entrando em ruminações inúteis sobre algum cara ou sobre os homens em geral ou stalkeando horrores no Facebook.

Então, por ser alguém que se sente eternamente tentada pela perspectiva de um drinque, eu listei algumas situações corriqueiras e como eu lido com elas durante a detox de homem.

Como enfrentar:

1. **Noitadas em casa com amigas ou colegas de apartamento.**
   Não deixe de sair com as amigas, por favor. Mas faça algo

diferente, sem álcool. Mulheres têm sorte, pois temos várias maneiras de demonstrar intimidade. Por que não ficar em casa e ter uma noite saudável na qual você faz um jantar delicioso que lhe permite se orgulhar dos seus "talentos"? Tire os chás do armário, faça seus próprios *chai lattes* com leite de soja e saquinhos de chá com especiarias. Escolha algo de alto nível para distraí-la na televisão. Sou fã de dramas de época e *Downton Abbey* sempre tem episódios excelentes. Adaptações de Dickens e George Elliot também são boas opções. Minha favorita é *Daniel Deronda*: Hugh Dancy como Daniel lembra o tipo de homem pelo qual vale a pena se empolgar, e o mesmo vale para Colin Firth no papel de Sr. Darcy em *Orgulho e Preconceito*, ao qual eu poderia assistir infinitas vezes. *Mad Men* sempre é uma ótima pedida, mas pode fazer com que você se sinta mal com a beleza inatingível das atrizes (apesar de fazê-la se sentir feliz por não ter um Don Draper na sua vida). Ou, então, fuja do mundo de vestidos justos e caras arrojados e mergulhe num violento filme de suspense. É difícil superar uma noite do "clube da Luluzinha" regada a cuscuz, chá de ervas e uma exibição de *Os suspeitos*.

2. **Noitadas fora com as amigas.** Se você corre o risco de descumprir a detox de homem quando bebe, precisará ter muito cuidado com essas noitadas, que tendem a ter mais oferta de bebida. É o primeiro drinque, tão doce e delicioso que faz você querer mais. Se a ideia de pedir uma limonada enquanto todo mundo cai de boca nas margaritas a deixa insuportavelmente deprimida, beba. Mas não pegue um drinque doce e delicioso. Peça um Martini superforte e horrível, algo que não é prazeroso de beber, dá uma leve dor de cabeça depois de alguns goles e meio que faz você desejar a segurança de um suco ou refrigerante

diet. O melhor para isso é o Manhattan (uísque, vermute e *bitters*). Nunca vi ninguém ficar com vontade de flertar depois de um desses. Martinis de vodca e gim também são insuportavelmente fortes a ponto de fazer com que você não queira mais de um. E no tempo que você leva para tomar um, suas amigas já entornaram quatro mojitos. Se todo mundo estiver bebendo vinho, melhor ficar sem nada. Os efeitos do vinho são bem menos discretos que os dos drinques. Se for um vinho horrível, pense no quanto o gosto é ruim. Se for bom, veja quanto tempo você consegue fazer uma taça durar (é tudo uma questão de desafio pessoal). Se estiver saindo para jantar com algumas amigas, o melhor truque é deixá-las dividirem a garrafa e tomar apenas uma taça. Se elas forem de vinho tinto, diga que está a fim de um branco e vice-versa. Caso você esteja realmente interessada em se testar, basta não beber nada. Ainda é possível se divertir à beça: minha melhor noite (quem diria), foi usando tênis, dançando, e bebendo água numa boate em Dublin. Queimei um monte de calorias e acordei novinha em folha.

3. **Bebidas em eventos de trabalho.** Isto é um perigo, pois o álcool tende a ser subsidiado ou grátis. Com isso, aumentam as chances de você descumprir a detox de homem ao se oferecer embriagada a um cara casado ou abaixo dos seus padrões. Se você não tem certeza de que consegue tomar apenas uma ou duas taças, recomendo não ir. Se o "grátis" for tentador demais para resistir, compre a bebida não alcoólica mais cara que puder. Ou as que tenham gosto de álcool, como água tônica com limão. Cerveja também é uma boa. Não conheço muitas mulheres que ficam bêbadas com cerveja, porque enche demais.

4. **Jantares.** Os riscos são poucos, pois você é obrigada a ficar com aquelas pessoas naquele local e a essa altura da vida muitas delas estarão em casais. Além do mais, eles vão distraí-la. Você ficará ocupada demais conversando para pensar em algum cara com quem poderia aprontar. Além do mais, o cenário tende mais a queijos e vinhos do que a happy hour e mesmo bebendo muito nesses eventos, há algo neles (um ar de civilidade?) que a impede de ficar bêbada demais. Além disso, o que você ganha perdendo a linha com o vinho num jantar? Não muito, então beba socialmente ao longo da noite, ouça cuidadosamente o que seu corpo tem a dizer e quando ele protestar, dizendo "já chega", você ouve e espera acordar bem no dia seguinte.
5. **Do primeiro ao terceiro encontro.** Basta engolir os medos e resistir à tentação de tomar uma bebidinha rápida com uma amiga querida antes do encontro (isso se aplica, principalmente, ao primeiro encontro). No encontro propriamente dito, arrisque-se apenas quando ele perguntar o que você quer: "Na verdade, vou tomar uma água tônica." Exagere na explicação, se isso a faz se sentir melhor. "É que eu tive um fim de semana pesadíssimo e preciso pegar um pouco mais leve." ou "É a minha nova mania, estou tentando ver se consigo beber pouco, mesmo em encontros [e dê um sorrisão]". Pode acabar virando um bom tema de conversa e mostrar você como uma pessoa que tem um passado de farras homéricas. No segundo e terceiro encontros, se você realmente exagerou na explicação por não beber, apenas diga: "Não se preocupe, não vou virar abstêmia, mas estou gostando muito dessa fase de beber menos". Se você ceder e tomar uma dose, imagine a emoção que vai ser.

Como eu segui esta regra

Antes da detox de homem
Grandes noitadas eram parte importantíssima da minha vida. Eu bebia como se não houvesse amanhã, independente de estar com vontade ou não e, com a precisão de um relógio, era só beber para arrumar (ou atrair) problemas. No começo do meu período levemente maníaco de "estou solteira e adorando", as ressacas durante a semana eram comuns (bem como as aventuras de meio de semana). Eu me sentia esgotada boa parte do tempo e a sensação de arrependimento era frequente, um componente básico do fim de semana.

Como eu consegui cumpri-la
Bom, eu não fiquei feliz com (a) a punição física que estava me autoimpondo, (b) as ressacas, nem com (c) as situações em que acabava me metendo. Além disso, senti uma queda no meu estado mental como um todo desde que fiquei solteira e passei a beber mais e também fiquei mais ansiosa. Por outro lado, achei muito difícil me colocar no modo "controlado" quando chegava às 7 horas da noite. Meus vários descontentamentos desapareciam quando as vodcas-tônicas chegavam e a música aumentava de volume. Mas quando decidi fazer a detox de homem, eu simplesmente me perguntei com mais energia do que eu usava para pedir uma taça de vinho: "Eu quero/preciso me sentir péssima amanhã? Qual é o objetivo? Para quem estou fazendo isso?" O simples fato de fazer essas perguntas instantaneamente me fazia colocar o pé

no freio. Enquanto pensava mais sobre o meu hábito de beber, também comecei a perguntar se era realmente necessário sacrificar o meu bem-estar físico atual em prol desta ideia de diversão. Eu me sentia mal pelo meu pobre e velho corpo. O que ele tinha feito para merecer isso? Nada. Então, resolvi pegar leve com ele.

Na prática, tudo isso significa que eu:
- Tomava alguns drinques antes da festa e depois apenas um ou dois no local.
- Desenvolvi um firme, porém tranquilo, "não, obrigada" para as ofertas de mais uma dose.
- Cultivei o gosto por uma água mineral com gelo e limão na madrugada.
- Aprendi a ouvir a mim mesma e ir para casa quando estava cansada, em vez de continuar na farra.
- Entrei em comunhão com a minha esnobe interior (ou exterior) e tentei ficar só nos drinques de alta qualidade: um vinho borgonha em vez de doses de tequila, por exemplo. Essas bebidas são mais caras e menos agressivas, então, você bebe menos e se sente melhor.

Como eu me senti:
- Aliviada por ter me arrependido menos, especialmente naqueles constrangedores e pavorosos momentos em que você vai ao banheiro, morrendo de sede, às 4 horas da manhã.
- Mais feliz no geral por ter menos ressacas.
- Mais rica.
- Dormindo melhor e, consequentemente, com a cabeça mais tranquila.

As vantagens físicas de diminuir o álcool são bem conhecidas, mas eu não consigo descrever o quanto foi bom largar as ficadas bêbadas ou a tentativa de ficar com alguém quando bêbada do caminho por um tempo. Foi como limpar um caminhão de sujeira.

O que eu deixei passar
A noite isolada de excessos. Às vezes você simplesmente precisa fazer isso. O fato é que eu adoro o lado social da bebida. Gosto de ficar um pouco bêbada. Gosto de homens e da excitação e facilidade com que as ficadas acontecem quando se está embriagada. Mas esse grupo de preferências se une para formar um terreno perigoso, então, na rara ocasião em que enfiei um pouco o pé na jaca, corri para tirá-lo o mais rápido que pude e, no dia seguinte, consegui continuar bem.

E agora?
Estou constantemente trabalhando o meu relacionamento com o álcool, tanto no geral quanto em relação aos momentos agradáveis e a conhecer homens. Fico muito menos bêbada agora do que antes da detox de homem. De vez em quando passo por uma fase excessivamente alcoólica, principalmente se estou irritada ou insegura e/ou com tesão (leia-se: precisando daquilo), mas eu me recupero rapidamente: vejo o que estou fazendo e tenho uma conversa firme comigo mesma na linha de "ficar bêbada esperando uma boa ficada não vai fazer você feliz".

SOS!

Tudo bem, todas nós pisamos na bola. Beber é uma parte tão importante da nossa cultura e de boa parte da vida que seria ridiculamente draconiano se punir por uma noite de pé na jaca (e possível recaída no amor junk food). Desde que você acabe sã e salva, ponha na conta do estresse e da tensão da vida moderna e siga em frente.

- Contudo, uma grande noitada geralmente leva a mais... E mais e mais, depois que a maldita ressaca passa. Para se colocar de volta na linha:
- Não deixe isso virar um padrão. Quando suas amigas estiverem combinando o programa da próxima sexta à noite e você perceber que será uma farra das grandes, não tenha medo de se afastar do perigo. Marque de visitar os pais nesse fim de semana ou escolha algo mais tranquilo com alguém que beba nada ou pouco. Você não vai perder nada além de algumas risadas e (mais) uma maldita ressaca.
- Lembre-se da disciplina. Afastar-se do problema é uma boa forma de retomar o caminho certo. Mas você precisa lembrar a si mesma como se divertir estando relativamente sóbria enquanto a bebida estiver rolando, isto é, você precisa ser capaz de lidar com a realidade e apreciá-la. Todas nós temos um ponto em que entramos no modo "ah, dane-se" de quem bebeu e mandamos a disciplina para o espaço. Neste caso, obrigue-se a parar antes de chegar nesse ponto. Não ignore a si mesma quando este momento chegar e, se você não souber ou for incapaz de discernir, tome dois copos (ou taças) e pare, pelo menos por algumas horas.

- Defina uma amiga para fazer você parar depois de dois ou três drinques. Escolha alguém que não fique mal mesmo se beber muito. Uma dessas amigas protetoras, às vezes superprotetoras, seria perfeita.
- Lembre-se e repita quatro milhões de vezes, até aprender: você não precisa estar bêbada para ficar com um cara. Por vários motivos, é bom acreditar nisso. Primeiro por ser verdade: um homem que não a considera atraente quando sóbria e vice-versa provavelmente não é o tipo de cara com quem você deva trocar fluidos.
- Seja positiva. Você é ótima! Você consegue! É uma questão de hábito: virar 14 taças de vinho não é isso tudo. Na verdade, o seu corpo adoraria se você parasse na segunda. Ou nem começasse.

REGRA NÚMERO 3

Não fuxicar o Facebook

Você precisa desta regra se:
- Não consegue definir limites para o tempo que passa na internet.
- Tende à procrastinação.
- Tem um ex com perfil interessante (que você não consegue parar de olhar).
- Se sente muito mal depois de stalkear o Facebook.
- Não consegue ter um encontro com um cara sem ter verificado meticulosamente toda a vida dele na internet.
- Não acredita no que ele diz ou no jeito dele até confirmar no Facebook, ou seja, ver os amigos e interesses.
- Sabe 100% mais do que ele contou para você graças à investigação no Facebook.
- Sabe o que o seu ex está fazendo todos os dias.
- Sabe o nome e o peso de cada uma das amigas que ele adiciona.
- Após dizer a si mesma para sair do Facebook, acaba vendo o perfil de outra pessoa ou retornando ao objeto de seu interesse.
- Já ficou acordada até tarde mais de seis vezes para ficar fuçando e procurando homens on-line.
- Sentiu-se estranha por ter visto um cara de novo depois de tê-lo procurado no Facebook.

Combina com:
- Não correr atrás
- Diminuir o álcool
- Fazer algo ousado

Lauren tem cabelo castanho brilhante, lábios carnudos e uma predileção por roupas dos anos 1970. Ela gosta de batom bem vermelho, tem ombros bastante bronzeados, ama Florence and the Machine, acabou de terminar o PhD em Berkeley e tem um irmão chamado David. Seu escritor favorito é Jonathan Safran Foer e ela é fã do livro Ardil 22.

Lauren está num relacionamento há 22 meses com um cara por quem eu costumava ser totalmente obcecada. Ela não tem ideia de quem eu sou, pois não faço contato com o cara há anos, o que torna o meu conhecimento destes fatos um tanto inútil. Não só inútil como pouco saudável. O que sinto por ela é inveja com um toque de tristeza, mesmo que nunca tenhamos nos visto. Isto é, o meu conhecimento e sentimento em relação a ela não apenas são de mão única como não têm a menor base na realidade.

O que aconteceu depois

Tive um momento de "peraí, o que estou fazendo?" e percebi que quanto mais eu descobria sobre ela, pior (e não melhor) eu me sentia. Quando me peguei olhando as fotos dos amigos dos amigos dela às 11 horas da noite, percebi que o meu uso do Facebook para esse tipo de voyeurismo tinha ido longe demais. E que definitivamente precisava escrever um capítulo de livro sobre isso. Eu jurei parar de ver os perfis de pessoas que nunca conheci e, depois de conseguir ficar sem olhar o da Lauren por uma ou duas semanas, logo me esqueci dela e do meu ex.

Por isso eu digo:

Pare de fuxicar o Facebook. Isso acaba com sua energia, é esquisito, assustador e não vai lhe trazer nada de bom.

TESTE DA DETOX DE HOMEM
O EX

1. Com que frequência você dá uma conferida no perfil do seu ex-namorado no Facebook?
    A. Todos os dias.
    B. Duas vezes ao dia.
    C. Toda vez que entra no Facebook.
    D. Só quando ele ou um amigo aparecem no seu feed de notícias.
    E. Nunca.

2. O que você sabe sobre a atual namorada dele?
    A. O nome.
    B. A data de nascimento, música favorita e o nome da mãe.
    C. Os nomes e as profissões de todos os ex-namorados dela.
    D. Absolutamente nada.
    E. Nada. E nem quer saber.

3. O que você sabe sobre os amigos dele no Facebook?
   A. Sabe que são muitos.
   B. Sabe quantas garotas estão entre eles.
   C. Identificou todas aquelas com quem ele provavelmente dormiu.
   D. Sabe o nome de todas as amigas e onde as dez mais bonitas passaram as férias.
   AE. Não sabe muito, não está nem aí.

4. Quantas vezes você sentiu raiva, frustração ou tristeza ao olhar o perfil dele?
   A. Uma ou duas vezes, quando mudou o status de "solteiro" para "em um relacionamento com Joanna Bloggs".
   B. A cada dois ou três dias, durante o processo de esquecê-lo.
   C. Todos os dias.
   D. O dia inteiro, todos os dias. Isto é, você não consegue parar de olhar, mesmo que a faça chorar.
   E. Nunca, porque você deixou de ser amiga dele no Facebook assim que vocês terminaram.

O PEGUETE ATUAL

5. Quantas fotos dele você já viu?
   A. Só as que estão no perfil dele.
   B. Todas.
   C. Todas, inclusive as fotos de todas as amigas bonitas dele.
   D. Todas, inclusive as fotos de todos os amigos dele.
   E. Nenhuma. Por que eu faria isso?

6. Quantas vezes você olhou o perfil dele no Facebook e se sentiu excluída, com ciúmes ou desconfortável?
   A. Uma vez, e decidi nunca mais olhar de novo.

B. Várias vezes, após cada encontro.
C. Depois e entre os encontros.
D. Todos os dias, desde que você o conheceu.
E. Nunca.

7. Com que frequência você mostra as fotos dele no Facebook às suas amigas para que elas possam admirá-lo?
    A. Só quando elas exigem.
    B. Depois do terceiro encontro.
    C. Depois do primeiro encontro e sempre que ele publica algo novo.
    D Antes do primeiro encontro e pelo menos três vezes durante a noitada com as amigas enquanto elas bocejam em segredo.
    E. Nunca. Elas podem esperar até conhecê-lo pessoalmente.

8. O que você sabe da vida dele que ele não te contou?
    A. Só o que uma rápida busca no perfil do Facebook pode revelar.
    B. Que ele tem uma grande amiga chamada Annie, que fica linda de biquíni.
    C. O que ele usou para ir à praia nas férias que passou recentemente na Espanha, os apelidos (e a aparência) dos melhores amigos dele, além do senso de humor de todas as amigas dele.
    D. Basicamente tudo (pelo menos é o que você acha).
    E. Nada, por que colocar a carroça na frente dos bois?

COMO VOCÊ SE SAIU?

Marcou mais a letra A: Bem saudável no que diz respeito ao uso do Facebook, só precisa fazer alguns ajustes. Mas tudo bem, somos humanos.

Marcou mais a letra B: À beira do problemático, mas ainda está no lado certo da questão. Corte o mal pela raiz agora, para evitar o pior.

Marcou mais a letra C: Você precisa desta regra como um recém-nascido precisa de leite: urgentemente.

Marcou mais a letra D: Você é totalmente viciada em stalkear o Facebook e deveria entrar para o Serviço Secreto onde suas habilidades vão lhe causar menos sofrimento.

Marcou mais a letra E: Você é a pessoa mais normal e pé no chão do seu grupo e definitivamente não tem nenhum sinal de problema. Parabéns.

A compulsão das mulheres por fuxicar os perfis dos caras que as magoaram é irresistível. Nós fazemos isso independente de termos vontade de voltar para o cara ou não. A maioria das mulheres com quem falei para este livro usou a palavra "viciante" descreendo o ato de ver o perfil de determinados homens no Facebook.

- Uma pesquisa feita em 2010 pela NBC Oxygen Media com 1.600 mulheres entre 18 e 34 anos de idade revelou que 40% das entrevistadas se autodenominavam "viciadas em Facebook", mas não sabemos como as pesquisadas definiam "viciadas", quantas eram solteiras ou como elas manifestavam o vício, isto é, fuxicando ou postando nos murais etc. Mesmo assim, quase a metade das participantes é muita coisa.
- Uma quantidade um pouco menor, 34%, afirmou que verifica o Facebook literalmente assim que acordam, antes mesmo de escovar os dentes.
- Em outra pesquisa, feita com 1.700 pessoas no Reino Unido em 2010 pelo site de busca de pessoas Yasni.com, 62% das mulheres admitiram ter procurando um antigo interesse amoroso na internet, contra 42% dos homens.

Lexie, de 29 anos, afirma: "Odeio o Facebook porque posso ver caras de quem eu já deveria ter esquecido, mas não esqueci. Ser capaz de ver a foto mais recente deles é uma tortura". Esta atenção dolorosa e exclusiva não é dada apenas aos ex-peguetes: os homens que a estão magoando atualmente também são alvo das fuçadas virtuais.

> "É difícil quando eu gosto de alguém que me rejeita. Não consigo parar de olhar o perfil dele, todas as postagens no mural, as novas amigas, a vida dele longe de mim. É como no filme do Facebook [*A rede social*], quando o Zuckerberg vê as fotos da ex sem ser amigo dela. Conheço muito bem essa sensação, é como estar lá fora no frio e olhar pela janela para quem está lá dentro."

Ricky Emanuel, psicoterapeuta de adultos, chefe de psicoterapia infantil no Royal Free em Londres e autor de um livro sobre ansiedade, declara que o impulso de stalkear os ex costuma ser puro masoquismo. "As mulheres têm uma tendência maior a internalizar a dor, indicando que elas são mais guiadas por esse tipo de masoquismo do que os homens", alega.

Outra amiga, Maddie, recentemente ficou furiosa e xingou uma garota que estaria saindo com o seu tão odiado ex de "bruxa" porque a foto postada no mural do Facebook dele não estava nítida (ela posou com uma bolsa na frente do rosto). A garota, é claro, não fazia ideia do ódio que Maddie sentia por ela e muito menos da existência da Maddie. Minha amiga estava apenas jogando energia para uma tela, uma imagem de uma pessoa com quem ela não tinha qualquer relação real.

As mulheres adoram o Facebook, estão sempre fuçando e postando por lá. Sheryl Sandberg, executiva-chefe de operações do Facebook, falou sobre a prevalência feminina em redes sociais: além de serem a maioria dos usuários na rede de Mark

Zuckerberg, são responsáveis por 62% das atividades em termos de mensagens, atualizações e comentários, bem como por 71% da atividade diária de fãs, segundo o site TechCrunch (2011). As mulheres têm em média 8% a mais de amigos no Facebook que os homens e passam mais tempo por lá. De acordo com um integrante da equipe do Facebook que trabalha na empresa desde o início, as mulheres tiveram um papel crucial na fase inicial do site, adotando três atividades principais numa proporção muito maior que os homens: postar em murais, adicionar fotos e entrar em grupos.

A fonte de informações secretas

Toda solteira que eu conheço faz uma investigação on-line detalhada do homem de seu interesse, seja alguém que acabou de conhecer ou uma antiga paixão que ela ainda deseje vigiar de perto por questões de ego ou, como diz Ricky Emanuel, por impulsos masoquistas. Os dois tipos de espionagem no Facebook têm resultado negativo e são prejudiciais a você. Esse passatempo distorce a realidade, mostra um retrato não fidedigno, faz você se sentir um lixo e, principalmente, é um desperdício de tempo. Julgando por experiência própria e a de várias mulheres com quem falei para este livro, fuxicar os murais e perfis no Facebook de outras pessoas em busca de comentários e fotos postadas por elas ou para elas pode levar de vinte minutos a várias horas por dia. Este não pode ser um bom uso do seu tempo, pois você nunca se sente em paz ou realizada quando termina. Isso vale para qualquer navegação inútil e prolongada no Facebook, é claro, mas quando se trata de homens é algo realmente nocivo.

Minha birra com o ato de bisbilhotar o Facebook e o motivo pelo qual eu considero o ato contraproducente para mulheres que tentam aumentar a autoestima é que encontrar o que procurava no Facebook (uma vida da qual você não faz parte), apenas vai deixá-la perturbada e chateada. Maddie ficou furiosa, mas não havia nada que pudesse fazer além de xingar a moça de "bruxa". Eu me sentia péssima sempre que via Lauren, uma amiga linda de Jesse, se divertindo no sol californiano. Eu me sentia uma idiota por saber o nome da mãe e dos irmãos de um cara de quem eu gostava, mas que não me convidou para sair. E me sentia uma pervertida por mandar links das fotos incríveis de outro cara com quem nem cheguei a sair para uma amiga curiosa.

Bisbilhotar homens no Facebook também é terreno perigoso, pois é muito fácil teclar "enter" e acabar cometendo um erro terrivelmente constrangedor. Sarah-Jane, 27, contou sobre o pânico que sentiu ao perceber que tinha postado por acidente um comentário empolgado e meio sem noção do tipo "imagine nós dois casados" sobre um cara com quem tinha saído algumas vezes no mural *dele*. "Foi simplesmente horrível. Não tinha como consertar. Oito meses depois eu ainda estou traumatizada."

Um alienígena ou uma pessoa sábia que tivesse vivido numa caverna pelos últimos dez anos poderia perguntar:

> "Por que você se importa tanto com um mundo representado apenas por meio de imagens e palavras escolhidas apenas pelo valor social? Qual é a graça disso?"

O poder do Facebook

Um argumento poderoso é que o Facebook usa um mecanismo de recompensa estilo "caixa de Skinner" que faz o usuário voltar sempre. A caixa de Skinner, inventada por B.F. Skinner em Harvard na década de 1930, é usada para estudar o comportamento animal: a ação desejada recebe uma recompensa, como um pouco de comida, enquanto a ação errada gera uma punição. Esta é uma forma tão poderosa de treinar animais que permite fazer cachorros dançarem em comerciais e elefantes andarem na corda bamba. No caso do Facebook, contudo, nós somos os animais em treinamento, pelo menos de acordo com o crítico declarado do site criado por Mark Zuckerberg e ensaísta de tecnologia Cory Doctorow: "O Facebook usa o mesmo mecanismo [da caixa de Skinner]", comentou ele em sua palestra no TEDxObserver sobre a rede social, crianças e privacidade. "Quanto mais você revela sobre a sua vida, mais recebe atenção das pessoas que ama. [Todos parecem dizer] tome aqui um pouco de estímulo social e de atenção. Quanto mais você florear a própria vida, mais recompensa receberá." Stalkear o Facebook é uma busca pela recompensa da informação quente em vez de ficar esperando ansioso por uma curtida, atualização ou mensagem, mas Doctorow dá um argumento irrefutável para explicar por que o Facebook é tão poderoso.

O ritual

A terapeuta de relacionamentos Val Sampson diz que o vício no Facebook está ligado ao ritual. E quem não acha que uma boa farra de espionagem na internet ajuda a aliviar a sensação de vazio ou desconforto?

> "Quando não estamos nos sentindo bem, procuramos algo que nos faça melhorar. O ritual de fazer login, procurar mensagens e fotos estimula determinadas funções cerebrais. Todas aquelas cores brilhantes fornecem um tipo de envolvimento

intelectual. Se não estamos bem, isso pode nos dar um pouco de conforto, mas na vida o nosso desafio é melhorar internamente de modo positivo, sem precisar de algo externo."

Há algo mais sobre essa sensação de "alívio": descobriu-se que a distância entre a tela do computador e o rosto humano é muito atraente para o nosso cérebro. Um possível motivo para isto é o fato de ser a mesma (ou bem próxima) distância entre o rosto do bebê e da mãe quando está nos braços dela. E provavelmente as semelhanças entre um Macbook e a sua mãe acabam por aí.

A emoção

Outro motivo pelo qual somos atraídos para stalkear o Facebook é o fato de ser excitante. Existe adjetivo melhor para definir a foto de Richard, o gato que conheci numa festa, navegando seminu em São Francisco? Mais uma vez eu acho que Emanuel tocou num ponto fundamental ao falar de modo desesperador sobre a nossa cultura "infantil" de excitação sexual e social excessiva e instantânea, que parece ter substituído o relacionamento maduro, especialmente entre os jovens. O Facebook satisfaz o nosso desejo instantâneo porque nos livra do esforço de ter de esperar para conhecer alguém. Em vez de "conhecer alguém aos poucos" (ou não), podemos saber logo os podres da pessoa. Aliás, de qualquer pessoa cujas configurações de privacidade podemos burlar.

Estudos também sugerem que a realidade orientada por imagens da CMC (comunicação mediada pelo computador, da qual o Facebook é o exemplo mais forte hoje em dia) não é apenas *tão* cativante quanto o mundo real, chega a ser *mais*.

Vigiados

O sucesso do Facebook é atribuído a sua capacidade de ser viciante, isto é, quando você começa, não consegue parar (segundo a teoria da caixa de Skinner). Um estudo feito em 2008 pela Universidade de Bath demonstrou que o principal motivo que nos faz voltar é a vigilância. E o que as solteiras fazem fuçando o Facebook é um bom exemplo disso. "O principal uso do Facebook era para buscas sociais, isto é, usar o site para saber mais sobre as pessoas que conhecemos fora da internet", afirma o estudo. Os autores não procuraram saber se a vigilância neste caso era positiva ou negativa nem exatamente quem vigiava quem. Apenas descobriram que as pessoas gostavam de observar e se permitiam ser observadas. "Os dados atuais parecem indicar que 'manter contato' na verdade significa 'verificar regularmente como a pessoa está'." Isso representa uma estranha mudança social na maneira como percebemos as pessoas: em vez de seres completos e reais a quem conhecemos, não conhecemos, queremos conhecer ou estamos conhecendo, passou a ser um tipo bizarro de "O Grande Irmão está observando você" ao estilo *1984*, no qual todos nós somos, ao mesmo tempo, o Grande Irmão e os observados.

> *"O magnetismo do Facebook tem várias frentes, e é ainda mais forte em mulheres."*

No caso da solteira, por mais que ela demonstre força em público, sua autoestima tende a estar especialmente vulnerável, e vigiar interesses amorosos não correspondidos é ainda mais negativo. "Já fiz tudo isso de ficar me machucando ao stalkear os outros", confessou Ruth, de 31 anos. "É literalmente uma autodestruição, por isso eu tento não fazer mais." Lembre-se de que

Lexie usou a palavra "tortura" anteriormente. Essas são palavras fortes, carregadas de dor, ou seja, tudo o que a solteira não precisa enquanto tenta se recuperar neste mundo hostil.

Mas é incrivelmente difícil parar com a vigilância. O magnetismo do Facebook tem várias frentes, e é ainda mais forte nas mulheres. Há o desejo de estar no Face, postar fotos, mostrar às outras pessoas como você está se divertindo e, indo mais direto ao ponto, como está linda. Um estudo publicado em 2011 chamado *Cyberpsychology, Behavior and Social Network* [*Ciberpsicologia, comportamento e redes sociais*] descobriu que as mulheres postam cinco vezes mais fotos no Facebook do que os homens, competindo pelos olhares alheios. E quem nunca orientou uma amiga a instantaneamente postar e marcar uma foto em que estamos de cabelo desgrenhado, felizes da vida na esperança que os caras (ou um cara) vejam e pensem: "nossa!".

Acompanhando a vida alheia

E ainda tem o apelo de ver o que os outros estão fazendo, algo particularmente forte para as mulheres e que costuma incluir a necessidade de saber o que o cara com quem ela teve três encontros românticos e depois tomou chá de sumiço durante o ano passado inteiro está fazendo da vida. Um estudo feito em Stanford pesquisou a tristeza que bate depois daquela fuçada no Facebook e ele é bastante esclarecedor, pois mostra que acessar as fotos lindas, as biografias e as atualizações de status felizes dos outros cria um mal-estar no estilo "a grama do vizinho é mais verde" que tem um impacto grande e mensurável no humor. Alex Jordan, o principal autor do artigo, descobriu que os usuários estavam convencidos de que todo mundo tinha uma vida perfeita. Ao escrever sobre o estudo na revista eletrônica *Slate*,

Libby Copeland abordou uma ótima questão: como amostra da parte mais invejável da nossa vida e das nossas observações mais inteligentes, o Facebook convida ao estilo de pensamento "a grama do vizinho é mais verde" ou "acompanhando a vida alheia". E, como ela diz, as mulheres são mais propensas a esse tipo de pensamento e são rápidas para ver a vida dos outros e compará-las dolorosamente com a delas.

Eu me identifico com isto e tenho certeza de que outras de vocês também. Afinal, nós não ganhamos nada ao ver qualquer cara de quem estamos a fim viver sua maravilhosa vida (com outras garotas) na tela, bem ali na nossa frente. Especialmente quando nós fomos lá stalkear o perfil deles, como belas idiotas que somos.

O renomado psicólogo e escritor Leonard Sax também está convencido de que as garotas (mulheres do futuro) tendem a ficar assustadoramente envolvidas no mundo de autopromoção e atualizações do Facebook. No aclamado livro *Girls On The Edge: The Four Factors Driving The New Crisis For Girls* [*Garotas à beira de um colapso: Os quatro fatores por trás da nova crise para as garotas*], ele escreve sobre a "ciberbolha", a forma pela qual o Facebook atrai as adolescentes, fazendo com que elas sempre atualizem e postem até tarde da noite, sem conseguir largar o site e conversar pessoalmente com alguém ou mesmo fazer o dever de casa. Sax, que escreveu um livro na mesma linha sobre garotos e a falta de motivação com a vida diz que os meninos tendem a preferir videogames ao Facebook.

Overdose digital

Embora a solteira fique ainda mais tentada a vigiar pelo Facebook os homens que não necessariamente oferecem o que ela quer, ela faz parte de um cenário muito maior de pessoas lutando com a vida digital que criaram para si mesmas. O fato de todos nós equilibrarmos várias redes sociais, contas de e-mail e mensagens que chegam, seja pelos clássicos SMS de celular ou por programas de mensagens instantâneas, não é novo. Mas cada vez mais essa sensação de cansaço ao responder a vários tipos de informações ao mesmo tempo, a sensação de "sou um caso precoce de Alzheimer?" no fim do dia quando você percebe que está com 11 e-mails não enviados e escritos pela metade abertos no seu computador, está motivando pesquisas sérias. E os cientistas estão descobrindo que equilibrar muitas informações o dia inteiro pode arruinar a nossa capacidade de concentração e nos tornar infelizes, afetando negativamente os nossos relacionamentos pessoais e, quem diria, criando viciados em tecnologia.

Cientistas descobriram que toda vez que você recebe uma mensagem, tuíte ou atualização do feed de notícias, seu cérebro lança um jato de dopamina, neurotransmissor que ajuda a controlar a excitação. Esse jato, dizem, pode ser viciante e sem ele as pessoas ficam entediadas. Então, quando você está no Facebook atendendo à necessidade desse jato de dopamina (e sentindo aquela pontada de decepção quando não há uma caixinha vermelha lá em cima indicando uma nova mensagem ou atualização), percebe que pode muito bem dar uma olhadinha inocente na página do Will, Jack ou Tom. É difícil se desligar e se você o fizer, vai querer mergulhar de cabeça de novo e logo. "A tecnologia está reprogramando o nosso cérebro", declarou a neurocientista Nora Volkow ao *New York Times*, comparando a dependência de mensagens digitais ao vício em drogas e álcool. Sem dúvida, para muitos de nós, é impossível parar depois que começamos.

Transtorno de dependência do Facebook

Existe realmente uma patologia chamada transtorno de dependência do Facebook, embora nem todos a levem a sério, especialmente quando se pode encontrar no Google expressões como transtorno de dependência de widgets, transtorno de dependência do Twitter e transtorno de dependência do YouTube. A conceituada empresa de consultoria Futurelab publicou num blog os cinco sinais da dependência no Facebook. O texto é irônico, mas contém algumas verdades que dão o que pensar. Veja uma delas: "Qualquer notificação, mensagem ou convite o recompensa com uma euforia imprevisível, bastante semelhante aos jogos de azar". Basta você jogar no Google a expressão em inglês "Facebook addiction" [vício em Facebook] e surgem mais de 46.100.000 resultados (o que não é nada perto das mais de 122 milhões de respostas para o vício no Twitter.) Além disso, a maioria das entrevistadas para este livro usou a palavra "viciante" para se referir ao Facebook. A questão é que se você acha difícil parar de stalkear as páginas dos caras ou de acessar o site como um todo, você não é a única.

"O Facebook é a maldição da nossa vida."

Eu estava bebendo com Sarah, de 22 anos, uma linda e bem-sucedida mulher de negócios e sua amiga igualmente linda e determinada Antonia, de 31 anos. As duas estão solteiras há alguns anos e têm relacionamentos insatisfatórios com homens (elas prontamente admitem ter caído nas garras do amor junk food). Sarah contou de um cara que não quer compromisso com ela, mesmo depois de eles terem feito algumas confissões de amor embriagadas um para o outro, porque tem suas questões com a ex. Quando ela descobriu que o rapaz ia para o Egito com a ex, foi imediatamente para o Facebook. "As provas eram conflitantes", disse Sarah, de maneira bem intensa. "Imaginei que eles tivessem voltado e ele estava mentindo para mim, mas o perfil dela dizia 'solteira'. De repente eles estavam indo como amigos, mas não tenho como saber. E estou pirando com isso." Para chegar ao perfil da ex-namorada, ela teve de pedir a outra amiga para entrar no Facebook do namorado. Sarah não se sentiu melhor depois de pesquisar a ex, e as informações obtidas de nada lhe serviram, já que ela ainda está enrolada com este cara. Coube a Antonia fazer uma conclusão sucinta, porém dramática, do ocorrido: "O Facebook é a maldição da nossa vida."

A vontade que não passa nunca

Assim como aconteceu com Sarah, eu nunca encontrei uma mulher que se sente melhor depois de stalkear um cara no Facebook, exceto nas raríssimas ocasiões em que alguém se sente valorizada quando o namorado ignora os recados de uma rival no mural dele. O motivo pelo qual nós ficamos péssimas e acabamos com a autoestima lá embaixo é que stalkear no Facebook representa uma vontade que nunca vai passar de todo. O principal motivo desta eterna insatisfação vem do fato de você não interagir com ninguém nem buscar soluções baseadas numa troca mútua. Você é apenas uma voyeur, uma observadora impotente que acaba entalada com as emoções de olhar para a identidade de outra pessoa no Facebook. Como define Emanuel: "Esse tipo de voyeurismo afeta o seu mundo interior: as informações obtidas são de certa forma sujas e não fazem você se sentir melhor. Existe a curiosidade saudável e a invasiva, que equivale à olhada infantil pelo buraco da fechadura para ver o que as pessoas estão fazendo lá, querendo saber tudo. A primeira é adulta e a outra, infantil. Todos nós temos um pouco de ambas." Adquirir conhecimento do jeito certo, isto é, através da curiosidade saudável (falar com alguém, ler livros, pesquisar no Google) como todas nós sabemos, é um dos grandes prazeres da vida e até considerado pelo mundo psicanalítico uma necessidade humana fundamental, assim como o sono, a comida e o sexo (veja a obra e as teorias de Melanie Klein, uma das primeiras psicanalistas de renome, para saber mais sobre o assunto).

Alex Heminsley, jornalista e autora de *Ex and the City: You're Nobody 'til Somebody Dumps You [Ex e a cidade: Você não é ninguém até que terminem com você]*, me disse entre goles de café: "Bisbilhotar o Facebook não chega a ser uma perseguição propriamente dita, pois só é possível ver o que as pessoas querem que você veja." Mas Emanuel está convencido de que as pessoas são ingênuas e não sabem como as informações que elas postam serão usadas, ainda que configurações de privacidade do Facebook tenham sido aperfeiçoadas, após muitas reclamações.

Jaron Lanier, programador que trabalha no Vale do Silício, é uma das fortes vozes contra a realidade limitada do Facebook. O argumento principal do seu livro *Gadget: Você não é um aplicativo* é que não só o Facebook nos sub-representa como nós passamos a nos sub-representar para ele. É assustador e, provavelmente, é verdade.

Então, quando Emma imagina entender o que está acontecendo entre o peguete dela e a ex com base no texto que está nas caixinhas gentilmente fornecidas pelo Facebook, ela pode muito bem estar baseando sua resposta emocional numa imagem falsa e limitada. Quando eu fuxico um cara de quem gosto e está me deixando no vácuo, não estou aprendendo algo sobre ele, a pessoa. Estou apenas tirando conclusões a partir de uma série de informações que foram escolhidas por ele para mostrar uma determinada imagem (como Lanier diria, que "sub-representam" quem ele é). O estudo sobre redes sociais *Public Displays of Connection* [*Demonstrações públicas de ligação*] tem um excelente nome, pois evidencia a forma pela qual nós criamos relacionamentos para quem nos vê no site e que não necessariamente indicam como somos de verdade.

Parando de stalkear o Facebook aos poucos: como fazer isso na prática

No mundo ideal, você primeiro entraria numa detox total do Facebook, semelhante à Fase Um da Atkins. Depois, quando voltasse ao site, você não estaria *ansiosa* pela gratificação de stalkear, pois teria outras coisas para fazer e o Facebook não pareceria mais um lugar tão confortável para passar tanto tempo. É sempre no fim de uma sessão no Facebook, quando não sabe mais o que fazer, que você pensa: "Bom, vou dar só uma olhadinha na página do Jack." Por isso, quanto menos tempo você passar no Facebook, menor a chance de ficar tentada a stalkear.

Sair totalmente do Facebook talvez seja pedir muito. Na verdade, enquanto escrevia este capítulo eu provavelmente entrei nele umas sete vezes. O Facebook não é totalmente horrível, a maioria de nós gosta muito de certos aspectos da vida na rede social criada por Mark Zuckerberg. E o mais importante: você não precisa se preocupar com mais um fracasso se não conseguir largar o Facebook.

PORÉM a detox de homem exige que você pare totalmente de procurar homens no Facebook por algum tempo (e espero que nunca mais volte a fazer isso).

Como tirar o máximo de proveito desta regra

1. Aceite o desafio de banir o Facebook da sua vida, dentro do possível

O grau do "banir" depende do quanto você costuma acessá-lo normalmente. Se for a cada dois segundos, diminua para duas vezes ao dia. Se for a cada hora, uma vez ao dia. Se forem cinco vezes ao dia, diminua para duas vezes por semana. Se forem três vezes ao dia, seja radical e veja se consegue acessar apenas uma vez por semana, não passando de 15 minutos. Quando falei com uma psicóloga sênior do Serviço Nacional de Saúde do Reino Unido (NHS) sobre o problema de não só stalkear como de sentir necessidade de ver o Facebook o tempo todo, ela disse que sempre recomenda adotar um período rígido de tempo. Ela pergunta às pessoas se elas acham que *poderiam* limitar o acesso ao Facebook a duas vezes por semana. Perguntar a si mesma: "Será que eu consigo?" meio que força você a perceber que pode estar fora de controle, o que é preocupante quando se está falando de uma rede social. Claro que está dentro do seu controle, basta se esforçar mais.

2. Espere que os seus dedos vaguem perigosamente na direção da letra "f". Claro que o navegador vai reconhecer imediatamente o que você quer.

Quando isso acontecer, tire imediatamente a mão do teclado e faça qualquer outra coisa: acene de um jeito esquisito, tire alguma sujeirinha da mesa, coloque o cabelo atrás da orelha. Vale tudo para dar ao seu cérebro tempo de se redirecionar para outro assunto. Logo você vai sentir o prazer ao estilo das dietas radicais em que o lema "sem sofrimento não há resultados" leva a uma gratificante perda de peso.

3. Evite abrir o Facebook no celular

Felizmente, o meu iPhone é tão velho e decrépito que não consigo acessar o Facebook nele, fica muito lento e dá uma série de problemas. Além disso, prefiro vê-lo numa tela maior. Agora, se você tiver um telefone mais moderno e fizer parte da geração celular, a guerra precisará ser travada em dois fronts. Eu recomendo que faça isso. O Facebook no celular também deve ser tratado com muita desconfiança, por ser muito mais propício a stalkear. Se você for amiga de quem estiver fuçando, o aplicativo para celular Facebook Places (Facebook Locais, no Brasil) pode mostrar onde a pessoa está *naquele momento*.

Cópias de segurança e substitutos

- *Reforce o estoque de substitutos*

É fundamental ter uma saída de emergência pronta e bem definida quando você voltar para casa bêbada e doida para stalkear. Pode ser uma revista de fofocas ou o caderno de moda do jornal ou um petisco delicioso ou uma amiga para quem você pode ligar e bater papo (preferencialmente em outro país, onde não seja tão tarde da noite).

Se você realmente tiver dificuldade para cumprir a regra, recomendo o Freedom, aplicativo que impede o acesso à internet no computador por até oito horas. Configure-o antes de sair e você não vai conseguir entrar na rede seis horas depois, quando estiver bêbada e sem noção. No site macfreedom.com você verá uma série de depoimentos de celebridades dizendo: "Sem o Freedom, eu não teria conseguido terminar o meu livro." Bem, com o Freedom não há outra escolha a não ser largar o amor junk food que leva a stalkear homens no Facebook que não estão nem aí para você.

- *Encha a bolsa*

Se você for usuária assídua do Facebook no celular, a bolsa de mão é a sua melhor amiga. Usamos mais a internet no celular no trânsito ou quando estamos longe de casa, carregando uma bolsa onde podem ser colocadas distrações muito melhores para os momentos em que esperamos o metrô ou a pessoa com quem marcamos chegar ao Starbucks. Tente um iPod com bons podcasts (eu gosto do podcast de sexo *Savage Love*, de Don Savage, e do *This American Life*, ambos gratuitos), músicas interessantes (olá, Rihanna) ou a minha opção favorita: um livro.

- *Experimente seguir esta regra junto com a número cinco (fazer algo ousado)*

Esta regra diz respeito a encontrar algo recompensador e agradável que não tenha a ver com homens, amor, encontros amorosos ou a vida de solteira. O ideal é que você possa apenas fazer uma bela troca, substituindo as sessões no Facebook por uma atividade ousada que não envolva sexo. Se você encontrou algo ousado que não substitua a navegação no Facebook (trabalho voluntário, por exemplo), consiga uma saída de emergência, como um bom livro, aprender cozinhar ou uma nova habilidade (tricotar é ótimo, você pode se perder em novelos macios de lã em vez de pensamentos enrolados). Ou um blog ou site que pode ser visitado em vez do Facebook e sirva para informar, enriquecer seus conhecimentos ou divertir.

Como eu segui esta regra:

Comecei observando quando e por que eu acessava o Facebook. Geralmente era quando eu estava:
- Entediada
- Sentindo um vazio. Por exemplo, quando estava num daqueles momentos "Para onde minha vida está indo?" com o qual eu não queria lidar.
- Ociosa ou inquieta.
- Navegando a esmo para me distrair do que eu deveria fazer.
- Com vontade de arrumar confusão por prazer.
- Sentindo uma curiosidade urgente. *Tenho* que saber o que aquela pessoa está fazendo nas férias, se ela sai muito e quantos amigos ela tem. Conhecimento é poder, certo?
- Ao mesmo tempo autodestrutiva e corajosa: "Só vou ver se o meu ex arrumou outra namorada. Eu consigo lidar com isso...".

Antes da detox de homem
Eu sou ótima em não bisbilhotar as páginas dos meus ex. É doloroso demais. Porém, sou péssima quanto aos homens que acabei de conhecer, em quem estou interessada ou com quem comecei a sair. Também sou terrível em relação aos caras por quem eu já tive uma queda enorme. Deixando os ex de lado, após conhecer, desenvolver uma quedinha por alguém ou apenas receber um e-mail de um cara em quem estou interessada, corro como um cavalo selvagem para o meu laptop a fim de fuxicar o Facebook sem

que ninguém veja. Posso perder horas olhando o mural de alguém: o que ele postou, o que os outros postaram, se temos amigos ou interesses em comum, procurando mulheres lindas entre as amigas dele e por aí vai. Na verdade, minhas amigas e eu costumamos nos gabar da nossa habilidade para fuxicar a vida alheia. E quando você coloca o Google e o LinkedIn na jogada, as coisas podem ficar espetaculares. Mas eu já fiz alguma descoberta que me deixou feliz? Não. O principal efeito era conseguir ver o quanto os caras se divertiam, com quantas garotas eles dormiram e que tipo de vida eles tinham e não me contavam (este é um notório lado negativo do Facebook). Às vezes isso me deixava com uma sensação meio esquisita durante os encontros.

Como eu consegui cumpri-la
Quando me perguntei "Será que eu consigo?", primeiro pensei: "Ai, meu Deus. Não vou conseguir. Estou preocupada." Aí, dois segundos depois, eu pensei: "Claro que consigo. É apenas uma questão de disciplina. Sou mais forte que o meu hábito nada saudável de stalkear os outros na internet!".
Eu não consegui parar de uma vez só, então limitei o tempo que passava no Facebook (duas vezes por semana, quintas e sextas-feiras). E por "passar" eu quero dizer não ficar de bobeira no site. Se houvesse atualizações ou mensagens, eu as lia, mas não me permitia procurar pessoas em quem estava interessada. Todas nós sabemos no que isto dá.

Como eu me saí
Esta foi a regra mais difícil para mim: nove numa escala de dificuldade que vai de zero a dez. Fracassei várias vezes. Achei impossível entrar no Facebook apenas

duas vezes por semana, então troquei para uma vez ao dia. E até isso foi difícil. Mas consegui mudar o tipo de acesso que eu fazia ao Facebook. Praticamente parei de stalkear logo de cara, mas à noite, especialmente depois de alguns drinques, era bem difícil manter esse padrão. Às vezes eu fraquejava e tinha uma recaída à 1 hora da manhã, desesperada por algum tipo de amor junkfood, exatamente igual a quando você quer um kebab e está de dieta. Eu me sentia mal depois, da mesma forma que costumamos nos sentir após um ataque noturno à geladeira. Às vezes essas pisadas na bola renderam mensagens muito idiotas, o que me levou a descumprir outra regra: Não correr atrás.

Apesar disso, achei mais fácil que uma dieta alimentar. Descobri que, em geral, uma recaída me afastava mais do Facebook por algum tempo. Lembre-se: a chave para a detox de homem, assim como qualquer dieta, é retomá-la rapidamente caso tenha caído de boca num imenso pedaço de bolo de chocolate de madrugada.

O que eu deixei passar

Supondo que eu não estivesse num clima particularmente destrutivo, nem embriagada, nenhum cara me fez sentir necessidade de stalkear o Facebook enquanto estava na detox de homem. Obviamente, há uma diferença entre procurar pessoas e stalkear, e o primeiro caso é uma das principais funções do Facebook. Então, sim, de vez em quando eu procurei alguém. Mas não era para stalkear, ou seja, poderia muito bem ser uma garota, um parente ou colega. Agora, para saber o que fiz quando estava me sentindo destrutiva, embriagada (ou ambos), veja a seção anterior, "Como eu me saí".

E agora?

É superdifícil. Eu ainda luto contra a vontade de stalkear um cara assim que ele fica interessante (ou depois que a tentativa de romance dá errado). De vez em quando tenho uma recaída, mas ao longo do tempo o desejo de stalkear diminuiu. Acesso o Facebook de uma a vinte vezes ao dia, geralmente por pouco mais de dois segundos. Se houver alguma marca vermelha na seção de atualizações, eu vejo. Se não, eu desligo. Sim, eu fuço de vez em quando e continuo me sentindo mal depois. Mas consegui diminuir a quantidade de tempo que passava à toa e também o voyeurismo sem sentido, isto é, a obtenção de informações desnecessárias, a verdadeira contribuição do Facebook para o amor junk food.

Acabei percebendo que não precisava recorrer ao Facebook. Dar uma volta, tomar um café e ler uma revista de fofoca ou notícias on-line servem para passar o tempo tão bem quanto o Facebook. Quanto à curiosidade, você precisa *mesmo* saber algo quando só pode obtê-lo através de uma rede social em vez de ouvi-lo diretamente da pessoa? Parece que sim, mas a verdade é um sonoro não. E você vai *mesmo* ficar bem ao saber as informações mais recentes sobre a vida do seu ex? Provavelmente não, a menos que você descubra que ele ainda a ama.

SOS!

Assim como acontece com o álcool, é muito difícil largar o Facebook sozinha. Se você teve uma recaída, fuçou muito e agora se sente péssima por saber um milhão de coisas que não deveria, não há o que fazer. Além disso, também fica a sensação de ter desperdiçado seu tempo, mas não entre em pânico; faça o seguinte:

- Aprenda com o erro. O que causou essa crise de stalkear no Facebook? Você estava triste, com fome, raiva, bêbada, sentindo-se mal-amada, entediada? Escolha uma ou mais dessas opções e encontre outra coisa para fazer quando se sentir assim e tente se lembrar de fazê-la na próxima crise.
- Pense seriamente em investir num programa como o Freedom que bloqueia o acesso à internet por até oito horas. Se você teme cair na tentação de stalkear homens no Facebook quando voltar de uma noitada, configure-o antes de sair.
- Pergunte a si mesma da próxima vez que sentir vontade: "Saber mais sobre esta pessoa vai realmente me fazer feliz? Eu quero e preciso disso?" Se a resposta for não, esforce-se para fazer outra coisa. O que nos leva ao próximo item.
- Descubra um site alternativo ao Facebook que seja divertido e coloque-o nos favoritos (sugestões: jezebel.com, nytimes.com, perezhilton.com, heatworld.com e até o Twitter). Caso sinta a vontade de digitar f-a-c... no navegador tomar conta de você, basta clicar num desses sites e eu garanto que você vai esquecer rapidinho aquela vontade de entrar no Face.

REGRA NÚMERO 4

Não falar sobre homens

Você precisa desta regra se:
- Não consegue vivenciar nada relacionado a homens sem pensar em contar para as suas amigas.
- Nunca processa a sua vida amorosa/sexual sem recorrer a um drinque (ou cinco!) e pelo menos uma amiga para ouvir e dar conselhos.
- Tem a sensação de que a sua vida amorosa é um número de circo e suas amigas são a plateia.
- Sente-se vazia se não houver algo no "baú de histórias".
- Diz sim a certas atividades sexuais ou encontros amorosos porque "pelo menos vai render uma boa história".
- Analisa demais cada encontro.
- Sente-se mais obcecada por um cara (e não menos) após falar dele por duas horas com as amigas.
- Fica sem assunto quando o tema da conversa não envolve homens.
- Sente que está sempre dando informações detalhadas sobre sua vida sexual.
- Supõe que as pessoas esperam que você conte histórias divertidas sobre sua vida de solteira.

Combina com:
- Fazer algo ousado
- Concentrar-se na sua autoestima
- Não fuxicar o Facebook
- Recusar o sexo sem compromisso
- Conhecer seus desafios

Minha amiga Rebecca está solteira há uma semana e já enfrentou o problema. Já teve um encontro arranjado por uma amiga, levou o rapaz para casa e dormiu com ele. Infelizmente, o pretendente tinha ombros caídos, muitas espinhas e um estilo de sexo tão agressivo que ela ficou com cistite. Uma semana depois, Rebecca se recuperou o suficiente para transar com ele mais uma vez, mas foi obrigada a admitir que não gostava dele. Tudo bem: ela passou para um conhecido com quem teve sua primeira experiência de sexo anal, mas ele tinha namorada e tagarelava de modo nada atraente durante o sexo, por isso só rolou algo depois de vários martínis. Por outro lado, o banqueiro alemão com quem Rebecca transou bêbada na mesa de sinuca de um clube particular não era muito diferente, pois morava com a namorada. Após decidir colocar os comprometidos em banho-maria por um tempo, ela se concentrou num catalão lindo, mas bobo, e muito evasivo. Depois, um italiano idiota que ela pegou emprestado por algumas horas em Florença, outro alemão num casamento e uma série de encontros e casinhos malsucedidos garantiam o assunto durante aquele primeiro e "louco" período de solteirice.

O que aconteceu depois

Eu sabia de tudo isso, nos detalhes, sobre a Rebecca porque eles foram prontamente divulgados por ela, não para uma plateia de moralistas chocados e sim a um grupo que dava gritinhos de alegria, descrença e em alguns casos, congratulações. Às vezes até parecia que Rebecca estava fazendo todo este sexo selvagem só para nos contar a história depois. E as histórias eram verdadeiras doses de adrenalina para ela: seus olhos assumiam um brilho maníaco, a linguagem corporal ficava intensa e os gestos, cada vez mais enfáticos. Rebecca acabou sossegando porque arrumou um namorado. Ela passou de alguém que fala e compartilha demais a uma pessoa que não dá qualquer informação voluntariamente sobre a própria vida. Depois de alguns meses de relacionamento e analisando a nova situação, ela disse ter notado como era bom não falar nada da vida amorosa, com todos os seus altos, baixos e conquistas.

Por isso eu digo

Pare de contar histórias sobre os homens com quem você sai. Nós nunca vamos excluir esse assunto das conversas, mas a situação pode sair do controle, e dar um tempo pode servir para recarregar as baterias e mudar sua visão das coisas.

A mania de contar tudo

Quando você está solteira, as pessoas querem saber os detalhes e, a princípio, você faz questão de contar. Depois, você se sente obrigada a fazer isso ou vai acabar decepcionando a plateia. Como estou solteira, e particularmente no início do período mais recente de solteirice, quando as pessoas estão se acostumando à empolgação do meu novo estado civil, a primeira pergunta que praticamente todas as amigas fazem logo depois de me cumprimentar é: "E aí? E os caras?" Eu chego ao trabalho e alguém diz com um sorrisinho: "E aí, Strimps, o que você aprontou ontem à noite?"

Adoro uma boa história, quase tanto quanto Rebecca, e também já contei algumas. Mas depois de um intensivo de conversas sobre homens, eu comecei a desconfiar do efeito de sempre contar tudo a todas as minhas amigas e a várias pessoas. Parecia que eu estava me vendendo um pouco ao abrir mão da privacidade e me transformar numa máquina de fofocar, eu comecei a me sentir... Vulgar. Uma espécie de entretenimento barato (de graça, na verdade) e meio palhaça.

Também não gostei de me transformar num reflexo social e ficar sempre em busca de novidades sobre homens quando saía com as amigas. Deixe-me ser bem clara: discutir assuntos românticos ou sexuais com as amigas é uma parte permanente e positiva da minha vida. Além de ser natural, tanto para mim como para a maioria das mulheres. Conversar não é apenas uma maneira de encontrar conforto e orientação sobre uma vasta gama de assuntos, como também é a maneira como conseguimos resolver os nossos problemas. Nem consigo imaginar a vida como um homem típico, na qual os problemas costumam ser guardados para si e revelados apenas caso seja provocado ou obrigado por um ataque de desespero ou fúria. Porque geralmente basta abrir a boca e articular algo que nos incomoda para começar a ver a verdadeira forma do problema e sua possível solução. Pedir para você não conversar sobre a sua vida com as amigas seria algo ridículo e uma punição, e esta regra não é para isso. Quando se trata de problemas reais, falar é fundamental para a saúde emocional e a felicidade. Mas quando se trata de discussão geral sobre uma área específica da vida, como homens, os benefícios de falar podem sair pela culatra (falaremos mais sobre isso depois).

Conversar sobre a vida como um todo é natural e não tem problema. Mas há um limite que a praticante da detox de homem precisa definir entre contar tudo depois de uns bons drinques de vez em quando e contar alguma história ou observação sobre homens (sexo, encontros, rejeição, paixonites, mensagens de texto, a angústia de uma seca) como um cão adestrado fazendo truques, isto é, no piloto automático.

A plateia mais exigente, sem dúvida, é a de não solteiras, pois elas querem viver tudo isso indiretamente através das suas histórias.

> "Essa espécie de obrigação de contar 'histórias hilárias' é como ser um mico de circo. Você se sente muito mal quando não tem nada a dizer."
>
> Cara, 34 anos

A jornalista e escritora Alex Heminsley faz uma boa observação: "Se você for casada, não sofre com as perguntas. Não se pode dizer: 'Como vai o casamento?' Mas se você estiver solteira, a porta se escancara: 'Você procura caras pela internet?' e por aí vai. É da conta de todo mundo. Fico realmente chocada porque os maridos das minhas amigas podem dizer: 'Você está pegando alguém?,' mas eu não tenho como devolver a pergunta."

O resultado desta pressão para alegrar e entreter é que nos achamos entediantes se não tivermos nada para contar. Existe o medo real de ser sem graça e não viver de acordo com as expectativas dos amigos, cabeleireiros, mães e do mundo em geral, que adora diversão e consome vorazmente qualquer informação relacionada a sexo. Annie, de 27 anos e solteira há pouco tempo, contou que desconfia muito de pessoas que perguntam sobre a vida sexual da solteira o tempo todo, além de ficar ofendida. "Uma amiga minha teve uma experiência horrível e assustadora com um cara e se afastou um pouco dos homens. Antes, ela pegava todo mundo por diversão, etc. Depois disso, o relacionamento com as amigas mudou. Ela sempre era a que tinha uma piada divertida sobre a pessoa com quem transou. Quando parou com isso, ela sentiu que algumas das amigas se afastaram. E eu tenho certeza que sim."

Vamos falar de sexo

Nossa avaliação do que se deve contar e o que se deve manter em segredo mudou drasticamente. Após a experimentação aberta do mundo antigo, a chegada do cristianismo transformou o sexo em problema e segredo sujo. E o período moderno mudou a forma pela qual este problema foi tratado: em vez de manter o sexo escondido, o jeito moderno de lidar com ele é falar infinitamente sobre o assunto (segundo Foucault, o deus da teoria social). O corpo humano e suas necessidades sexuais viraram a fonte de uma imensa proliferação de teorias médicas, manuais de conduta, fantasias pornográficas e fábulas morais. E, nesse processo, os indivíduos foram obrigados a se definir em termos da sexualidade, trazendo à tona o enigma de sua natureza sexual.

O surgimento da ideia de "garotas contam tudo"

Isso foi muito bem definido pelas duas representações mais populares do comportamento da mulher solteira nos últimos 15 anos: *O diário de Bridget Jones* e *Sex and the City*. Esses dois livros/filmes influenciaram bastante o nosso hábito de contar os detalhes e mostraram que o sexo está longe de ser algo privado. Mesmo em 1991, a música "Let's Talk About Sex" [*Vamos falar de sexo*] do Salt'N'Pepa foi considerada polêmica. Hoje em dia, seria o mesmo que chamar sua música de "Let's Talk About Council Tax" [*Vamos falar de IPTU*]. (Ainda que o Salt'N'Pepa não falasse apenas de sexo inconsequente e divertido, elas faziam questão de conscientizar sobre a Aids).

Nós que consumimos vorazmente *Bridget Jones* e *Sex and the City* fomos seduzidas pela tagarelice reconfortante, compulsiva e movida a álcool de Bridget, Carrie e companhia. Elas também são movidas pela busca por homens e a validação fornecida por eles. Com seu diário, Bridget fez da confissão não só uma virtude como fonte de charme e alegria inacreditáveis: seu peso, seus vexames, o sexo com Daniel Cleaver. Mas o tom do diário era pré-*Sex and the City* e bem antes do livro *A garota que só pensava naquilo*. É bem tranquilo, não tem nada de anel peniano, sexo anal ou alguma perversão de verdade. Quando não está contando a vida sexual diretamente para o leitor, Bridget fala dos encontros com as amigas: sair para encher a cara com Shazzer, Jude e o melhor amigo gay, Tom, é o local seguro e reconfortante que mantém a sanidade dela.

Enquanto Helen Fielding deixou o formato de diário agradável para a leitora moderna, a mania de Bridget por divulgar tudo não é nada perto das mulheres de *Sex and the City*. A sofisticação e a sabedoria sobre o mundo (leia-se: sabedoria sexual) são totalmente associadas à capacidade de recontar tudo com inteligência, sarcasmo e franqueza. Essa necessidade de confessar, bem como a sexualidade são as principais chaves para a identidade feminina, mas em vez de promover um resultado positivo, a discussão delas gira em torno da insatisfação sexual da mulher.

Em seu artigo "Sex, Confession and Witness" ["Sexo, confissão e testemunha"], Jonathan Bignell discute a quantidade de confissões e dúvidas expressas pelas protagonistas de *Sex and the City*. Segundo ele, isso acontece com tanta frequência que os espectadores ficam com a forte impressão de que a identidade feminina é centrada na carência e na decepção. Afinal, um dos principais temas recorrentes do programa é a preocupação em saber de onde virá a próxima dose de sexo.

Como as mulheres de *Sex and the City*, nós falamos para causar a ansiedade sexual e também para sair dela. Também é verdade que a sociedade moderna está preocupada com a ansiedade relacionada ao sexo e aos romances e isso atinge mais diretamente a solteira. Nós oscilamos entre histórias de carência e de excesso, de triunfo e de desgraça.

E quem pode resistir aos *brunches* com as amigas? Eles mostram uma imagem irresistível de sucesso feminino: nada de calças de moletom, fritadas e ressacas para elas. As garotas passam a manhã de domingo em roupas de alta costura, acessórios divertidos na cabeça e frutas frescas. As noites são sempre nos melhores lugares, com drinques deliciosos e a sensação de que tudo pode acontecer. Eu queria esses *brunches* e esses drinques. É um ótimo momento para confessar se eu já tive algum desses um dia. Claro que sim, mas traduzido para a vida real, em que acontece um monte de "drinques com as garotas", muitos doces e bem caros, devidamente acompanhados de confissões.

Por que fazemos isso?

Hoje em dia a maioria das pessoas não está murmurando seus pensamentos depravados a um padre numa cabine dentro de uma igreja para escapar da danação eterna. Contudo, alguns poucos e bons estão compartilhando tudo orgulhosamente em um jornal ou revista que vão garantir seus cinco minutos de fama desde que a história seja chocante o suficiente. "Nós queremos a primeira pessoa", explica um editor sênior da revista *Grazia*. É o formato mais comum nas revistas femininas e tabloides. No *Big Brother*, revelar segredos íntimos é a principal maneira de os confinados brigarem pela sobrevivência e, principalmente, pela fama. Naturalmente, o foco das revelações tende a envolver sexo, seja em relacionamentos chocantes incessantemente comentados no *The Jeremy Kyle Show* ou no tipo de biografia "Fui prostituta" que surgiu recentemente e é adorado pelos jornais britânicos.

De onde veio essa necessidade de consumir e contar "histórias íntimas" (como diz a capa do diário best-seller da ex-prostituta Belle de Jour, *The Intimate Adventures of a London Call Girl [As aventuras íntimas de uma garota de programa londrina]*)? Esta é uma pergunta que foge do escopo deste livro, mas acho válido um breve comentário. Afinal, a forma complexa e insistente como falamos sobre homens é um sintoma de um mundo no qual você é o que você conta.

A questão de como viramos fofoqueiras sexuais é bem discutida pelo sexólogo da Universidade de Essex Ken Plummer em *Telling Sexual Stories [Contando histórias de sexo]*:

> "Toda invenção (imprensa, câmera, cinema, vídeo, disco, telefone, computador, 'realidade virtual') ajudou pouco a pouco a fornecer uma verdadeira paisagem erotópica para milhões de pessoas. A mídia ficou sexualizada e o sexo se transformou na Grande História. De Donahue à Oprah... ao número impressionante de vendas do livro *Sex [Sexo]* da Madonna, uma mensagem consistente continuava sendo alardeada aos quatro ventos: fale sobre sexo."

Como era esperado, de todos os assuntos no mundo: namoros, solteirice, casamento, relacionamento, homens e sexo tomam a maior parte do tempo de diversos tipos de pessoa. Por quê? Em parte porque sexo e amor vão até o âmago do nosso ego, bem-estar e felicidade. Contudo, também pode haver motivações sociais além das pessoais. O teórico social Michel Foucault propõe uma explicação útil. Segundo ele, todos nós temos um segredo, e na modernidade este segredo é entendido ou imaginado como sendo sempre sexual. Pense bem: se há um quebra-cabeça, você ficará tentando resolvê-lo. Isso não necessariamente significa que você está escondendo algo, mas convenhamos, a nossa vida está longe de ser preto no branco. E está sempre em mutação. Quanto mais olhamos para ela e pensamos e falamos dela, mais parece haver para olhar e descobrir. E por aí vai.

Como Foucault afirma de modo sombrio:

> "O que é próprio das sociedades modernas não é o fato de terem condenado o sexo a permanecer na obscuridade, mas sim o fato de terem-se devotado a falar dele sempre."
>
> História da Sexualidade

A desvantagem de falar sobre homens

Além de não resolver qualquer mistério sexual, falar sempre do assunto pode criar novos mitos. Caroline, de 32 anos, está solteira há um ano depois de um relacionamento sério. No ano passado, ela provavelmente não teve uma conversa animada que não abordasse suas várias e reconhecidas conquistas. Ao fim dessas conversas, ela parece ansiosa, mas por puro hábito acha muito difícil não falar dos homens que estão ou estiveram em sua vida.

Sentir-se à vontade para se abrir com as amigas é uma grande alegria e ajuda muito, mas quando a interação social se resume cada vez mais a vomitar intimidades em vez de troca significativa de pensamentos e experiências, ela para de fornecer respostas e acaba oprimindo. Em um estudo com foco em adolescentes, pesquisadores da Universidade de Missouri-Columbia descobriram que falar de problemas relacionados aos homens com as amigas pode deixar as garotas deprimidas e ansiosas:

> "Discutir excessivamente os problemas [...] caracterizado pelo estímulo mútuo de conversar sobre os problemas, cultivá-los, especular sobre eles e insistir afetam negativamente [...] pode fazer os problemas parecerem mais significativos e difíceis de resolver. Isso pode aumentar as preocupações e os temores sobre os problemas e sintomas associados à ansiedade."

As garotas conversam mais entre si que os garotos e, pasmem, os garotos do estudo saíam mais animados. De acordo com Susan Quilliam, terapeuta sexual e autora da nova edição de *Os prazeres do sexo* de Alex Comfort, embora a mania que as mulheres têm de contar tudo seja tão comum que não conseguimos imaginar algo diferente disso, na verdade, podemos ficar mais felizes se formos mais reservadas.

Recontar experiências a um terapeuta pode salvar vidas, mas transformar *todo mundo* (ou apenas todas as suas amigas) em terapeuta não ajuda. Usar outras pessoas para se justificar não chega nem perto de ser capaz de se justificar internamente. Isso é ainda mais verdadeiro quando se refere a sexo.

O psicoterapeuta Ricky Emanuel, por exemplo, se opõe firmemente a contar o que acontece no quarto numa conversa social para todos: "Não há melhor forma de identificar um comportamento infantil do que a necessidade de compartilhar a sexualidade em público. A sexualidade adulta tem de ser privada e respeitar a privacidade alheia. Assim que vira assunto de outra pessoa, ela se torna infantil".

Sentir-se à vontade para confidenciar os "segredos" sexuais mais profundos é um desenvolvimento importante para a saúde mental e sexual, mas fora do reino da terapia e dos processos sobre crimes sexuais, algo ficou meio estranho. É verdade que algumas pessoas não gostam de contar detalhes da vida pessoal, mas o que costumamos guardar tende a ser o que nos envergonha ou nos deixa com medo das consequências de admitir, como dormir com o ex da amiga. Atos e desejos sexuais são segredos ou um jogo aberto, não há meio termo. A noção de sagrado, à qual o sexo era relacionado, se perdeu: ao expor o sexo e mostrá-lo em detalhes ou tentar definir com precisão o que aconteceu, acabamos com o que há de sagrado ou especial, e as experiências que temos tanta pressa de contar se tornam vazias. Rochelle Gurstein, em sua apaixonada história da cultura do exibicionismo público, insiste que ao expor tudo perdemos o senso do que é importante. Segundo ela, ao adotarmos uma atitude liberal quanto à intimidade e ao sexo, acabamos jogando uma luz neon no que deveria continuar escondido no escuro, e isso constitui "uma das mais amargas ironias da história". Gurstein acredita que essa cultura de exploração sexual "esvaziou o valor do amor".

> *"A mania que as mulheres têm de contar tudo é ótima, mas nós poderíamos ficar mais felizes se fôssemos mais reservadas."*

A natureza competitiva de se contar tudo, compartilhar minúcias, enumerar proezas nos mínimos detalhes (tamanho do pênis, posições, quantidade de orgasmos, as sacanagens ditas) também impacta a autoestima. "A visão quantitativa do sexo (quantos orgasmos, etc.) nada diz sobre a qualidade. Faz com que as pessoas se sintam fracassadas", afirma Emanuel. "Todo esse confessionalismo apenas estimula a excitação fugaz e o voyeurismo. Se você teve um encontro significativo, não vai querer contar e vai lutar para não fazê-lo."

Emanuel está certo: não é fácil expressar a experiência sexual *significativa* em palavras, por isso quando estamos falando da nossa vida sexual, o alarme de vazio deve estar desligado. O livro de contos de Raymond Carver, *What We Talk About When We Talk About Love* [*De que falamos quando falamos de amor*] é totalmente dedicado à ideia de que não é possível definir o amor em palavras. "Devemos ficar envergonhados quando agimos como se entendêssemos do assunto ao falar de amor." Já o sexo é outra história, mas qual o interesse nele quando é apenas o ato?

No que eu me transformei?

Há outra coisa preocupante sobre a mania de contar tudo, inclusive os podres. Além da sensação de estar criando uma persona, esta persona se transforma numa armadilha. Quanto mais você conta histórias loucas das suas proezas, mais as pessoas dizem: "Uau, você realmente está vivendo uma vida louca" e acabam dizendo "Você *é* doida" ou "Você é daquelas!" Pior, você começa a se vender como alguém cuja principal característica é a capacidade de falar sobre homens.

Depois de ser rotulada, seja pelos outros ou por si mesma, sua narrativa deve sustentar esta ideia com o seu desempenho verbal. Você aprende o que contar e quais detalhes fazem a alegria da galera, além de aperfeiçoar as sutilezas da arte de contar histórias e de como se mostrar nelas: valorizando o seu papel como aventureira sexual, vítima, exploradora ou libertina. Laura, de 29 anos, contou várias histórias enquanto eu escrevia este livro. Depois de um tempo tive a nítida impressão de que ela estava cultivando uma persona: a de espectadora surpresa que deu o azar de se ver na invejável posição de receber sexo. Outra amiga minha é sempre a predadora voraz que deixa suas presas tremendo e inseguras (e, do jeito que ela conta, eles fogem assim que recuperam as forças). Acredito que ela use suas histórias para expressar ansiedade quanto ao seu estilo particularmente assertivo de feminilidade. Algumas de nós usam as histórias para parecerem mais autônomas, destemidas e excitantes.

Ken Plummer dá o selo de aprovação acadêmica a esta ideia em *Telling Sexual Stories [Contando histórias de sexo]:* "As pessoas não 'contam' mais histórias para revelar a 'verdade' da sua vida sexual. Em vez disso, elas se transformam em *objetos biográficos socialmente organizados*. Elas constroem e até inventam, embora este possa ser um termo grosseiro, histórias do eu íntimo, que podem ou não ter relação com a verdade."

Katie Price chegou ao ponto de criar um alter ego chamado Jordan para personificar a polêmica e o sexo. Já mulheres como Zoe Margolis de *A garota que só pensa naquilo*, Brooke Maganti de *Belle de Jour*, Catherine Townsend de *Secrets Of A Sexual Adventuress* e várias outras fizeram sucesso comercial exagerando suas personas virtuais.

Antes da detox de homem, quando contava minhas histórias divertidas, eu me sentia um pouco no piloto automático, com a nítida impressão de estar repetindo as falas de um roteiro. Na época, eu estava escrevendo um artigo para a revista *Psychologies* sobre a atração e mencionei a ideia para alguns dos especialistas com quem estava conversando. Chegamos à conclusão que há uma espécie de autorroteiro capaz de moldar as pessoas. Psicoterapeutas geralmente se referem a um roteiro no qual as pessoas decidem histórias sobre a vida na infância e depois tentam segui-las rumo ao fim que imaginaram, seja qual for. Mas este "roteiro" pode ser tão literal quanto dizer "eu só gosto de homens louros", "sempre sou rejeitada" ou "adoro sexo". Isso pode ser tão limitador quanto uma visão fixa da vida. Fico impressionada que boa parte da nossa narrativa ("Então eu saí com ele...", "Aí eu pensei 'O que você está fazendo com esse pote de mel?'", "O sexo foi incrível", "Transei com ele no armário de vassouras") é um exercício contínuo, mas nem sempre útil de escrever roteiros.

Dando um tempo de falar sobre homens: como fazer isso na prática

> "Nós só falamos do Big, de testículos ou paus pequenos. Como chegamos ao ponto em que quatro mulheres tão inteligentes não têm nada para falar além de namorados?... E nós? O que pensamos, sentimos, sabemos? Meu Deus, será que tudo tem que girar em torno deles?"

Essa é uma fala da Miranda no primeiro episódio da segunda temporada de *Sex and the City*. É uma boa pergunta e gosto de pensar que a resposta é, definitivamente, não.

Esta regra, assim como as demais, deve ser aplicada dentro dos limites do razoável. Como mencionei no começo do capítulo, a proibição completa de falar sobre homens não seria natural e possivelmente seria pouco saudável. Existem determinadas crises, como um fim de relacionamento, um encontro horrível, uma rejeição, ou um ex por quem você ainda está levemente apaixonada, que demandam conselhos e palavras de conforto. Mas podemos mudar no que diz respeito ao papo-furado como um todo.

1. Entre em forma — mental e verbalmente

Falar sobre homens é um hábito para muitas de nós, algo que fazemos para matar o tempo de forma fácil e reconfortante, um jeito simples de atrair todas para a conversa. Além do mais, dar e receber conselhos pode ser divertido.

Para nos livrarmos desse hábito precisamos tentar falar de outros assuntos que não sejam nossas proezas na cama ou os homens como um todo, seja se estamos frustradas pela falta deles, confusa pelos sinais que eles mandam ou sobrecarregadas pelas vontades deles. Temos de ser firmes nessa decisão. Toda vez que sentirmos vontade de fazer um comentário relacionado a homens, temos de fazer uma mudança mental de assunto: de que outro assunto podemos falar?

2. Desenvolva um filtro

Você precisa confiar nas suas amigas. É para isso que elas existem. Mas não precisa falar tudo na hora ou sem pensar. Para cumprir esta regra, escolha cuidadosamente os assuntos a serem divididos com elas. Os temas a seguir não devem ser abordados:

- Primeiros encontros
- Detalhes sexuais dos encontros
- Quando você está com tesão
- Um cara lindo que você viu
- Mensagens de texto ou o sumiço de um cara em quem você está interessada
- Proezas recentes
- Possíveis interesses amorosos
- O caráter do homem de quem você está a fim
- Seu ex

Assuntos sobre os quais vale a pena falar:
- Dor ou desespero de verdade
- Uma grande rejeição, por exemplo, o fim de um relacionamento
- As investidas de alguém totalmente inesperado

3. Imponha-se um período de tempo

Tudo deve ser feito com moderação. Se você achar fundamental contar as últimas novidades sobre os homens, use o mínimo de palavras e vá direto ao assunto, explicando por que algo a deixou triste ou por que você está empolgada e obtenha o que deseja das suas amigas, seja um conselho, aquela tranquilizada básica ou um tapinha nas costas. Depois feche o assunto antes que ele arraste você e suas amigas para um poço de indecisão, desespero ou obsessão (ou um "barato" intenso) seguido de uma sessão coletiva de conselhos. Vinte minutos devem bastar antes de você guiar o grupo para campos mais brilhantes e frutíferos.

4. Treine as suas amigas.
Fazer com que as duas partes diminuam a conversa junk food é fundamental para sair da ruminação coletiva, trazer novos ares e nos deixar prontas para avaliar de cabeça fria um verdadeiro interesse romântico em potencial quando (e se) ele aparecer. É crucial mostrar do que somos capazes. Veja o meu exemplo: deixar os homens de fora das minhas interações sociais teve um efeito instantâneo no meu comportamento e no respeito que sinto por mim mesma. Deixei de ser a solteira com histórias divertidas e comecei a ser... uma mulher de méritos próprios. Você só conseguirá fazer isso se as suas amigas aceitarem, seja consciente ou inconscientemente.

5. Mostre relutância em falar sobre homens
Não creio que seja preciso dizer que você "não quer falar do assunto". Suas amigas podem interpretar mal, como se você estivesse agindo de modo estranho. Também pode fazê-las pensar que algo está realmente errado, deixando-as preocupadas e levando a mais perguntas. A maioria das pessoas tem sensibilidade suficiente para entender a resistência em falar de determinado assunto. Se você saiu com alguém, não fale dele antes e nem toque no assunto depois. Se elas mencionarem a situação, apenas resuma em poucas palavras.

6. Distraia as suas amigas
Não é uma tarefa difícil. Você pode achar que despistar as amigas fofoqueiras exige uma força sobre-humana, mas, como qualquer

pessoa, elas só querem bater um bom papo e logo vão esquecer a conversa inicial de "E aí, o que você arrumou ontem" se você vier com "Vocês não acham que o Twitter está destruindo o nosso cérebro?" ou "Qual a melhor forma de fazer peixe branco? Preciso de inspiração".

7. Escolha em quem você confia
Mesmo durante uma crise algumas amigas fazem mais mal do que bem, ainda que todas queiram o melhor para você. Conheço uma mulher, Sue, que fez parte do grupo que aconselhou uma amiga durante um término difícil. A amiga ficou tão aturdida e confusa com todos os conselhos jogados em cima dela que Sue acabou lhe recomendando que parasse de falar do assunto com todas as amigas e escolhesse cuidadosamente apenas uma ou duas. "O que eu acho bizarro", comenta Sue, "é o fato de as mulheres contarem tanto para tantas amigas. A maioria delas não está preparada para dar bons conselhos e só pioram o problema!"

Ela quer dizer o seguinte: toda amiga tem seus pontos fortes, mas quando se trata de gerenciar uma crise relacionada a homens, escolha aquela (ou aquelas) com o histórico de relacionamentos mais sólido, o estilo mais sincero e o trabalho que a deixa mais ocupada. Assim ela não vai ficar tentada a estender a conversa porque sabe que tem pouco tempo e vai querer falar tudo de modo eficiente.

8. "E aí, está com alguém?": como responder
Não importa o quanto você se esforce para ser discreta e evasiva, às vezes as amigas fazem questão de perguntar diretamente. Você precisa lidar bem com isso para não parecer que está mentindo. Dizer: "ninguém" é um pouco demais e provavelmente soará como mentira, por isso é melhor usar uma isca: "Ah, não

está rolando nada. Tem esse cara gatíssimo que acabou de dividir a mesa comigo no trabalho. Provavelmente tem namorada!" Depois, mude de assunto: "Você não disse que aquele cara que você odeia no trabalho acabou de ser promovido? Conta mais. Chato isso, hein?" E pronto, mas tenha cuidado: pode ser um erro fatal escancarar a porta com o tipo errado de "nada", aquele que diz "estou deprimida, vamos falar da falta de homens na minha vida e do fato de não haver um que preste em lugar nenhum." O negócio é mudar de assunto rapidinho.

9. Gerencie as expectativas delas

Se as suas amigas a consideram a fonte de histórias divertidas sobre homens e ser complicado você simplesmente parar de falar do nada, faça com que elas se acostumem aos poucos com a nova situação, ao longo de uma semana. Seja cada vez menos interessante ao falar sobre homens. Em outras palavras, corte as partes boas. Você só estava alimentando o grupo com o filé. É hora de esvaziar o baú de histórias sobre homens até elas saberem (ou imaginarem) que ele está vazio.

10. Desenvolva a arte da conversação

O defensor mais apaixonado da conversa real no lugar de apenas falar ou bater papo é o acadêmico de Oxford Theodore Zeldin. Ele começa seu adorável livrinho *Conversação* com o slogan da British Telecom "é bom falar". "Mas claro que isto é apenas uma meia verdade", continua ele. "Ninguém pode dizer simplesmente 'É bom comer' sem acrescentar que gostamos de comer muitas coisas que não nos fazem bem. Se usássemos livros de dieta para conversas do jeito que usamos para refeições, eles nos alertariam sobre os vários tipos de fala e não achariam fácil dizer onde poderíamos ir para provar a *haute cuisine* da conversação." Mais uma vez, a comida serve de metáfora natural para o nosso objetivo: precisamos de mais *haute cuisine*, mais conversa deliciosa e nutritiva e menos "ondas" rápidas que causam um inchaço emocional ao contar tudo sobre suas experiências sexuais, inclusive os podres.

11. Por que conversar é o máximo

Zeldin defende de modo apaixonado que a conversação é produtiva e até eletrizante, uma imensa força capaz de melhorar a cultura, mas "falar" não é. "É bom falar", reitera ele, "esse é o slogan do século XX, com sua fé na expressão individual, em dividir informações e tentar ser entendido, mas falar não necessariamente muda os sentimentos ou ideias de quem fala ou de quem ouve. Acredito que o século XXI precisa de uma nova ambição: desenvolver a conversação em vez da fala, o que realmente muda as pessoas. A conversação verdadeira pega fogo. É mais do que mandar ou receber informações."

Zeldin é um romântico, mas acredita que o amor verdadeiro pode e deve se basear na troca de ideias feita por meio da conversação em vez de se fundar apenas em olhos que se encontram num ambiente lotado. Os livros, filmes e a televisão da nossa cultura representam o amor e o processo de conquista pela química cheia de luxúria, mas boas conversações, como ele diz, podem causar e também construir o amor. "Uma relação pode começar química ou romanticamente, mas a conversação acrescenta algo infinitamente precioso a ela."

12. Lembre-se: a solteirice é uma oportunidade.

Se Zeldin estiver certo (e gosto de pensar que ele está, mesmo sendo um tanto idealista), é possível ter relacionamentos românticos melhores desenvolvendo a habilidade de conversação. E os períodos de solteirice são perfeitos para praticá-la: não temos que usar o tempo para discutir a relação nem tentar convencer as crianças a jantar. Com prática, podemos tentar ir além de *nós mesmas* na direção do reino mais recompensador das nossas *ideias*. É disso que Miranda reclamava em sua explosão em *Sex in the City* e o que Zeldin define perfeitamente: "Fazer a mesma pergunta de sempre, 'Quem sou eu?', não nos leva muito longe. Por mais fascinante que alguém se considere ser, há um limite no que uma pessoa pode saber sobre si mesma. Outras pessoas são infinitamente mais interessantes e têm muito mais a dizer."

13. E, por fim, honre as nossas ancestrais!
Temos muito a falar além de nossos descontentamentos românticos ou sexuais, e sinto que devemos às nossas ancestrais a tentativa de usar mais o cérebro quando conversamos e não deixar a cultura de "você não é ninguém até ser amada por alguém" nos levar para becos sem saída. Pense no comentário ácido de Jane Austen, sem dúvida dando um uivo de frustração pessoal: "Embora para a maior e mais frívola parte do sexo masculino a imbecilidade aumente em muito os encantos de uma mulher, há uma parte deles, razoável e bem-informada, que deseja algo mais na mulher do que sua ignorância." Ou Mary Wollstonecraft, que protesta contra a armadilha de prender mulheres num mundo de inutilidades numa época em que as meninas não eram educadas como os meninos: "Na juventude, suas faculdades não são levadas adiante por emulação, e sem qualquer estudo científico sério, a sagacidade natural, caso exista, rapidamente é transformada na vida e nas boas maneiras. [As mulheres] perdem tempo com os efeitos [...] sem procurar as causas." (*Reivindicação dos direitos da mulher*)

Agora nós temos todas as oportunidades para fazer "estudos científicos", minhas queridas. Então, vamos mostrar que podemos falar de outros assuntos, além das pessoas que levamos ou não para casa quando, como e por quê.

Como eu segui esta regra

Antes da detox de homem

Assim que acontecia algo digno de nota com um cara, eu compartilhava com minhas amigas como uma boa golden retriever trazendo o brinquedo de volta para o dono. Esse hábito vem desde a adolescência, quando tudo o que acontecia (e os acontecimentos eram raros) parecia importantíssimo. Já adulta, esse hábito me levava a relatar tudo, pequeno ou grande, importante ou não. Uma parte do motivo era dividir com as amigas e também obter a aprovação delas, e a outra porque eu confiava demais nos conselhos delas e tinha medo de ouvir a minha própria opinião. O que significa que eu não era mais capaz de processar as experiências por mim mesma. E enquanto falava sobre elas com as amigas, comecei a analisá-las *demais*. Assim, um cara cuja importância era mínima ou cujo ato (mensagem de texto, silêncio, gesto) não tivera importância alguma ganharia relevância apenas por ter sido discutido como algo banal, às vezes por um bom tempo.

Sou boa para contar histórias e analisar, por isso minhas amigas gostavam das minhas histórias. Às vezes, essas histórias levavam (e ainda levam) a revelações realmente interessantes. Quando comecei a pensar na detox de homem, percebi que ao falar de todas as minhas experiências nos mínimos detalhes, eu acabava perdendo a noção de realidade do que realmente acontecera. E eu costumava sair dessas discussões sobre homens me sentindo ansiosa e constrangida.

Como eu consegui cumpri-la

Primeiro, eu parei de pular como um cachorro de circo para o treinador quando me perguntavam: "E aí, está com alguém?" ou "O que você aprontou ontem à noite?"

Eu apenas dava uma resposta breve girando em torno de "nada" e via que minhas amigas ficavam levemente decepcionadas, mas nada que elas não superassem em aproximadamente três segundos.
Aí eu comecei a pensar duas vezes sobre o que dizia acerca de homens, na minha vez de começar a falar do assunto. Geralmente, após uma brevíssima reflexão, eu percebia que não queria falar nada. Eu começava o papo com outro assunto. Bastou pensar duas vezes para mudar o rumo da conversa.

Como eu me senti seguindo esta regra
Mais inteligente, mais livre, mais feliz. Desde as primeiras conversas nas quais eu recusei a morder a isca jogada pelas minhas amigas ou comecei outro assunto, eu me senti tirando o foco de mim mesma. Percebi que meus sentimentos iam além de homens e da validação proporcionada por eles. É uma sensação ótima. Você se sente crescendo e brilhando como uma flor que foi regada.

Foi muito difícil?
Numa escala de dificuldade até dez, dou nota cinco. Não foi moleza, porque se policiar no meio do mau hábito nunca é fácil, mas acabou sendo uma regra boa de seguir. Gostei de sentir e ouvir a mim mesma (e minhas amigas) falando de outras coisas. Uma amiga está fazendo mestrado em filosofia, por exemplo, e foi ótimo ter espaço para falar disso em vez do advogado bonitinho com quem ela trocava e-mails. Antes da detox de homem, o mestrado seria um assunto totalmente descartado ou, no mínimo, ficaria muito abaixo na lista de temas a serem abordados em comparação a algo ligado a romances.
Suas amigas podem ser diferentes. As minhas ficaram felizes de falar sobre outros assuntos. E as que não ficaram,

bom, eu gostei de ouvi-las falar sobre suas visões, experiências e reflexões. Minhas amigas facilitaram muito para que eu seguisse esta regra.

O que deixei passar
Qualquer coisa que parecesse legitimamente importante, uma abordagem interessante ou surpreendente de um cara, o contato repentino de um ex, um dilema ou tristeza real, mas no início da detox de homem você provavelmente terá menos a contar do que o usual, pois não vai estar mais fuçando o Facebook, correndo atrás e (se possível) nem enchendo a cara e fazendo sexo sem compromisso. Eu, por exemplo, passei por um período bem tranquilo e em vez de reclamar da seca como costumava fazer, apenas apreciei o momento, o que considerei como um bônus que facilitou o cumprimento da regra.

E agora?
Eu falo pelos cotovelos e, como você deve ter adivinhado, relacionamentos são assuntos importantes para mim. Mas depois da detox de homem, eu sou muito mais exigente sobre o que falo em relação a homens. No fim das contas, hoje eu gosto muito mais dessas conversas, quando elas acontecem. Mas é claro que ninguém é perfeito. De vez em quando entro em fases em que ouço a mim mesma reclamar sobre homens. Geralmente isso acontece quando estou preocupada com outra coisa: meu peso, minha aparência, se o meu relógio biológico está apitando e os homens são um prisma útil (ainda que nocivo) pelo qual podemos pensar sobre tudo isso. Quando percebo que estou começando conversas com frases como: "Estou passando uma vibração ruim agora? Os homens estão fugindo de mim!" ou "Opa, aquele cara ali é muito gato, mas é muita areia para o meu caminhão", eu tento mudar de assunto antes de ficar empacada nele.

SOS!

A conversa sobre homem já é algo tão enraizado nas amizades femininas que é de esperar uma recaída de vez em quando. Um excesso também não é fatal (embora possa transformar em tempestades fatos que ficariam melhores como copos d'água). Mas se você ficar em pânico, com medo de não ter nada de interessante ou engraçado para dizer ou estiver apelando para falar de homens por puro hábito, perceba que está entrando no território do amor junk food e faça o seguinte:

- Liste cinco coisas minimamente interessantes que você fez na semana passada que não têm nada a ver com homens. Leia a lista várias vezes e a atualize sempre. O que leva a...
- Tenha assuntos verdadeiramente interessantes de reserva, mas pense neles com antecedência. Não se permita desviar do assunto para se fulano ou beltrano é ou não assexual ou se aquele cara que sempre a elogia vale a pena. Vá direto para os temas: trabalho, dieta, política ou pais. A ânsia de falar do cara vai desaparecer, eu prometo.
- Saia e faça algo que certamente vá render uma boa história, mas não tenha nada a ver com homens. Você pode pegar o seu projeto ousado (regra número cinco) e aumentá-lo. Entrar numa aula de culinária, por exemplo, logo lhe dará muito assunto, além de ser perfeito para a detox de homem. O mesmo vale para se inscrever numa corrida de dez quilômetros, aprender a usar uma furadeira ou investir no mercado de ações.

- Identifique as amigas loucas por homens, para quem o status romântico é o assunto essencial e objetivo supremo de qualquer bate-papo e se prepare. Parece drástico, mas talvez seja melhor não sair com elas por uma ou duas semanas, até você ter se reconfigurado. Quando você as encontrar de novo, não só será recebida com: "E aí, ficou com algum gato?" como provavelmente vai se preocupar por não aparecer com uma história relacionada a homens para contar a elas. Se você for vê-las, o importante é não ser pega desprevenida.

REGRA NÚMERO 5

Fazer algo ousado

Você precisa desta regra se:
- Pensa ou fala sobre homens por força do hábito, seja num momento de tédio quando anda até o metrô ou quando encontra as amigas.
- Acha mais fácil falar ou pensar sobre algum aspecto da sua vida amorosa do que qualquer outro assunto.
- Medita por várias horas sobre qualquer fato, de uma mensagem de texto até um beijo de despedida, passando pela nova namorada de um ex.
- Deixa as coisas muito mais complicadas porque rumina e analisa tudo demais.
- Sente que os homens são o seu emprego em horário integral.
- Começa a falar sobre aquele cara *de novo* ou a reclamar da vida de solteira e suas amigas parecem não aguentar mais.
- Gostaria de ter algo novo e desafiador na vida, além de um cara com problemas para se comunicar.
- Quer redescobrir que acima de tudo você é uma pessoa boa, inteligente, motivada, não só uma solteira.

Combina com:
- Concentrar-se na sua autoestima
- Não fuxicar o Facebook
- Não falar sobre homens
- Dar um tempo nos namoros pela internet
- Dar um tempo nos joguinhos

Estamos no natal de 2010 e Kara está exausta devido a uma série de encontros ruins: dois caras de férias no Egito que se recusaram a usar camisinha no último minuto, uma transa casual com um advogado que poderia render mas não rolou, uma discussão com um alemão lindo num casamento que não deu em nada, um sommelier a quem ela tentou em vão chamar para sair, e um norueguês, o único que topou vê-la regularmente, mas que fazia o cérebro dela doer de tanto tédio.

Os fatos eram esses. Depois aconteceu a análise, quando ela e as amigas terminaram de falar sobre a aparente abundância de homens na vida dela ("Eu não tenho um monte de homens! Ou eles não prestam ou não gostam de mim!", reclamava Kara). A cabeça dela zunia com tantas afirmações, instruções, conselhos e perguntas. Dormir com uma quantidade razoável de homens era um emprego de tempo integral, não pelo tempo passado com eles (que infelizmente era curto), mas pela quantidade de espaço que eles ocupavam na mente. Kara sempre voltava a pensar neles: o sexo foi bom? Eles não entraram em contato devido a algo que ela disse? Ela estava virando uma vadia ou ganhando experiência invejável? Estava se prejudicando emocionalmente sem perceber ou adquirindo uma valiosa sabedoria? Parecia gorda quando estava por cima do alemão, já que eles transaram depois de uma bela refeição? Algum deles ainda pensa nela?

O que aconteceu depois

Depois de um tempo, o fato de Kara passar mais tempo pensando e discutindo sobre homens do que com os homens em si a deixou com raiva. Ela ficou amarga e dizia coisas como: "É claro que nenhum homem vai gostar de mim" e as amigas discordavam abertamente. Ela sempre mudava a conversa para falar de si mesma e de homens e se transformou em algo entre um macaco de circo e uma velha ranzinza que não consegue superar o fato de o leite ser entregue com meia hora de atraso.

Kara podia perceber que estava se tornando obsessiva, além de negativa, mas não conseguia parar. Era como se estivesse no "modo de homens": só estava viva em relação aos homens, só se interessava em falar sobre homens, só se animava com eles. Isso sempre acontecia depois ou durante períodos de intensa atividade sexual, pois todos queriam dissecar a situação, inclusive ela. Mas Kara não gostava da sensação de que tudo o mais estava ficando em segundo plano. E a conversa, análise e o todo o resto não ajudavam, apenas a deixavam mais amarga. Quando se concentrava no trabalho, Kara se sentia bem. Isto é, quando a mente estava em outro local, bem longe dela mesma.

Durante as férias de natal, ela decidiu fazer o oposto de pensar ou falar sobre homens e começou a ler no avião a caminho dos Estados Unidos, para ver a família. No começo era chato. Ela achou difícil continuar, mas ficou orgulhosa por estar segurando o megavolume de Tolstói entre todos os outros passageiros que ou viam reprises de *Family Guy* ou folheavam a revista da companhia aérea. Quando o avião estava sobrevoando a Islândia, Kara começou a gostar do livro. Quando aterrissou, ela já se sentia uma intelectual.

Ela realmente sentia que tinha feito uma pausa. Um tipo melhor de pausa do que se apenas tivesse vegetado com a série

Crepúsculo, pois o cérebro dela estava trabalhando com afinco por várias horas também em algo diferente das especulações sobre como seria seu próximo encontro. Obviamente, quando ela estava trabalhando ou falando com a mãe ao telefone, a mente estava ocupada, mas não era uma ocupação nutritiva, apenas estressada. Durante um voo de seis horas, Kara se preocupou com uma história diferente da dela, e o Príncipe Andrei estava começando a deixá-la levemente obcecada com aquele jeito de aristocrata russo. Ao sair do avião, a mãe elogiou o "aspecto saudável" e disse que a filha parecia feliz. Kara riu, percebendo que queria voltar para o Príncipe Andrei e sua linda (ainda que burra) princesa Anna mais do que desejava ver o e-mail ou Facebook em busca de alguma resposta do barman húngaro da véspera da viagem.

> *"Ela decidiu ler* Guerra e Paz. *'Tomem essa, vadias', murmurou para si mesma enquanto colocava o imenso volume na bagagem de mão."*

Por isso eu digo:

Pare de se afogar no amor junk food e mergulhe em algo totalmente diferente, não relacionado a sexo e, de preferência, ousado.

Ninguém é "ousado", cada um gosta de uma coisa e tal. Quando digo "ousado", me refiro a algo desafiador, substancial e que valha a pena. Pode ser cultural, como ler sobre arte uma hora por dia, ou social, como fazer trabalho voluntário algumas horas por semana ou ir a uma exposição e ver algo que você normalmente não encontraria espaço na agenda para fazer. *Guerra e Paz* deu certo para Kara. Você pode achar ousado se oferecer para levar o cachorro da sua tia para passear, por exemplo.

Para esta regra funcionar, a atividade escolhida por você precisa ter as seguintes características:

1. Deve afastá-la completamente de si mesma
Ao realizar essa atividade ousada, sua atenção deve estar totalmente concentrada no que estiver fazendo. Você vai naturalmente se esquecer de si mesma e este é o objetivo. Qualquer coisa forçada que não a absorva de verdade não vai dar certo.

2. Deve ser uma atividade positiva (e não neutra)
Isso significa que você deve se envolver em algo mais elevado, sejam os deuses literários ou o deus de fazer o bem.

3. Deve ajudá-la a ser uma pessoa melhor
Quando segui esta regra pela primeira vez, achei que melhorias corporais como fazer dieta, exercícios e por aí vai contariam. Embora eu ainda pense que transformar o corpo num projeto, de maneira sensata, seja uma boa forma de recanalizar suas energias, já não acho que melhorias corporais isoladamente contam. Para realmente se beneficiar desta regra, a sua mente, alma ou consciência precisa melhorar por meio de algum tipo de desafio agradável, seja físico, intelectual ou social. Detesto programas de treinamento e toda a ideologia por trás deles, então, quando digo desafio, realmente estou falando de algo agradável.

Pode ser um desafio pequeno, como superar as partes chatas de *Guerra e Paz*, um desafio médio, como aprender a história do cinema francês, ou um grande desafio, como passar um tempo com crianças carentes, caso você tenha horror a crianças. Depende do que você gosta. Sou sempre grata pelos grandes desafios depois de tê-los enfrentado, mas geralmente não me sinto disposta a assumi-los. Pequenos desafios de que gosto, como preparar uma refeição para meus parentes mais velhos, tudo bem. Você pode ser uma dessas pessoas que jamais correram um quilômetro e no prazo de um ano correm a Maratona de Londres. Nesse caso, você adora grandes desafios. A maratona é um belo desafio, por sinal, porque você não só está desafiando a si mesma em grande estilo por um longo período de tempo, como está fazendo algo ousado ao angariar fundos para caridade.

4. Deve expandir o seu mundo
Vale qualquer coisa que faça você ver o mundo com mais sabedoria, clareza ou compaixão. Aprendizado é a chave aqui. Nós aprendemos constantemente, seja conscientemente ou inconscientemente. O emprego de algumas pessoas exige uma curva de aprendizado íngreme e bastante consciente, mas para a maioria das pessoas o trabalho não demanda isso da maneira que a detox de homem demanda.

Por isso, escolha como você gosta de aprender e esteja aberta ao aprendizado inesperado. Se você gosta de beber direto dos livros, peça recomendações às suas amigas mais inteligentes sobre um assunto no qual você esteja interessada. Vá à biblioteca e veja se os consegue por lá. Peça às amigas ou colegas dicas de blogs ou sites dos quais gostam e coloque-os nos seus favoritos. Se você gosta de aprender fazendo, há uma opção quase infinita de atividades, basta escolher uma área e jogar no Google.

5. O que deu certo para mim: a cura pelos livros

Sempre que eu sentia necessidade de um pouco de amor junk food, os livros foram minha válvula de escape. Para me tirar do tédio, o caminho mais certo é a ficção (ou um livro de referência sensacional como este, é claro!), pois, sem perceber, eu subitamente passo a me importar mais com o que acontece na história do que com o que está na minha cabeça.

No verão de 2010, tive umas semanas particularmente difíceis e estava me sentindo de mal com a vida, o amor e o universo. Passava tempo demais reclamando e mal-humorada. Por isso eu me obriguei a pegar o segundo livro da Trilogia Millenium de Stieg Larsson e fiquei viciada. Em meia hora eu já era outra pessoa e me preocupava mais com o destino de Lisbeth Salander do que com os meus problemas. Sem qualquer esforço consciente, meu humor melhorou e comecei a notar o mundo ao meu redor em vez do mundo dentro da minha cabeça. O sol nos meus ombros, o vento no cabelo, as belas ruguinhas no rosto das minhas amigas quando elas riam: tudo o que antes era invisível para mim agora parecia agradável.

Sim, eu estou falando de ousadia. E como ler Stieg Larsson pode ser considerado ousado? Não pode, mas já é um começo. Depois que me obriguei a parar de só pensar em mim mesma e melhorei meu humor, estava pronta para me jogar numa série de outros livros. A minha mente começou a procurar histórias que me levaram da Rússia do século XX (*Sashenka*, de Simon Sebag Montefiore, é um romance emocionante e fácil de ler que lhe ensinará tudo o que for preciso sobre a Rússia stalinista) à Grã-Bretanha rural do século XIX (o perturbador *Tess*, de Thomas Hardy, é capaz de colocar todas as suas infelicidades românticas em perspectiva ao compor um excelente retrato da vida rural no fim dos anos 1800. Pois é, eu também achava que não me importava com isso).

Outros livros que me fizeram esquecer os problemas e melhorar a minha mente com o aprendizado histórico e boa linguagem, e que mexeram com as minhas emoções foram:

***Daniel Deronda*, de George Eliot:** Daniel é tão lindo quanto difícil de lidar. Gwendolyn, que se apaixona pelo protagonista, é uma mulher bonita que se casa por status e dinheiro e sofre por isso. A trama mostra com precisão várias tradições judaicas estranhas, além de explorar a tradição das mansões no campo até as ruelas de Londres.

***Campos de Londres*, de Martin Amis:** Nem todo mundo ama o velho Mart, mas eu adoro. Ele é o escritor mais criativo em atividade, embora apenas os livros mais antigos como este sejam elétricos e emocionantes. Trata-se de uma história de assassinato em Londres: Keith Talent é hilário, Nicola Six é melancólico, Marmaduke é um bebê assustador. Ao ler, você vai agradecer por (a) não ser casada com Keith e (b) não viver na Londres pré-nuclear de Amis, cujo sol baixo castiga os olhos dos residentes o tempo todo.

***O Complexo de Portnoy*, de Philip Roth:** o primeiro livro de Roth e o mais cheio de tesão. Você acha que tem desejos sexuais frustrados? Veja o caso de Alex Portnoy: ele se masturba atrás de um outdoor que anuncia fígado fatiado a caminho da aula para o Bar Mitzvah e depois faz o mesmo com a calcinha da irmã.

***Neris and India's Idiot Proof Diet*:** OK, OK, não é ousado em si. Mas esse é muito mais do que um livro de dieta: fala de negação, autoestima, das mentiras que contamos para nós mesmas e, acima de tudo, é um excelente argu-

> mento para deixar as desculpas de lado e "ser tudo o que você pode ser". Ele é meu livro de cabeceira. A voz de India Knight é a sua e a minha também, neste caso. As imagens alegres de calças, queijos e batons são um bônus.
> **1984, de George Orwell:** Você pode ter sido obrigada a ler esse livro na escola, mas, por algum motivo, ele passou batido por mim. Contudo, numa das fases mais desagradáveis da minha vida, eu o peguei e comecei a passar da minha estação do metrô, de tão envolvente que era a leitura. Há muita coisa para absorver: "duplipensar", "teletelas", a "sala 101" e todo o estranho mundo do Grande Irmão numa Grã-Bretanha pós-apocalíptica e totalitária. A história de amor no centro de tudo isso é estranha, pungente e devastadora. Esse livro tem um nível bem alto na escala da ousadia por ser uma obra importante, cujas palavras e conceitos surgem em muitas discussões até hoje.

Basta deixar fluir

Sou tendenciosa em relação aos livros, mas realizar algo positivo que leve você a se esquecer de si mesma (nem pense em passar perto de drogas ou álcool!) é algo muito bom. O conceito que melhor explica esta ideia é de "fluxo," criação do professor de psicologia com o nome mais difícil do mundo: Mihaly Csikszentmihalyi. A ideia de fluxo é usada em vários campos da psicologia e quem mergulha neste fluxo vive uma sensação energizada de imersão total numa atividade. Indo direto ao ponto, fluxo é quando você sente total concentração e envolvimento numa atividade, além de ter uma sensação de sucesso enquanto a realiza.

Basicamente, fluxo significa que o prazer de fazer algo venceu o caos das emoções. De acordo com Csikszentmihalyi, no estado de fluxo, as emoções além de serem contidas, estão perfeitamente canalizadas para a tarefa em questão. Quando você se pega deprimida ou ruminando algum acontecimento, está "impedindo" o fluxo, quando é exatamente neste caso que precisa alcançá-lo.

Você deve estar se perguntando se já esteve em estado de fluxo. Bom, posso dizer que sim. Na verdade, todos nós já conseguimos isso. Na infância acontece o tempo todo. Sabe aquele olhar totalmente concentrado que os bebês têm quando pegam algo novo? Ou aprendem a andar? É justamente isso que precisamos buscar. Obviamente, fica mais difícil alcançar o estado de fluxo na vida adulta e encontrar um brinquedo novo, e a maioria de nós já sabe andar. É preciso achar algo que realmente amamos *fazer* e que seja recompensador. Ou seja, não vale comer kebabs, tomar vinho ou se olhar no espelho.

Nem sei se é possível alcançar o estado com a leitura. Ler é uma forma de fazer algo, mas não no sentido rígido. As atividades ideais para o estado de fluxo são tocar um instrumento, realizar ou praticar um desafio físico, dar aulas, fazer as unhas de alguém, costurar, cozinhar, treinar um cachorro. É preciso estar tão envolvida na atividade a ponto de perder a consciência de si e ficar atenta. Geralmente, o tempo parece distorcido, como uma hora passando num minuto.

Para o nosso objetivo, significa que os homens que a estão colocando para baixo emocionalmente desapareceram no horizonte. Com isso, o seu lado forte, verdadeiro e energético vem à tona, fazendo você se sentir ótima.

Use o cérebro para algo melhor do que analisar homens: ele merece!

Nós temos cérebro e podemos obter resultados incríveis ao usá-lo. Pensar criativamente é o melhor uso que podemos dar à cabeça, seja resolvendo problemas, aplicando uma nova fórmula matemática a algum problema financeiro no trabalho ou encontrando objetos de cena aparentemente impossíveis para a peça da sua irmã caçula na faculdade. Tudo isso é trabalho cerebral que não envolve se olhar no espelho, tramar para conquistar um homem, trocar histórias sobre homens com as amigas ou decidir a quem responder num site de encontros, e é bem melhor. Estudos mostraram uma relação significativamente positiva entre felicidade e esforço criativo. A sensação de estar no controle do que faz em vez de ser controlada melhora bastante essa relação positiva.

Lisa Bloom, formada em direito por Yale e uma referência norte-americana na área, recentemente escreveu um livro chamado *Think: Straight Talk For Women To Stay Smart In A Dumbed Down World* [*Pense: Um discurso direto para as mulheres se manterem espertas em um mundo idiotizado*] em que tenta mostrar o melhor caminho para as mulheres de hoje, que, segundo ela, estão tendo sucesso como nunca no trabalho e no mundo acadêmico, mas, por outro lado, estão cada vez mais obcecadas e viciadas em reality shows, celebridades e com a própria imagem no espelho. As mulheres saíram totalmente do caminho intelectual, diz Bloom, e o livro fornece soluções para "reivindicar o cérebro que Deus lhe deu".

Aplicando isso à praticante da detox de homem, se você é viciada em reality shows, não consegue parar de olhar imagens da Cheryl Cole de biquíni ou passa tempo demais falando e pensando sobre homens que não merecem tal honra, é hora de botar o cérebro para trabalhar. Estamos tentando ascender ao máximo considerando nossa força natural em vez de nos atermos à ingrata tarefa de tentar se encaixar no que os homens podem estar pensando. Isso diz respeito a uma força cerebral poderosa e à atividade positiva.

Há outras coisas na vida, além do amor?

O livro dele está longe de ser sexy, mas eu gosto muito do que o psicólogo Anthony Storr tem a dizer sobre a criatividade e as vantagens de se envolver em algo ousado e/ou assexual. Segundo ele, interesses que vão além de si mesma podem ser uma fonte de felicidade mais pura do que o amor romântico, uma declaração extremamente polêmica hoje em dia. Storr culpa Freud por fazer do amor e do sexo o referencial da realização humana, resultando no senso comum de que o mais importante no mundo humano são os relacionamentos românticos. Aliás, ele diz que os relacionamentos interpessoais/sociais são fracos demais para suportar a imensa quantidade de estresse e importância atribuída a eles: "o peso do valor" que colocamos neles os levará ao colapso. Storr desafia a suposição de que apenas relacionamentos íntimos nos farão verdadeiramente felizes e de que se isso não está acontecendo, deve haver algo profundamente errado com eles. Traduzido para as praticantes da detox de homem: se você não tiver um parceiro, deve haver algo errado com você, uma sensação que muitas solteiras já relataram.

Tudo bem, isso vai um pouco além do nosso escopo aqui, mas Storr destaca que alguns dos maiores pensadores do mundo abriram mão de realização romântica e família: Descartes, Newton, Spinoza, Nietzsche, Kant. Mas por serem homens, eles foram vistos como nobres pensadores sofrendo pela arte, enquanto historicamente as solteiras tendem a ser vistas como frígidas ou doentes. Vamos dar uma olhada nas poucas mulheres que continuaram solteiras a fim de buscar outras formas de grandeza. É uma lista grande e inspiradora, na qual figura a socióloga pioneira Harriet Martineu (1802-1876), que se gabava de ser "provavelmente a solteira mais feliz da Inglaterra" e proclamava: "Meu negócio na vida é pensar e aprender, e falar com absoluta liberdade o que pensei e aprendi."

Barbara McClintock (1902-1992), ganhadora do Prêmio Nobel de Medicina em 1983, também escolheu não se casar, pois seu negócio era se dedicar à pesquisa sobre mutações genéticas. Margaret Brent (1601-1671) era proprietária de terras, advogada do governador de Maryland e uma das primeiras feministas. Não precisava de homens. Elizabeth I se manteve virgem, escolhendo um casamento metafórico com seus súditos: "todos os meus maridos, meu bom povo". Lise Meitner, gênio da física nuclear, foi a primeira professora universitária de física da Alemanha, nomeada para o posto na Universidade de Berlim em 1926. Totalmente sem homens.

E não podemos nos esquecer da poetisa Emily Dickinson, das escritoras Jane Austen e Anne Brontë, da feminista Gloria Steinem, da exploradora Gertrude Bell, da pioneira da linguagem de sinais Helen Keller, da ex-secretária de Estado norte-americana Condolezza Rice e muito menos da apresentadora Oprah Winfrey. Florence Nightingale também tinha a mente focada em assuntos mais elevados, recusando uma proposta de casamento porque "tenho uma moral, uma natureza ativa que exige satisfação [...] Eu poderia ficar satisfeita em passar a vida com ele e combinar nossas diferentes forças para algum objetivo grandioso. Eu não poderia satisfazer esta natureza passando uma vida com ele em sociedade e cuidando de assuntos domésticos".

Não estou dizendo que todas nós nascemos para sermos físicas nucleares, poetisas, rainhas, secretárias de Estado, pilotos e romancistas. A principal diferença entre nós e a maioria das mulheres mencionadas é a modernidade. Não precisamos escolher entre ser dona de casa e a realização profissional. Ainda assim, vale a pena prestar atenção nesta lista, pois ela mostra que:

- Ao longo da história, há uma conexão impressionante entre ser uma mulher verdadeiramente pioneira e não ser casada.
- Muitas mulheres de sucesso sentem-se mais livres para fazer seu trabalho sem ter um homem na vida e, tal qual Florence Nightingale, não estão dispostas a sacrificar um tipo diferente de "satisfação" ousada por homem algum.
- Essas mulheres alcançaram o sentido principal da vida no fazer e no pensar, em vez de se casar e ter filhos.
- É possível ser ultrarrealizada sem marido e filhos.
- Nós as respeitamos não por serem solteiras, e sim porque levaram a vida com muito afinco e determinação.
- Não precisamos condenar o sexo e o amor ao tentarmos alcançar a grandiosidade. Mas, como essas mulheres, devemos nos dar liberdade total para sermos criativas. Para nós, isso pode incluir um parceiro algum dia. Afinal, ao contrário de muitas dessas mulheres, há pouca chance de acabarmos casando com um patriarca que espera ter um martini ou equivalente nas mãos às 6 da tarde todos os dias e todas as roupas passadas. O que a praticante da detox de homem deve fazer *agora* é dar um belo chute na bunda da sua energia criativa.

É antiquado e nada bacana, mas sempre que me pego fuçando o Facebook, tramando, sentindo-me rejeitada ou como se eu tivesse uma vontade para ser realizada com algum namorico inútil, eu leio *Solidão: A conexão com o eu* do Storr em busca de inspiração. Basicamente, quando me sinto engolida pelo junk food, leio os trechos falando que buscar nossos interesses, seja especular na bolsa, tocar piano, ou jardinagem, pode nos fazer feliz. Mais até do que muitas travessuras íntimas.

É isso aí. De *Guerra e Paz* à jardinagem, passando por negociar ações, o horizonte é vasto para quem faz a detox de homem, se assim desejarmos. Agora é o momento de pensar naquele hobby de criar pombos.

Como me envolver em algo ousado?

Quando você estiver se sentindo presa num padrão de amor junk food, pode parecer muito assustadora a ideia de se jogar em outro espaço mental no qual homens só existem como conhecidos ou bons amigos. Afinal, deve haver um cara que está mexendo com a sua cabeça a ponto de deixá-la totalmente impotente. Como vamos discutir no capítulo *Dar um tempo nos joguinhos*, os homens são bizarramente bons em nos prender em armadilhas emocionais. Todas nós conhecemos a sensação horrível de estômago embrulhado causada pelo medo de parecer estar muito a fim, medo de desagradá-lo e, mesmo assim, mal poder esperar pela próxima mensagem de texto ou e-mail porque, sinceramente, você está viciada na frieza incompreensível ou nos sinais contraditórios que ele envia. O cara nem precisa ser gato ou particularmente encantador para envolvê-la. Basta jogar bem.

> *"O cara nem precisa ser gato ou particularmente encantador para envolvê-la. Basta jogar bem."*

Quando você está neste labirinto, parece impossível sair. Todas nós temos amigas que não conseguem esquecer aquele cara que nunca vai querer sair com elas. Eu mesma já me meti em vários amores não correspondidos nos quais o cara me deixou caidinha sem oferecer nada em troca. Sei como é a sensação de pensar que o mundo basicamente se resume à minha quedinha por ele. Mas é possível *querer* se erguer deste buraco sugador de energias e conseguir. Acredite, eu fiz isso, mesmo estando longe de ser uma dessas pessoas pragmáticas que dizem: "Ah, é só pensar em outra coisa".

Considere-se sortuda se não estiver vivendo uma destas situações eternas e confusas. Se for uma simples questão de afastar a mente dos homens em geral, ou esquecer certos homens, como os quatro indivíduos mais ou menos com quem você transou recentemente que a fizeram desejar não ter transado, você deve ficar bem em dois dias.

Fazer algo ousado: como colocar isso realmente em prática

1. Escolha uma área ousada na qual você gostaria de se concentrar

Podem ser: exercícios físicos, ajudar ao próximo, atividades intelectuais, trabalhos artísticos, habilidades manuais, algo relacionado com música ou livros. Lembre-se de que é preciso preencher certos critérios (consulte novamente a lista anterior), então, se forem exercícios físicos, tem que haver um elemento beneficente. Se for algo relacionado a livros, precisa expandir seus horizontes, seja em termos linguísticos ou históricos. Se for algo artístico ou de habilidades manuais, tem de ser ativo, ou seja: você precisa fazer em vez de comprar. O mesmo vale para a música: fazer, não apenas escutar (a menos que você tenha decidido fazer algum curso de apreciação musical).

Vai aqui uma dica de boas atividades ousadas com probabilidade de gerar fluxo: jardinagem (para seu avô), adestrar cães, ajudar crianças, escrever algo com um objetivo, tocar um instrumento ou aprender a tocar, ler um bom livro (não é estritamente considerado gerador de fluxo, mas deixa para lá, para mim funciona), trabalho voluntário em qualquer área (que não seja o terrorismo) ou transformar o visual de mulheres em abrigos.

2. Decida o tempo que vai dedicar a sua atividade

Sejamos sinceras, você trabalha muito e precisa ter tempo suficiente para relaxar depois de um longo dia ou semana de trabalho. Mas você não precisa usar *todo* o tempo livre para beber drinques e sentar no sofá assistindo a *Jersey Shore*. Seja realista. É algo que pode fazer um pouco todo dia, como treinar para a maratona? Se for um projeto acadêmico, você pode facilmente reservar, digamos, meia hora por dia no metrô ou, melhor ainda, quando chegar em casa, antes de ligar a televisão. Se for algo voltado para o voluntariado, vai dar um pouco mais de trabalho. Comece pesquisando no Google. Depois mande um e-mail. Se não receber resposta, ligue. Ofereça-se para trabalhar algumas horas por semana. Imagine o quanto você vai se sentir bem quando sair com as amigas do sábado à noite.

3. Decida qual é o seu vício em amor junk food

Pode ser:
a) Um cara que não dá o que você quer e ocupa muito espaço na sua mente, além de causar mais tristeza do que alegria.
b) Remoer o fato de ser solteira e a baixa qualidade dos homens disponíveis em geral.
c) Alguns caras, todos medíocres, mas de quem você não tem coragem de se livrar.
d) Sexo. Ou mais especificamente, o seu desempenho sexual e o medo de isso ter afetado as suas transas mais recentes.

Se for o (a), você precisa pegar pesado, sem pena. Comece imediatamente. Não espere a situação melhorar, porque isso não vai acontecer. Como preparação para a atividade escolhida, mergulhe num livro que não permita comparações óbvias com sua situação. Pegue um thriller, para ficar viciada.

Depois de começar a ler e depois de treinar, cozinhar, tocar, fazer jardinagem, seja lá qual for a sua atividade ousada, desligue todos os dispositivos eletrônicos. A última coisa que você precisa é ser interrompida por ele. Na hora em que você normalmente o buscaria no Facebook ou começaria a mandar mensagens de texto para ele, pegue seu livro-arma e se distraia.

Se o seu caso for o (b), tome uma medida drástica. Defina um tempo para começar (digamos, uma semana) e prepare-se. Arrume um substituto para que o tempo normalmente dedicado a remoer ou reclamar se transforme no tempo que você faz, trabalha ou fala da sua nova atividade.

Se o seu caso for o (c), ficam valendo as mesmas sugestões do caso (b). Em vez de pensar nesses caras ou entrar em contato com eles, concentre-se no seu projeto. E se de repente você for tomada pelo tipo de preocupação que não lhe faz bem, adote o rigor do caso (a) e procure o livro empolgante mais próximo.

Se o seu caso for o (d), sua autoestima precisa de um belo empurrão. Comece com um projeto que dê retorno rápido. Se você tiver parentes mais velhos, entre em contato e combine de sair e fazer algo bom para eles agora. A sensação de bem-estar que vai inundá-la por ser uma boa pessoa vai fazê-la ver que sua preocupação com o desempenho sexual está longe de condizer com a realidade. Depois, estude o feminismo para entender bem como você está entre várias mulheres que se preocupam com a situação sexual e descubra por que a cultura faz com que nos comparemos às estrelas de filmes pornográficos. O seu cérebro vai se expandir, e você terá a oportunidade de dizer: "Eu me sinto assim por causa da cultura, e tenho o poder de mudar isso."

4. Traga mais pessoas para sua nova atividade ousada

Comece a falar do que está fazendo e você vai se surpreender com a quantidade de pessoas com interesses semelhantes aos seus que existem por aí, que conhecem quem tem ou que são capazes de recomendar algo. Esse processo é divertido, excitante e faz tudo o que se espera da detox de homem. Que venha a nova versão de si mesma, mais curiosa e com horizontes maiores.

Como eu segui esta regra

Antes da detox de homem
Eu sempre tinha algo em mente: um livro, um projeto de escrita, mas eles se encaixavam em qualquer coisa que eu estivesse fazendo e eu não me esforçava a fim de usá-los como um tônico para o furor relacionado a homens. Também não me esforçava para arrumar tempo para eles. Esses projetos apenas meio que aconteceram. Ou não. A palavra "disciplina" está longe de ser sexy, mas gosto dela. Eu não tinha disciplina quando falava de possíveis interesses amorosos, corria atrás deles ou os fuçava no Facebook.

Como eu consegui segui-la
Pensei no livro mais grosso e mais assustador da minha estante e decidi lê-lo. Era *Guerra e Paz*. Além do trabalho, terminar a leitura de *Guerra e Paz* era a minha prioridade. Levei meses e me senti extremamente orgulhosa, ousada e envolvida nas coisas boas da vida. Esnobismo à parte, o livro realmente me ajudou a me concentrar em algo satisfatoriamente não social.

Como eu me senti
Muito preocupada com o destino de Natasha Rostova e do príncipe Andrei. Além disso, fiquei mais tranquila, pois havia um objetivo bem definido a seguir, de 1.400 páginas para ser mais precisa. Num sábado à noite, quando estava quase acabando de ler o livro, minha colega de apartamento foi ver a final da Liga dos Campeões em um pub e, em vez de acompanhá-la, como fiquei levemente

tentada a fazer, me convenci: "Acho realmente chato assistir a futebol, não importa quantos homens empolgados estejam no recinto comigo. Vou ficar no sofá e ler *Guerra e Paz* pelas próximas três horas sem parar." Eu fiz isso e me senti tão saciada às 9 horas da noite que saí com um brilho que as pessoas chegaram a comentar. Eu me senti bem por ter tomado a decisão de fazer algo literário em vez de social. E me senti bem por ter me concentrado num objetivo por três horas. Seja lá qual for a sua praia ousada (jardinagem, escrever poesia ou trabalhar como voluntária) acho que você vai se sentir assim também.

Por quanto tempo seguir esta regra

Para sempre, eu espero. Tudo bem, eu terminei *Guerra e Paz*, mas gostei tanto do jeito que o livro moldou a minha vida mental que logo defini outro desafio: aprender a tricotar. De um jeito ou de outro, continuei cumprindo a regra e ela já me salvou algumas vezes, afastando-me de situações possivelmente perigosas ou improdutivas. Nem imagino o que farei depois. Ler é uma constante e um porto seguro para mim, mas posso mudar para degustação de vinhos ou ser babá do filho do vizinho, se ele me confiar a tarefa (certamente seria um desafio e tanto).

SOS!

O principal obstáculo aqui é a noção de não ter tempo para fazer a sua atividade ousada. Se você parou de fazê-la por esse ou outro motivo, analise atentamente estas observações:

Você TEM tempo. Eu juro. Quando se está vivendo um período atarefado, pode parecer que não há tempo para mais nada e nunca vai haver. Não é verdade. Isso vai passar e é sua função descobrir quando surgir uma vaguinha para encaixar a sua atividade ousada. Do contrário, ela ficará empilhada junto com outras atividades não ousadas e possivelmente relacionadas a homens.

Experimento algo novo. Você acabou de tricotar sua echarpe, de ler *Guerra e Paz*, de fazer o curso de culinária ou o cachorro que você está levando para passear está ficando muito agressivo? Bom, existem muitas outras opções, seja criativa.

Continue se dedicando! Você está indo maravilhosamente bem e caso tenha uma recaída e se pegar direcionando energia mental para a busca por homens, retome o caminho certo.

Mergulhe de cabeça num livro interessante. Suspense, clássico, tanto faz, o importante é afastar a mente de si mesma e entrar em outro mundo.

Faça uma dieta (só se precisar). Não estou brincando: assim que entrei nos Vigilantes do Peso eu só conseguia pensar nos Pontos Pro Plus e esqueci os homens completamente. É verdade.

REGRA NÚMERO 6

Dar um tempo nos joguinhos

Você precisa desta regra se:
- Morre de medo de parecer muito a fim do cara.
- Obriga a si mesma a esperar pelo menos dois dias antes de responder a qualquer mensagem de texto.
- Finge que não gosta do cara de quem está a fim e, mesmo quando ele demonstra corresponder o sentimento, tem dificuldade para relaxar e/ou acreditar nele.
- Sente-se "atraída por babacas".
- Prefere considerar um cara que age de modo estranho como misterioso e desafiador em vez de alguém que está te enrolando para dar uma levantada no próprio ego.
- Tenta associar cada detalhe da comunicação dele com algo um pouco mais complexo.
- Pensa que todos os relacionamentos ou encontros funcionam em termos de jogos de poder, isto é, com um "vencedor" e um "perdedor".

Combina com:
- Fazer algo ousado
- Dar um tempo nos namoros pela internet
- Não falar sobre homens

Ficamos ali sentadas, momentaneamente mudas e em contemplação profunda. Havia se passado uma noite e quase dois dias desde que Helen tinha saído com Tony. Eles se conheceram num bar, Helen arriscou e puxou papo. Com seu cabelo louro bem curtinho, corpão e risada estridente, ele foi irresistível para ela. Por isso foi tão mágico quando, depois que ela perguntou se poderia roubar a cadeira dele, Tony mergulhou no clima e bateu papo com ela por uma hora.

O encontro tinha sido excelente e Helen tinha certeza que estava apaixonada. Eles se despediram com o melhor beijo da vida dela e Helen estava absolutamente convencida de que ele entraria em contato. É claro que estava louca para mandar uma mensagem de texto para Tony.

O que aconteceu depois

Pensando no melhor para ela, eu a aconselhei fortemente a não mandar mensagem. Era uma regra impossível de mudar: ele precisava entrar em contato. Mas era mais do que isso: ele também estaria fazendo jogo, pois os homens sempre esperavam até o terceiro dia para entrar em contato. "Você tem razão", reconheceu Helen, que foi firme afastando-se do telefone e fechando o Facebook. Não sei como nós duas sabíamos tão claramente, sem sombra de dúvida, que a regra era essa e que ela fazia parte de um jogo onde não tínhamos a vantagem. Helen não teve um ataque de nervos, mesmo estando à beira de um e, como eu tinha previsto, na noite seguinte ela recebeu uma mensagem de Tony.

Helen estava um pouco feliz agora. Afinal, ele tinha entrado em contato. Ela preferia uma ligação, mas o conteúdo da mensagem já era animador o suficiente: ele tinha adorado o encontro e queria saber se ela topava ir ao cinema no fim de semana. Ela queria responder na mesma hora: "Sim, sim, sim, que horas, onde?", mas, novamente, seguiu o próprio instinto e se conteve. Esperar algumas horas foi fácil e ela se perguntou se deveria esperar mais. Foi pura agonia, mas todas nós dissemos que sim, seguido de pensamentos como: "vamos fazê-lo esperar um pouco." Enfim, no dia seguinte, agora convencida de que tinha esperado demais e ele tinha saído com outra pessoa, ela respondeu. Depois de outras saídas, acabou não dando certo, pois Tony ainda estava envolvido com a ex.

Por isso eu digo

"Dê um tempo. Afaste-se dos joguinhos."

A história de Helen é um claro exemplo do jogo obsessivo e ilógico que domina os relacionamentos atuais. Depois de passar vários anos fazendo esses joguinhos, dando conselhos e recebendo dicas de amigas que também tentavam fazer a coisa "certa", concluí que nada gera mais estresse nas emoções da solteira do que os joguinhos do início de relacionamento (que geralmente não dão certo).

Então, por que fazemos esses joguinhos?

Existem motivos legítimos, inteligentes e racionais para fazer esses joguinhos. Na melhor das hipóteses, demonstra um determinado nível de intuição emocional, como o momento certo para fazer algo ou qual a melhor forma de deixar a outra pessoa confortável. Afinal de contas, mergulhar de cabeça, colocar a paixão em primeiro lugar e pôr todas as cartas na mesa ativa uma série de alarmes que berram "perigo, perigo, perigo".

Mas em vez de uma bem-intencionada arte de cortejar em que cada participante tem a oportunidade de mostrar seu domínio das pistas sociais, o jogo virou uma competição na qual o perdedor é aquele que primeiro demonstrar maior interesse. Dan Savage, cujo podcast e coluna de sexo "Savage Love" estão entre os meus favoritos da internet, compõe uma visão otimista dos joguinhos num artigo escrito para a *Forbes*, no qual argumenta que os joguinhos são uma forma importante de mostrar que você é capaz de ser uma boa parceira. Ao não jogar direito você terá menos probabilidade de se dar bem no "jogo" maior da vida. Para Savage, os joguinhos são uma forma de mostrar que você está em sintonia com as necessidades, os humores e as sensibilidades de outra pessoa. Exatamente o que se exige num relacionamento.

Até certo ponto, ele tem razão. Mas não sei muito bem quais são jogos sutis de previsão de personalidade que Savage menciona. O que vejo em mulheres dos 18 aos 35 anos é uma competição de quem vai mostrar primeiro que está interessado.

> "Tenho certeza que já sabotei relacionamentos por tentar ser descolada e agindo de modo totalmente indiferente. Eu escondia tudo, até de mim mesma. Sempre rola o medo de ser a maluca. Você não quer que ninguém a considere grudenta demais, o que, basicamente, significa ser louca ou surtada."
>
> Celia, 34 anos

O fato de Celia estar eternamente presa numa cama de gato romântica não chega a surpreender, visto que ela sente que "a pior coisa que se pode fazer na nossa sociedade é pensar que o relacionamento vai ter futuro. Mas é claro que se estou dormindo com ele, eu quero que vire algo mais sério".

> "Nós devemos ser uma tábula rasa sem histórico sexual, enquanto os caras não são cobrados por isso. Cansa. Não há nada mais idiota do que pensar no futuro. Eu não consigo me lembrar da última vez que gostei de alguém sem aquela sensação de que, se fizer algo errado, posso colocar tudo a perder. Sinto como se houvesse uma linha que basta cruzar para acabar com seu futuro."
>
> Frances, 27 anos

Parece que as mulheres têm muito mais a perder quando não fazem o joguinho do jeito certo, enquanto o homem que demonstra estar interessado mostra confiança masculina, o que é atraente (pelo menos para mim). Curiosamente, um número considerável de entrevistados para o meu último livro disse achar "ótimo" quando a mulher os convida para sair. Por isso, levei a declaração ao pé da letra e entrei numa onda de chamar homens para sair e o resultado foi deprimente. Mas veja bem, não é que os homens estivessem necessariamente mentindo quando disseram que gostam de ser chamados para sair. Acho que eles gostavam da ideia, mas na hora acabavam se assustando. Eu levei essa história até o limite (pois gosto de estar no controle) e acabei concluindo que, na maioria dos casos, ser proativa não ajuda a mulher no início de um relacionamento.

Ou talvez não estejamos fazendo a coisa certa ao chamar os homens para sair. Curiosamente, cientistas sociais descobriram que não só a mulher tem mais a perder com os joguinhos, como elas não jogam tão bem quanto os homens. É o fim daquele papo de "homens são mais diretos/criaturas mais simples" que circula por aí.

Janet Kwok, pesquisador do departamento de desenvolvimento humano e educação de Harvard, analisou vários estudos sobre os joguinhos sexuais ou românticos: "Fazer joguinhos parece atraente para quem procura sensações fortes (isto é, eles gostam de estimulação física) ou quer uma estratégia de curto prazo para manter mais pessoas a uma certa distância e, consequentemente, sair com mais gente. Portanto, não é surpresa alguma que os joguinhos sejam mais populares entre os homens do que entre as mulheres. Um estudo revelou que quanto mais parceiros sexuais você teve, mais "joguinhos" você faz (como recusar compromisso sério ou ter vários parceiros ao mesmo tempo) e que os homens são mais propensos a aprovar esse tipo de comportamento."

Bridget, de 29 anos, não tem dúvida sobre os culpados pelo mundo de sinais confusos e joguinhos estressantes: os homens.

> "Pouquíssimas mulheres são imunes à doença conhecida como joguinho que afeta um número cada vez maior de homens no mundo dos relacionamentos. Esperar sinceridade e clareza desses homens costuma resultar no rótulo de "carente" ou, pior ainda, de "louca possessiva". Dá para nos culpar por isso? O tipo de cara, como o meu ex, que manda uma lista de possíveis convidados para o casamento enquanto flerta com outras no Facebook (plano B caso nossa relação não dê certo?) é mais comum do que se imagina. Os jogadores adoram caçar e vão fazer grandes gestos quando necessário, pois adoram a conquista e têm um ego do tamanho de um trem."

É uma vergonha, mas enquanto homens e mulheres continuarem com essas discussões idiotas em seus relacionamentos, os joguinhos continuarão nocivos, como batalhas ou guerrilhas, afastando-os de qualquer entendimento mútuo. É deprimente que as mulheres ainda sejam governadas pela sensação de estar começando errado se não esconder os verdadeiros sentimentos. Para sermos atraentes ao sexo oposto, precisamos fazer um joguinho do qual não gostamos. Também não tenho certeza se os homens gostam, mas eles são absurdamente bons nisso.

> "Muitas pessoas veem os relacionamentos como um jogo e eu não quero ser sexista, mas a culpa é dos caras! Nós, mulheres, pensamos que para manter o cara interessado é preciso bancar a difícil, esperar no mínimo meia hora antes de responder a qualquer mensagem e não dormir com eles até pelo menos o quinto encontro. Mas por quê? Se gostamos de alguém por que seguir essas regras? Porque do contrário seremos tachadas de grudentas ou coisa pior e o tal cara vai sair correndo!"
>
> Jess, 27 anos

O verdadeiro jogador *versus* o moderno artista da sedução

Casanova é o ídolo dos modernos artistas da sedução (conhecidos pela sigla em inglês PUA, de *pick-up artist*), algo compreensível ao se considerar que ele é o sedutor mais famoso da história. Um dos principais praticantes da chamada arte da sedução, Adam Lyons (do site *Attractions Explained*, que ele gerencia com a esposa e ex-seduzida) uma vez me explicou por que um cara com quem eu estava saindo há três meses nunca tinha permitido que eu relaxasse, ganhasse mais intimidade ou (Deus me livre!) dissesse a palavra "namorada": "Ele é um Casanova. Era um babaca na escola, nunca ficou com menina alguma e aí decidiu se dedicar a pegar o máximo de mulheres possível. Ele aprendeu todas as regras, estudou e não parou até aperfeiçoar as técnicas. Agora ele só passa pelas garotas, tentando curar as feridas do tempo do ensino médio."

Mas o que Lyons e seu grupo não deixam claro é que toda a abordagem (e o espírito) do Casanova original era drasticamente diferente da adotada pelos charlatães nojentos de hoje que usam pseudônimos patéticos como Mystery (Mistério), Papa (Papai) e Style (Estilo).

Ian Kelly, ator de *Harry Potter* e autor de *Casanova — Muito além de um grande sedutor*, considerada biografia do ano pelo *Sunday Times*, sabe mais do que ninguém sobre esse mestre da "técnica" amorosa. Como ele me contou durante um chá na British Library (um dos melhores lugares de Londres para ser um indecente ou para observar o flerte moderno, para não dizer talento), Kelly faz questão de se distanciar da ideia de que Casanova "estava fazendo um joguinho que a outra pessoa não queria jogar, que dirá saber que está jogando. Seria um jogo de dois ou mais jogadores, nada manipulador, sedutor ou de pegação no sentido moderno."

Os jogos que Casanova e seu grupo faziam não tinham a seriedade que damos aos nossos, e talvez esse seja o motivo pelo qual eles eram mais divertidos (pois os nossos são apenas cansativos, apesar de menos perigosos). Kelly observa que "a frivolidade dos joguinhos, que eram inconsequentes e um passatempo elegante, não é necessariamente válida na cultura norte-americana. Tendemos a dar muito significado a tudo, talvez porque vemos tudo como uma transação, seja financeira ou sexual."

A poesia, a arte e as roupas eram partes essenciais do jogo da sedução. Se você realmente quisesse se casar com uma garota, era preciso seguir um conjunto de procedimentos totalmente diferentes de usar uma máscara e recitar poesia: tudo começava deixando o seu cartão na casa dela, que seria entregue pela candidata à mãe e desta ao pai, que então autorizava a mãe a dar permissão à filha para ver o pretendente.

Mas a verdadeira diversão estava em ser frívolo (não se você fosse uma mulher que se apaixonasse por um sedutor de primeira e engravidasse, é claro).

> "Temos um termo um pouco inadequado para isso em inglês, 'flerte', como se fosse algo que fazemos aos 14 anos. É ridículo. Nega completamente o que acontece entre duas pessoas. Então, quando você começa a dançar, por exemplo, a pergunta fica cada vez mais em torno do 'o que isso significa, etc?'. A resposta pode perturbar mais as pessoas agora do que antes."
>
> Ian Kelly

Há algo que o moderno artista da sedução aprendeu com o Casanova: a paixão pelo artificial, por armar um palco. "A melhor analogia é a comida", comenta Kelly. "Até a comida rústica é muito trabalhosa. Para se fazer uma refeição esplêndida, é preciso muita imaginação e engenho. O jogo do amor do século XVIII era um pouco parecido com isso. É teatral, mas não é cênico."

Jogos que deram errado: a arte da sedução e outros fornecedores de amor junk food

Voltemos ao artista da sedução moderno e célebre de hoje, que rendeu todo um grupo de falsos sedutores nojentos. Como diz o mais famoso de todos, Neil Strauss, perto do fim do interminável livro *O jogo — A bíblia da sedução*: "Ninguém entendeu o potencial de toda esta comunidade de sedução, o poder de união dos caras falando de mulheres. Fazemos as unhas, temos mansões e temos o jogo. Estamos prontos para contagiar o mundo como uma doença".

Foi ele quem disse, não eu (mas eu falarei depois, neste mesmo parágrafo). O que Casanova diria? "Bom, esta ideia de sair para enganar mulheres é risível", afirma Kelly. "Ele teria dito: 'Por que você não sai por aí num espírito de estamos nessa juntos, como um jogo elegante a ser jogado?'" Eu acho que isso ocorre porque um vem de um desejo cultural e sofisticado de se envolver com o mundo e o outro é o produto sufocado e estragado dos subúrbios norte-americanos desesperado por validação.

Na história recente, isto é, o período da nossa adolescência e vida adulta, foram publicados três livros que eu acredito ter culpa pelo crescimento da artificialidade, desconfiança e blefes nos relacionamentos:

1. *Homens são de Marte, mulheres são de Vênus*, de John Gray (1982).
2. *As 35 regras para conquistar o homem perfeito*, de Ellen Fein e Sherrie Schneider (1995).
3. *O jogo — A bíblia da sedução*, de Neil Strauss (2004).

A ideia de "mutualidade", conforme concebida pelo socialista vegetariano Edward Carpenter na virada do século XX está ridiculamente longe da visão de mundo desses livros, mas os autores tocaram num ponto crucial e não só conquistaram milhões de seguidores, como formaram uma geração tomada pela angústia romântica, sentida com mais força (embora não exclusivamente) pela solteira que estava (e está) tentando seguir a vida com ou sem o tique-taque barulhento do relógio biológico.

Planetas têm gênero?

Homens são de Marte, mulheres são de Vênus afirmou que ao entender as diferenças entre homens e mulheres os casais poderiam melhorar os relacionamentos. É verdade que há diferenças entre mulheres e homens, mas elas nem sempre são as mesmas, e agrupar generalidades polarizadas e aplicá-las a relacionamentos vai dar problema (o historiador de relacionamentos Marcus Collins fala com veemência sobre o "eterno jogo de salão" de gritar "guerra dos sexos" em seu excelente livro *Modern Love*).

O livro ajudou algumas pessoas, sem dúvida. Afinal, ficou entre os mais vendidos. Infelizmente, o que ficou foi o título, que permeou a consciência moderna, servindo de inspiração para uma música de sucesso chamada "Men are from Mars, Women are from Hell" ["Homens são de Marte, mulheres são do Inferno"], do Four Year Strong. Então, em vez de se concentrar no modelo de casamento no qual os dois parceiros são igualmente preparados e motivados para entender um ao outro, temos uma música que marca nossas diferenças em tudo, dos drinques que gostamos aos filmes que assistimos, passando pelas disputas que temos na cama. As diferenças basicamente se resumem a: mulheres gostam de falar e de ser amadas (será por isso que gostamos de drinques cor-de-rosa?); homens querem ficar quietos e fugir de conflitos. É difícil saber se isso é verdade ou não, porque não consigo pensar em muito mais a dizer sobre o assunto.

A assustadora camisa de força da solteira: *As 35 regras*

O livro *As 35 regras para conquistar o homem perfeito* já é outra história. Ele nem tenta vender algum tipo de "compreensão". É puro jogo, pura distorção de caráter e prega como obrigatório o intenso desconforto (e até a dor) tanto na experiência feminina quanto na masculina de ficar juntos. De acordo com as autoras, os homens na verdade gostam da dor causada pela frieza e rejeição constantes (talvez porque sejam mais preparados para os joguinhos, como já mencionado) e esse comportamento parece torturar apenas as mulheres. Mesmo assim, o livro deixou uma marca assustadora na alma feminina, talvez mais do qualquer outro livro sobre o assunto (antes de *Ele simplesmente não está a fim de você*, é claro). Como diz a revista *Time*, "*As 35 regras* não é apenas um livro, é um movimento."

> *"Mulheres querem falar e ser amadas; homens querem ficar quietos e fugir de conflitos."*

O livro se arraigou tão profundamente na cultura norte-americana que (ainda bem!) passou a gerar livros que estimulavam um comportamento mais natural, como mostrar aos homens que você gosta deles: um exemplo é *Jane Austen's Guide to Dating [Guia de encontros de Jane Austen]* de Lauren Henderson, uma inglesa que vive em Nova York. No livro ela agradece a sua escritora favorita, a quem alega reler frequentemente, por fornecer alternativas à assustadora e restritiva cultura dos joguinhos que encontrou em Manhattan.

A linguagem dos esportes, de Hollywood e os truques permeiam *As 35 regras*. "O que são as regras?", perguntam as autoras Fein e Schneider:

> "São uma forma simples de agir com homens que pode ajudar qualquer mulher a conquistar o coração do homem dos seus sonhos... Você segue as regras e acredita que um dia um príncipe vai notar que você é diferente de todas as outras mulheres que ele conhece e vai pedir a sua mão!"

Se o objetivo de *As 35 regras* não estava suficientemente claro, as autoras (uma delas pediu divórcio em 2000) enfatizam a linguagem de carência, posse e manipulação: vale tudo, menos sinceridade e prazer verdadeiro. "O objetivo das regras é fazer o cara ficar caidinho por você, com a sensação de que você é inatingível. Ou seja, estamos falando de se fazer de difícil!"

Mas não para por aí. A lista de como ser atraente permite poucos comportamentos naturais para quem procura casamento. Entre as instruções clássicas (obrigada, meninas!) estão as seguintes:

> "Não seja um incômodo."
>
> "Não o chateie com detalhes sobre o seu dia, suas preocupações e problemas."
>
> "Os homens devem ser condicionados a sentir que, se eles querem vê-la sete vezes por semana, precisam se casar com você."
>
> Se você estiver triste porque um cara a tratou como um lixo ou a largou: "Você enxuga as lágrimas para não estragar a maquiagem e segue em frente! Claro que não é assim que você realmente se sente".
>
> E para quem estiver tentada a demonstrar algum senso de humor: "Não seja uma garota escandalosa, histericamente engraçada do tipo que bate no próprio joelho rindo [...] quando estiver com um homem de quem gosta, aja como uma dama: cruze as pernas e sorria. Não fale demais. Use meia-calça preta transparente e suba a saia para atrair o sexo oposto!".
>
> Talvez a regra que tenha ficado na cabeça da maioria das pessoas tenha sido esta: "Não ligue para ele e raramente retorne as ligações".

Não surpreende que para várias solteiras, o legado de *As 35 regras* é de medo, desconforto e joguinhos.

Lauryn, de 31 anos, é um clássico produto dos namoros pós-*As 35 regras*. Seu depoimento revela a frustração gerada por um jogo em que todos perdem.

> "Na minha cabeça, o jogo é aquele no qual precisamos encontrar o equilíbrio perfeito entre ser indiferente e ao mesmo tempo acomodar alguém novo na vida, quando ele aparecer. Devemos manter uma fachada de que estamos vivendo uma vida plena e completa, com uma agenda social ativa, amigos e admiradores, bem como uma vida profissional realizada. Mas de alguma forma no meio de tudo isso, nós precisamos achar tempo para integrar um novo homem à nossa vida, sempre agindo como se não precisássemos deles."

"Você não deve demonstrar entusiasmo ao encontrar alguém," concorda Holly, de 29 anos, que comenta:

> "Infelizmente eu li *As 35 regras* e nunca me esqueci do trecho que diz para não encarar os homens, não vê-los mais que uma vez por semana e sempre terminar as ligações telefônicas. E apesar de todos os esforços no sentido de empoderar as mulheres, ainda cabe ao homem entrar em contato, pois somos tomadas pela ideia de que se eles não o fizerem é porque não estão interessados."

Maria, de 28 anos, que também estava na conversa, acrescenta:

> "O problema com esse joguinho é que em algum momento é preciso parar de fingir que não está interessada e esta é a parte que acho difícil. Quando fazer isso? A que altura do relacionamento? Não vamos parecer excêntricas se apresentarmos este ideal de ser impossivelmente atarefada

e realizada e depois tirar tudo da agenda por um novo homem na nossa vida? Qual é o equilíbrio perfeito entre ser sexualmente autônoma e vadia? Os homens não querem ouvir que você não está saindo com ninguém. Deus me livre de admitir uma escassez de atividade sexual, mas as mulheres ainda se sentem pressionadas a não serem muito disponíveis sexualmente. É um equilíbrio impossível."

Seja bacana, seja poderosa, só não seja você mesma

Por que os homens amam as mulheres poderosas? é outro best-seller que, basicamente, reitera *As 35 regras*, apenas usando a palavra "poderosa" para definir mulheres (aparentemente) independentes e confiantes. Como diz Argov na continuação do livro, *Por que os homens se casam com as mulheres poderosas?*: "A pior coisa que uma mulher pode fazer é ver o cara todas as noites da semana. Assim, ela vira a garota para passar o tempo e entra na "lista de reserva" dele. O que vai acontecer é que o cara vai começar a aparecer às 9 horas da noite e ir embora às 10h30. Se ele tiver acesso ou o que deseja sempre que quiser, não vai precisar fazer qualquer esforço para continuar isso." Parece familiar?

Apesar da popularidade, livros com regras para mulheres são inúteis. Janet Reibstein, professora visitante de psicologia na Universidade Exeter e coautora de *Sexual Arrangements*, diz:

> "As pessoas estão tentando codificar o que acontece nos relacionamentos, mas não há uma resposta simples. Provavelmente há um tipo de ilusão que fortalece os relacionamentos, mas transformar isso em regras, etc. é ridículo. Joguinhos são cansativos, você pode se dar mal com isso."

Claro que é exatamente isso o que Ellen Fein e Sherrie Schneider, autoras de *As 35 regras para conquistar o homem perfeito* querem que você faça. "Você pode sentir-se incapaz de ser você mesma, mas os homens vão adorar!"

Por fim, é um jogo para homens

Se *As 35 regras* atingiu profundamente as mulheres ao criar uma cultura de joguinhos que nega às mulheres o direito de serem elas mesmas, o livro *The Rules of the Game*, do mesmo autor de *O jogo*, fez algo ainda pior. Mulheres que jogam de acordo com as regras querem poder sobre os homens para se aproximar deles, enquanto os homens que jogam querem poder sobre as mulheres para "comer e ir embora". A dedicatória de *As 35 regras* diz "Para nossos maridos maravilhosos e ótimos filhos." Já a dedicatória de *O jogo* é: "Dedicado às milhares de pessoas com quem conversei em bares, boates, shoppings, aeroportos, supermercados, metrôs e elevadores nos últimos dois anos. Se você estiver lendo isso, quero que saiba que não estava brincando. Eu estava sendo sincero. Sério. Você era diferente".

> *"O que O jogo fez foi, basicamente, abrir um precedente e criar as bases de uma 'comunidade' desprezível centrada em conseguir várias (mulheres gatas) e se gabar disso."*

O que *O jogo* fez foi, basicamente, abrir um precedente e criar as bases de uma "comunidade" desprezível centrada em conseguir várias (mulheres gatas) e se gabar disso. O que é estranho é que "o jogo" está tão difundido que você pode ser enganada por um de seus seguidores (já passei por isso). Os artistas da sedução alegam que agem assim porque costumavam ser bobões (em outras palavras, admitem vir de uma posição de fraqueza para criar empatia e ganhar apoio). Mas todo o esquema se baseia na mais pura misoginia, defendendo que apenas as "gatas" prestam (o resto merece o desprezo), e elas servem apenas para o sexo. Veja a gata, engane-a para que ela goste de você, leve-a para a cama, e pronto. O esquema não deixa espaço para o desenvolvimento natural de sentimentos por meio do comportamento espontâneo por se basear na manipulação, isto é, em conseguir mulheres no estilo "nota dez" que concordem em fazer sexo, de preferência a três. Os homens estão mais do que felizes em se reformular, também: o escritor Neil Strauss raspou a cabeça, fez piercings, bronzeado artificial e cirurgia a laser para correção de miopia. Basta olhar qualquer fórum de PUA para notar um ódio mortal às mulheres. Por exemplo, a principal história no www.pickupartistmindset.com era esta:

> "Se uma garota acusá-lo de usar uma frase feita, principalmente assim que você começar a conversa, ela não vai dar para você. Simplesmente não vai acontecer, não importa o quanto você ache que possa se recuperar. Seria como tentar vender um utilitário esportivo a um ambientalista. É possível que ela tenha saído para menosprezar os homens e conseguir beber de graça, por isso você deve pegar pesado e colocar essa vadia no lugar dela. Você deveria dizer: 'Bom, eu consegui comer uma vadia semana passada. Não vejo por que não daria certo de novo.' Aprecie o olhar constrangido dela enquanto estiver muda pensando numa resposta. Depois, vire as costas para ela. Essa aí vai pensar duas vezes antes de dizer a mesma idiotice para outro homem."

Como a mulher reconhece que o PUA, esse artista da sedução, *está* usando uma frase feita e não se interessa por ele, é considerada uma vadia, uma piranha, e merece ficar no vácuo.

Veja como os homens que querem fazer o jogo devem agir segundo os conselhos de Neil Strauss, mais conhecido como "Style":

Primeiro Passo: Escolha um alvo
Segundo Passo: Aproxime-se e comece
Terceiro Passo: Mostre seu valor
Quarto Passo: Desarme os obstáculos
Quinto Passo: Isole o alvo
Sexto Passo: Crie uma conexão emocional
Sétimo Passo: Retire-se para um local mais íntimo
Oitavo Passo: Aumente a temperatura
Nono Passo: Estabeleça uma conexão física
Décimo Passo: Destrua a resistência de última hora
Décimo Primeiro Passo: Administre as expectativas

Alvo, desarmar, isolar, extrair, destruir? As mulheres viraram o equivalente a esconderijos terroristas: devem ser destruídas e forçadas à submissão antes de serem contidas para não criar qualquer "expectativa" inoportuna. A guerra é a metáfora preferida e, assim, enquanto os sexos estão funcionando nesta frequência o cenário sexual fica impregnado por uma atmosfera nada harmoniosa. Na atual epidemia de obesidade causada pelo amor junk food, a irmandade fã dos joguinhos brutais equivale a todas as guloseimas noturnas que você sempre come, misturadas.

Você pode ou não se envolver com homens assim, mas para muitas mulheres participar de encontros amorosos significa fazer joguinhos, bem cansativos. Nem sempre é culpa de alguém, mas um tempo neles dará uma merecida pausa à solteira, que sofre muito emocionalmente.

Dispensando os joguinhos: como colocar isso realmente em prática

Ao longo dos anos eu já testei várias táticas de joguinhos, já joguei muito, joguei pouco e cheguei à seguinte fórmula:

> Fazer joguinhos logo no começo, antes do relacionamento ter engrenado, é mais fácil do que depois que a relação ganhar fôlego.

E mesmo bem no comecinho você pode agir imediatamente e sair impune. Você pode dizer: "Foi divertido, seria ótimo vê-lo de novo", com total liberdade. Na verdade, quanto mais sincera você for, melhor a atmosfera, e também o senso de si e de bem-estar que está transmitindo e mais independente você vai parecer. Essa é apenas a forma mais saudável e autêntica de conseguir o que os joguinhos deveriam dar: poder. Só que é um poder do tipo "quero ter esta pessoa por perto" em vez de "essa pessoa é um mistério total, o que raios ela está pensando?"

Outro ponto importante é: todo mundo tem um crédito. Digamos que você tenha sido sincera na mensagem de texto, respondendo na mesma hora ou começando o papo. O crédito se aplica à situação em que o cara não respondeu e você quer se comunicar duas vezes seguidas. Fazer isso uma vez, tudo bem. Fazer duas pode ser um indício de que está começando a ficar obcecada pelo silêncio misterioso dele. Em vez de ser aberta quanto à vontade de manter contato com ele, você passou a querer solucionar um mistério e decifrar o código da frieza dele. Se for esse o caso, é totalmente inútil: resista à ânsia de gastar seus créditos porque isso não vai levar a nada de bom, além de acabar se sentindo envergonhada por quebrar uma regra básica. Sejamos sinceras: mandar mensagens e não receber resposta cansa.

Já fiz isso várias vezes, mas em dezembro do ano passado aprendi a lição. Tive uma noite muito agradável com um engenheiro do Google que conheci na festa de Natal da empresa (uma amiga tinha me convidado). Gostei dele porque era bonito e irônico. Como eu sou uma pessoa incrível, imaginei que ele manteria contato. Na viagem de metrô da vergonha (para ele, que dormiu na minha casa) do dia seguinte, o rapaz pediu o meu telefone. E não ligou. No fim daquela semana eu mandei um e-mail leve e despreocupado com uma pergunta, o sinal para ele responder. Nada. Passei por uma vasta gama de emoções: consternação, negação (será que ele não recebeu meu e-mail?), raiva. Mas o tempo todo eu sabia que ele tinha recebido o e-mail e não estava respondendo por que não estava a fim. Eu superei, e foi isso.

Aqui estão alguns indícios que ajudam a evitar o desconforto relacionado aos joguinhos, seja porque você tende a interpretar erroneamente como possível interesse a verdadeira frieza do cara, seja porque não consegue parar de sair com homens que mexem com a sua cabeça.

1. Perceba que você é uma jogadora

Dar um tempo dos joguinhos significa *identificar* os seus próprios jogos, o que pode ser mais difícil do que parece. Você pode fazer isso por hábito ou em resposta aos sinais confusos enviados por um homem. Não é possível ler a mente dele ou sempre adivinhar corretamente as intenções do pretendente, mas é fácil reconhecer quando você se sente desconfortável, artificial ou forçada.

Não estou dizendo para você surtar e começar a ligar para todo mundo de quem está afim e dizer que os ama. Certo controle faz bem, mas desta vez será o controle bom para você, por não ser aquele exercido para atrair homens ou evitar que você pareça muito interessada neles.

2. Tome uma decisão e seja firme

Quando você se pegar fazendo algo como contar as horas antes de responder uma mensagem de texto, responda logo de cara se sentir vontade ou então segure a vontade, seja porque está realmente ocupada ou por não se importar tanto assim. Acredite: nada de ruim vai acontecer.

3. Aprenda a se libertar quando ele começar a mexer com sua cabeça

Quando o cara com quem você estiver saindo parecer interessado, dando pequenas dicas como: mensagens de Paris dizendo "estou com saudades", comprar uma escova de dente e mostrá-la de maneira tímida quando você dormir na casa dele e depois contrabalançar com longos períodos de silêncio, comentários estranhos como "não posso ter uma namorada agora, de jeito nenhum" e sumiço total, você precisa cair fora. Algum leitor de *O jogo*, a quem o artista da sedução Adam Lyons chamaria de Casanova ou enganador de mulheres profissional, está brincando com seus sentimentos. Se você diz a si mesma: "Mas ele diz x, y, z, e é tão carinhoso, por que não está fazendo a, b, c?", fuja imediatamente. Isso significa que você está num jogo do qual provavelmente não quer participar e que só ele pode vencer, a menos que você desista.

4. Seja corajosa, seja natural

Pense em como você é com seus amigos de ambos os sexos: natural, aberta, autêntica. Você é amada por isso, e se sente estimulada e protegida quando está com eles, e não estressada. Depois de se separar do grupo, você não questiona nem se preocupa com a impressão que deixou. Essas amizades são uma parte fundamental e positiva da sua vida, certo? Durante a detox de homem, veja o que acontece se você levar o comportamento na amizade pelas portas e corredores complexos do relacionamento amoroso. Algumas portas podem se fechar, mas andar pisando em ovos, guiada por falsas restrições e suposições não necessariamente a levarão aonde você quer. Por outro lado, ser você mesma, guiar-se pelos próprios desejos e mostrar que não tem vergonha de nada disso vai fazê-la cruzar este caminho com mais segurança e como uma mulher melhor, que conhece a si mesma e a própria mente.

Por um tempo, você vai redescobrir a alegria de relaxar sendo você mesma. Se os encontros amorosos não derem certo, tudo bem. Se ninguém gostar de você, tudo bem. Eles é que saíram perdendo. Você vai ter muito mais saúde, vigor e energia no fim do processo. Os joguinhos passaram a ser nocivos e agora precisamos de uma desintoxicação.

Como eu segui esta regra

Antes da detox de homem
Eu passei por várias fases. Às vezes achava que os joguinhos eram tudo e me obrigava a seguir as ridículas regras, como levar muito tempo para responder a mensagem de texto dele. Mas não sou uma jogadora nata, por isso, quando tentava jogar (a maioria dos jogos se resume a não parecer interessada) eu acabava confusa e confundia os homens. Mesmo quando não estava me fazendo de difícil, havia sempre um medo mórbido rondando de parecer interessada demais. Sempre havia algo me segurando e sufocando na presença deles. Eu me preocupava *muito* com os joguinhos, se eu deveria fazê-los ou não, se eu os fazia do jeito certo, se funcionavam, se eu havia estragado tudo por não jogar o suficiente.

A outra metade dos jogos consiste em detectar homens que fazem joguinhos. Antes da detox de homem, eu costumava ser enganada por caras desse tipo. O pior foi um sujeito chamado Marios que só depois eu descobri que usava as técnicas dos chamados artistas da sedução para me manter interessada, sem jamais pretender um relacionamento sério comigo. Outros faziam o estilo "morde e assopra" e eu ficava o tempo todo coçando a cabeça tentando decifrar os sinais contraditórios. Era cansativo e, na maioria das vezes, ofensivo.

Como eu consegui cumpri-la
Eu me peguei (a) fazendo joguinhos e (b) me preocupando em fazê-los do jeito certo. Isso é fácil. O mais importante foi ter detectado quando os homens estavam fazendo joguinhos, o que eles costumam fazer enquanto decidem se querem você e com que objetivo. Só provocações e nada de sair com você? Acabe com isso. Assim que notasse alguma inconsistência entre o interesse do cara quando estávamos juntos (referências ao futuro, dormir abraçadinho) e quando estávamos separados (nada de contato, eu ter de praticamente obrigá-lo a me ver de novo), eu simplesmente parava de responder às mensagens de texto dele. Você pode ter um estilo diferente de encerrar o relacionamento, mas lembre-se: não queremos enfeitar demais o pavão nem ser calculistas.

Como eu me senti
Um pouco austera, bastante orgulhosa, porém mais livre e tranquila. Minha paciência para ouvir besteiras caiu vertiginosamente. O que antes eu poderia ter tentado decifrar ou supor que era apenas um cara sendo incrivelmente

misterioso eu agora dispenso, considero cansativo, além de ruim para minha cabeça e estado de espírito. Tentar decifrar o que está rolando entre você e um cara quando não está claro é um gasto de energia imenso e geralmente inútil. Seguir esta regra significa não prestar atenção a nada que não esteja claro. Isso é um alivio enorme.

O que deixei passar
Nos homens: apenas o que não percebi como joguinhos, como mensagens de texto cuidadosamente elaboradas que não deram em nada. Em mim: não muito. Assim que notava que estava um pouco neurótica e desconfiada, o alarme de "energia negativa dos joguinhos" apitava e eu ia embora.

E agora?
Como já comentei, minha capacidade natural de esconder meus verdadeiros sentimentos e pensamentos infelizmente é baixa. Mas também não sou uma fofoqueira sociopata, então prefiro ser reservada e quieta a ser sugada para um joguinho. Desde que adotei esta regra, tendi a ficar calada se estiver na dúvida. Pode não ser o ideal, mas eu apenas não queria me envolver em disputas de poder porque sei que vou acabar perdendo. O resultado é que eu fico muito menos preocupada por mensagens de texto que não são assim tão fascinantes quanto parecem. Em outras palavras, eu perco menos tempo.

SOS!

Você pode ter a maior força de vontade do mundo, mas se cair na rede de um jogador, pode ser difícil escapar. Se você foi enganada por um deles, ou costuma se perder numa vasta gama de suposições estressantes e suspense, não entre em pânico. Você deixou que um cara que faz joguinhos (ou os seus velhos hábitos) a levassem a uma recaída sem perceber. Os joguinhos são assim, ardilosos. Veja como reconquistar o equilíbrio.

- Seja consciente. Perceba que está fazendo joguinhos ou foi arrastada para um. É o primeiro passo. Depois você pode dar no pé. Como fazer isso cabe a você, depende de qual é a situação (primeiras semanas de relacionamento, antes do relacionamento etc).
- Leia *O jogo*, de Neil Strauss. Ele vai dar arrepios úteis, pois o livro é tão desprezível e de uma artificialidade tão radical que você vai fugir dos joguinhos como um foguete. O mesmo vale para *As 35 regras para conquistar o homem perfeito*, livro que assustou muitas mulheres na década de 1990 e continua bastante popular.
- Deixe para lá. Os joguinhos se arrastam quando você sabe que o relacionamento não vai dar certo, por isso você prefere fingir que sinais confusos e o comportamento inadequado são apenas formas de disfarçar os verdadeiros sentimentos. Provavelmente não é o caso, então, saia correndo e respire aliviada.

REGRA NÚMERO 7

Não correr atrás

Você precisa desta regra se:
- Corre atrás de homens lindos, mas fica deprimida com a rejeição.
- Corre mais atrás do que correm atrás de você.
- Descobre que mais de 50% dos homens de quem você corre atrás não retribuem a gentileza como você esperava, exceto no sexo casual.
- Vira a louca caçadora de homens assim que toma alguns drinques.
- Fica furiosa quando sugerem que correr atrás não dá certo para mulheres.
- É daquelas que, quando bêbada, costuma ligar/mandar mensagens de texto/usar o Facebook.
- Passa boa parte das ressacas desejando não ter pulado em cima de determinado cara.

Combina com:
- Diminuir o álcool
- Não fuxicar o Facebook
- Concentrar-se na sua autoestima

Eu tinha saído para um almoço de trabalho com uma amiga num restaurante bem chique. Estava de ressaca, essa é a verdade, além de ter cedido ao desejo e devorado várias porções de amor junk food naquela semana. Mas como geralmente acontece com o amor junk food, quanto mais você tem, mais você quer. Quando o sommelier veio falar de vinho (nós ficamos na Coca Diet), eu notei um sotaque italiano muito fofo. Também notei um homem de 1,80 metro com um corpão, de terno, cabelos negros impressionantes, pele bronzeada e olhos castanhos penetrantes como balas. Apesar de não querer vinho, eu arranjei vários motivos para ele continuar por perto. Eu tinha muitas perguntas e ele fazia questão de responder todas, feliz da vida. O rapaz era amigável. Fiquei péssima pelo look escolhido naquele dia: calça de moletom preta, uma blusa de malha larga e óculos.

Algum tempo depois, decidi que o jornal onde eu trabalhava precisava urgentemente de um perfil dos sommeliers *mais gatos da cidade. Mandei um e-mail engraçadinho, em tom de flerte (já que peguei o cartão dele e não o perdi, como costuma acontecer). A resposta veio vários dias depois e me deixou nas nuvens: era hilária, adorável e mantendo o tom de flerte. Mas até aí, o Pierce Brosnan já flertou comigo, então, flertar não é querer.*

Eu mantive a conversa rolando, às vezes até dobrando a frequência de e-mails. Além disso, comecei a aparecer no restaurante como quem não quer nada, e lá estava ele: *sorrindo e esperando com um drinque por conta da casa para mim e minha amiga (levei umas sete amigas lá para ver o cara).*

Toda vez que o via eu jurava que havia faíscas voando, que os olhos dele diziam o que a boca não ousava, pois ele estava no trabalho e acabava indo embora, esperando que ele entrasse em contato. Como ele não aparecia, continuei a correr atrás. Cheguei a convidá-lo para a festa de lançamento do meu livro, mas ele não pôde ir. Eu continuei aparecendo no restaurante e sugeri que fizéssemos a entrevista sobre sommeliers *tomando drinques em London Bridge. Ele não entrou em contato até eu decidir encontrá-lo no trabalho para fazer a entrevista. Nós nos sentamos em um banco em frente ao restaurante enquanto ele falava sobre a vida, o amor e o universo enquanto eu ouvia e às vezes anotava, sentindo-me estranhamente deprimida.*

Foi então, num acaso feliz, que esbarrei nele na estação Green Park do metrô. Eu estava bonita, bem vestida e pronta para uma noitada. Ele disse que eu estava "linda". Eu quase morri. Estava indo fazer uma crítica de um restaurante e contei isso a ele. Ao entrar no metrô, o rapaz disse: "Quando você vai me convidar para fazer uma crítica com você?" Eu já tinha feito esse convite quando ele demonstrou uma inveja (apenas educada) do meu trabalho, mas não chegou a marcar nada. Estimulada a tentar de novo, eu mandei e-mail para ele com um convite para fazermos a crítica de um restaurante, o Hakkasan. Imaginei que ele ficaria extremamente lisonjeado. E adivinha só: ele não respondeu. Foi extremamente grosseiro. Mas o coitado do cara provavelmente não sabia outra forma de deixar claro que não estava interessado em mim e, se ele tinha dado esta impressão, a culpa era do jeito naturalmente galanteador dos italianos, conveniente para bajular uma jornalista.

O que aconteceu depois

Bêbada e voltando do Hakkasan, arrastei minha amiga para o lugar onde ele trabalhava e perguntei por que ele não respondeu. O cara não chegou exatamente a se desculpar. Foi quando percebi qual era a dele em relação a mim, saí fora e imediatamente o esqueci.

Mas a rejeição cobrou seu preço. Como eu sabia após ter escrito meu livro mais recente, os homens são tudo menos diretos na forma de rejeitar: eles têm horror a confrontos e preferem manter o ego levantado deixando uma mulher em banho-maria a ofendê-la diretamente. Isso significa que a menos que você fique atenta, pode acabar sendo rejeitada sem admitir para si mesma ou perceber que isso está realmente acontecendo. Enquanto eu corria atrás dele, eu sentia como se estivesse tentando desesperadamente coçar uma parte do corpo que só alcançaria se esticasse um pouco mais a mão. Eu sentia esperança e uma espécie de "barato", mas não estava dando em nada. Eu meio que me fiz de idiota (você pode questionar o "meio que"). Não foi bom para mim, porque a situação ganhou uma proporção enorme e virou um episódio importante na minha vida, mas não levou a lugar algum.

E isso me irritou porque mais ou menos na mesma época eu tinha decidido agir de forma ativa com várias outras pessoas. Assim como ocorreu com o *sommelier*, eu tinha decidido que gostava deles e fiquei presa naquilo. Como eles poderiam não estar empolgadíssimos por terem recebido minha atenção? Eu nem cogitei o fato de eles terem outras coisas na vida (mulheres, por exemplo) ou a probabilidade de que eu simplesmente não era o que eles procuravam. Era como uma cega tentando acertar a pinhata. É claro que não atingi meu objetivo e o taco acabou batendo na minha cabeça.

Como resultado, eu comecei a me sentir:

a) Uma idiota
b) Pouco atraente
c) Azarada

Foi um dos pontos mais baixos da minha vida. Eu estava nadando num mar de amor junk food e precisava chegar à areia limpa e morna da detox de homem. Precisava ver com clareza e readquirir autoconfiança e perspectiva.

Por isso eu digo:

> "Os homens podem cortejar as mulheres, mas nós não podemos cortejá-los."

Primeiro, vamos definir o que é correr atrás. Para as mulheres, acho que é um pouco mais sutil do que para os homens. Como os entrevistados para o meu livro confirmaram, os homens podem cortejar as mulheres, mas nós não podemos cortejá-los. A maioria de nós sabe disso e não sai por aí mandando flores e ligando toda hora, dizendo: "Vou levar você para jantar." Mas o que *podemos* e geralmente *fazemos* (ao menos se você não for nada parecida comigo) é ver um cara que achamos atraente e deixar bem óbvio o que pensamos. Podemos até lançar o nosso olhar mais sedutor, e depois ir até lá e falar com ele. Isso já representa certo nível de correr atrás, mas geralmente é só para iniciar a abordagem e eles fazem o resto. Se não fizerem, podemos muito bem começar a correr atrás de verdade, pedindo o telefone deles ou literalmente oferecendo o nosso. Há uma boa probabilidade de ele não entrar em contato e você sim. Nesse caso ou ele não vai responder ou vocês vão se encontrar, mas há algum problema: ele não está tão interessado, ou está com outra pessoa ou não é tão bom assim. Na maioria das vezes, o pretendente não está tão interessado porque você fez todo o trabalho pesado. Se vamos mesmo entrar de cabeça no *Ele não está tão a fim de você*, poderíamos concluir que se ele realmente tivesse se interessado, teria pedido o seu telefone e feito contato. Se um cara pede o nosso número e liga, você pode seguir o caminho inverso e levar o relacionamento adiante. Se nós fizermos o mesmo com ele, isso não vai acontecer.

A coautora de *Ele não está tão a fim de você*, Liz Tuccillo, comenta sobre o muro no qual as mulheres independentes e que gostam de sexo batem continuamente em relação aos homens: "Você está nos dizendo que temos que sentar e esperar? Não sei quanto a você, mas fico furiosa com isso. Eu fui criada por acreditar que trabalho árduo e bom planejamento são as chaves para realizar os sonhos. [...] Os caras podem escolher. Nós devemos apenas colocar nossos vestidinhos, pentear o cabelo, piscar os olhos e esperar que eles nos escolham. [...] Sério, em pleno século XXI, o mais difícil para muitas mulheres fazerem, especialmente eu, é nada. Nós gostamos de tramar, telefonar, ter um plano. Mas quer saber de uma coisa? Do meu jeito foi um fracasso. Não deu certo. Eu jamais tive um relacionamento bem-sucedido com um cara de quem corri atrás".

> Está é uma lista de comportamentos de correr atrás que você precisa abandonar para realizar a desintoxicação da detox de homem. Não é uma estratégia para fazê-lo vir até você, é apenas uma estratégia para recuperar a autossuficiência e a autoestima.

1. Pensar: "Ah, eu só vou mandar uma mensagem de texto. De repente ele perdeu meu telefone ou está realmente atarefado".
2. Lançar olhares sedutores para um homem bonito. Por exemplo, você está conversando com uma amiga e interrompe com: "Ai, meu Deus, tem um cara lindo bem ali" e depois o encara. Isso não é permitido.
3. Tomar a atitude e começar a conversa com um homem atraente.
4. Pedir um cigarro ou isqueiro a um cara lindo quando você sabe que tem outras intenções.
5. Oferecer o telefone ou e-mail mesmo sem ele pedir.
6. Entrar em contato quando ele poderia muito bem tê-lo feito, fingindo para si mesma que ele pode estar muito atarefado.
7. Entrar em contato com ele mais de uma vez seguida, achando que pode conquistá-lo. Não vai acontecer.
8. Armar esquemas, isto é, deixar seu telefone com um cara num bar ou qualquer comportamento parecido. É um comportamento particularmente perigoso quando estiver perto de garçons.
9. Adicionar como amigo no Facebook um cara que você conheceu e acha atraente. É uma bela forma de parecer alguém que gosta de perseguir as pessoas.

Independente de querer um relacionamento ou não, eu diria que você *sempre* acaba se sentindo pior quando corre atrás, seja no bar, em busca de sexo ou pelo casual "vamos nos ver".

Nenhum desses comportamentos vai necessariamente resultar em rejeição pura e simples. Mas o silêncio na resposta à mensagem de texto depois que um dormiu na casa do outro (especialmente se você iniciou o processo que levou a esta noite fora), a sensação de que se você não tivesse tomado a iniciativa, a relação não iria a lugar algum e as perguntas que você faz a si mesma sobre o *motivo* pelo qual ela não está indo adiante, tudo isso faz você se sentir vazia, faminta, ansiosa e triste. É exatamente nessas horas que as pessoas correm para a pizza ou os biscoitos, piorando cada vez mais a situação (como qualquer pessoa que já fez dieta sabe). Com os homens acontece exatamente o mesmo, e o *modus operandi* comum da mulher que corre atrás é: "Preciso de mais um para provar que *sou* atraente" ou algo parecido.

Uma noite dessas, bêbada, agarrei um segurança parecidíssimo com o Daniel Craig no Shaka Zuli, uma boate em Camden. Sim, ele estava usando uma jaqueta amarela fluorescente durante o trabalho. E tinha um daqueles microfones de ouvido. Poderia ser um criminoso ou maluco, mas por algum motivo gostei dele, fui até ele e fiquei com ele. Sendo a agressiva, naturalmente consegui o que desejava, mas não por muito tempo. Ele foi muito mais legal e gostoso do que imaginei e eu queria outro encontro, mas não recebi resposta à mensagem de texto que mandei no dia seguinte. Como não ia rolar mais nada (conheço a mente masculina o bastante para interpretar os sinais corretamente), eu me senti para baixo e triste. Mas não demorei a voltar a atenção para a próxima dose de amor junk food a fim de afastar a minha mente do segurança. Contudo, vendo que eu precisava urgentemente da detox de homem, fiz questão de parar com esse tipo de comportamento que logo sai do controle:

entrar em contato com parceiros antigos que não valiam a pena ou eram inadequados, sair e encher a cara e tentar repetir todo o processo de conquista. Em vez disso, fiquei alguns dias em casa e fiz algumas atividades propostas na detox de homem:

- Li um bom livro.
- Dei um tempo no álcool e nas noitadas.
- Visitei meu avô.
- Falei com meu irmão pelo Skype.

Bingo. Logo eu estava de volta ao caminho certo e começando a me sentir melhor. O que é um clone do Daniel Craig perto da alegria da condição feminina gloriosa e livre? Pois é.

Dores da rejeição: as mulheres sofrem mais?

Pesquisas indicam que a rejeição é pior para as mulheres do que para os homens. Claro que os homens com quem falei sobre isso disseram que não gostam nem um pouco de serem rejeitados. Mas eles raramente se sentem tão para baixo quanto nós ao levar um pé na bunda (principalmente depois do sexo). O ego masculino sofre um baque, mas eles são socialmente treinados desde pequenos (alguns dizem "programados", mas isso não me convence) para serem mais agressivos na abordagem e lidar com a porcentagem de "nãos" e "você é um babaca" que inevitavelmente receberão. Um estudo demonstrou que as mulheres respondem de modo mais negativo à rejeição caso o parceiro queira menos contato sexual do que ela, por exemplo, enquanto que os homens relataram mais experiência em lidar com esse tipo de recusa.

Não importa se as mulheres são *realmente* programadas para serem a caça e não as caçadoras, nós certamente *pensamos* que é isso mesmo. É a norma social, ainda que os argumentos biológicos originais sobre as mulheres serem a parte mais passiva da relação tenham parado de ser tão insistentes. A gravidez e as infecções são facilmente controladas hoje em dia. E embora alguns atribuam à testosterona o fato de os homens correrem atrás, mulheres também têm esse hormônio. Mesmo assim, elas ficam constrangidas de correr atrás dos homens.

Os restos de cavalheirismo ainda existentes em nossa cultura ditam que os homens *fazem* e as mulheres *esperam* e *recebem*, embora seja irônico que isso mude drasticamente assim que o relacionamento começa. As mulheres têm maior probabilidade de serem vistas como obsessivas e desesperadas ao correr atrás de um cara, um lembrete do tipo de pensamento preconceituoso que vê as mulheres como solteironas, frígidas ou desesperadas. Então, apesar de podermos ter vontade, quando nós corremos atrás, não só sentimos o estresse da rejeição possível ou real como sentimos ter quebrado as normas sociais.

Por isso, correr atrás é uma fonte de estresse e um caminho perigoso para o amor junk food. Não estou defendendo a passividade feminina, pois seria algo profundamente não feminista. Mas sei por muita experiência que ser assertiva com os homens é um caminho que exige coragem e causa sofrimento. E para aumentar sua força, é preciso limitar esse comportamento.

Maria, de 27 anos, falou sobre um cara de quem gostava. Ela passou a noite toda tentando atrair a atenção dele. Como nada aconteceu, ela mandou uma mensagem no Facebook dizendo: "Você é uma gracinha. Quer sair para tomar uns drinques?" Ele acabou dando uma desculpa qualquer e não aceitou o convite. "Antes eu teria chorado por causa disso", refletiu Maria. "Mas agora eu já estou acostumada e sigo em frente. Quando você corre atrás tanto quanto eu, acaba se magoando muito. Ainda é horrível e eu sempre me sinto uma merda por alguns dias. Mas não consigo me controlar."

A rejeição dói mesmo

Um estudo com neuroimagens em que participantes fazem exames de ressonância magnética funcional descobriu que regiões do cérebro ativadas pela dor social são as mesmas afetadas em estudos sobre a dor física. Janet Kwok, que estuda desenvolvimento humano e educação em Harvard, observa que:

> "Para as mulheres, esta dor pode ser pior do que para os homens: pesquisas recentes sugerem que elas sentem mais emoções negativas após uma rejeição sexual do que eles porque as mulheres que pedem contato sexual de modo proativo são vistas como 'promíscuas' enquanto os homens que agem da mesma forma são considerados 'agressivos'. Ser sexualmente rejeitado é, então, uma afronta séria, pois representa uma ameaça maior à autoestima num contexto cultural em que se acredita que os homens tenham maior apetite sexual do que as mulheres."

Esta é uma discussão útil, embora eu não esteja falando dos sentimentos relacionados ao ato sexual físico. Estou falando da sensação mais geral de: "Olá, homem. Eu gosto de você e estou aqui" e do homem dando a entender que não aceita.

Por exemplo, Emma, de 33 anos, estava tentando esquecer um praticante crônico de joguinhos. Para isso, foi passar férias na Grécia e conheceu um cara lá. Ele era lindo e romântico e como Emma ficou bastante a fim do rapaz, fez questão de dizer que gostaria de vê-lo quando voltasse ao seu país. Ele pareceu aceitar, mas quando Emma entrou em contato perguntando se ele viria, não recebeu resposta. Ela ficou arrasada, pois se sentiu:

a) Uma idiota
b) Culpada
c) Obcecada em descobrir o que fizera de errado

Emma contou:

"O que realmente me deixou arrasada foi que eu deixei claro que gostava dele e depois mandei uma mensagem de texto quando deveria ter deixado para lá. O silêncio dele foi um grande tapa na minha cara. Eu não conseguia parar de pensar no que fizera de errado, me perguntando se tinha algo a ver com meu desempenho na cama ou alguma outra coisa."

Mulheres e homens costumam ter motivações diferentes para correr atrás, por isso a rejeição pode ser pior para nós. Podemos correr atrás de sexo, estimuladas pela bebida ou pela necessidade carnal ou podemos correr atrás sabendo que queremos mais. Porém, se descobrimos que gostamos da pessoa com quem transamos e ela é, de alguma forma, interessante ou civilizada, geralmente não nos importaríamos em vê-la de novo. Ter feito sexo conta a favor, *aumentando* a vontade de reencontrá-la. Às vezes, numa tentativa equivocada de atraí-los para algo mais, nós dormimos com esses pretendentes. Monica, de 31 anos, que diz tomar a iniciativa com os homens na maioria das vezes, conta: "Os homens veem um pacote, mas nem sempre me veem como pessoa. Uso minha aparência para atraí-los e sempre penso que se eles me virem ou dormirem comigo, vão gostar de mim pelo que sou".

> *"Mulheres e homens costumam ter motivações diferentes para correr atrás, por isso a rejeição pode ser pior para nós."*

Os homens, por sua vez, podem correr atrás de nós pelo sexo e, mesmo quando somos incríveis na cama, terminam e partem para outra. O fato de ter feito sexo (casual) com eles diminui a probabilidade de eles quererem nos ver de novo.

Sexo, hormônios etc.

Eu fico me contorcendo na cadeira com essas afirmações de que as mulheres *sempre* querem carinho depois do sexo e não conseguem apreciar o ato em si enquanto os homens se deliciam com o ato em si e não precisam de mais nada. Isso faz com que nós pareçamos patéticas, além de não ser completamente verdadeiro. Mas se não gostamos do cara com quem estamos dormindo, não nos sentimos atraídas por ele ou houver algo esquisito ou perturbador nele, provavelmente não vamos gostar muito do sexo. Provavelmente isso não vai ser o suficiente para nos fazer gozar, a menos que ele seja um mestre embaixo dos lençóis. Os homens, por sua vez, geralmente conseguem gozar, pois têm esta configuração em que basicamente usam qualquer mulher como auxílio masturbatório. Então, se nós temos uma experiência sexual verdadeiramente erótica ou satisfatória, provavelmente vamos achar o cara atraente e ficar mais a fim de um amorzinho do que do "pá-pum".

O hormônio do envolvimento

Você já deve ter ouvido falar da oxitocina, hormônio relacionado a mulheres, sexo e envolvimento. Na verdade, ele é liberado principalmente após a distensão do colo do útero durante o parto e após a estimulação dos mamilos (por um bebê), facilitando o parto e a amamentação. A oxitocina também é liberada com o orgasmo e o prazer físico, acrescentando uma sensação de confiança, envolvimento e ligação após a relação sexual. Ela também é liberada pelos homens durante o sexo, mas parece ser liberada em maior quantidade na mulher (os resultados ainda não são conclusivos quanto a isso). Seja pela boa e velha oxitocina ou por outros fatores, as mulheres tendem a demonstrar mais envolvimento depois do sexo do que os homens, o que pode justificar a sensação ruim causada pela rejeição quando o cara não telefona ou não quer mais qualquer contato.

É claro que a oxitocina deveria ser boa: está associada a sensações felizes, mas estudos mostraram que as solteiras, no geral, têm menos oxitocina do que as que estão em relacionamentos. Também foi descoberto que as mulheres cujos níveis de oxitocina caíram em função de eventos negativos (em vez de manter um nível constante), tendiam a apresentar mais a ansiedade e depressão nos relacionamentos. Acho interessante que as solteiras tenham níveis mais baixos deste hormônio da felicidade e do amorzinho do que aquelas que estão em relacionamentos, pois isso significa que quando nós nos excitamos ou temos relações sexuais com um homem vivenciamos um aumento relativo no hormônio. Contudo, cada aumento tem uma queda e quando se trata da queda sexual, isto é, rejeição ou insatisfação, a situação pode ficar realmente triste.

Ele me acha feia!

Diante de uma rejeição, a primeira coisa que costumamos fazer é questionar nossa beleza. Nós nos preocupamos muito em sermos consideradas atraentes. Afinal, se você for mesmo atraente, por que um homem não iria querer você?

Enquanto os homens investem mais na beleza superficial (o Moob Tube, uma espécie de cinta emagrecedora para os homens usarem por baixo da camiseta ficou entre os itens mais vendidos no supermercado ASDA quando foi lançado), a aparência e a sensualidade nem de longe têm um efeito tão radical na autoestima masculina. As mulheres se preocupam, ficam ansiosas e se esforçam demais para ter uma boa aparência física e ser atraentes. Mesmo se não nos preocupamos muito, a maioria de nós desabaria se ouvisse de um homem em quem estiver vagamente interessada que está gorda demais, magra demais ou tem a pele ruim. Dizer a um homem que ele é magro demais ou está engordando geralmente não o deixa arrasado nem faz um relacionamento acabar, mas, se um cara mencionar o nosso corpo na cama, muitas de nós o largam na hora ou ficam mal para sempre.

Também somos condicionadas a esperar mais atenção dos homens em relação a nossa aparência. Peões de obra que assoviam, tarados em boates (eu em qualquer lugar) e qualquer olhar de desejo quando estamos arrumadas são parte do cotidiano desde a adolescência. Na verdade, se um homem *não* responde aos nossos olhares quando os lançamos, podemos ficar até meio ofendidas.

> *"Dizer a um homem que ele é magro demais ou está engordando geralmente não o deixa arrasado nem faz um relacionamento acabar, mas, se um homem mencionar o nosso corpo na cama, muitas de nós o largam na hora ou ficam mal para sempre."*

Em *Female Chauvinist Pigs*, Ariel Levy entrevistou várias jovens sobre sexo. Para mim, o mais impressionante foi o quanto elas se preocupavam com a aparência. Como elas faziam da preocupação com a beleza a própria razão de ser, pode-se imaginar o quanto ficavam arrasadas se alguém as rejeitasse. Ao falar de sua experiência no ensino médio, uma garota citou rapidamente suas aspirações profissionais, mas o assunto que gerava mais paixão e recebia maior atenção era a própria aparência. Sua obsessão em ser gostosa, confessou, era quase totalmente um esforço para fazer os caras gostarem dela. E fazer os caras gostarem dela especificamente pela aparência era fundamental para sua autoestima. Embora a jovem admitisse abertamente esta relação, ela não demonstrou o menor interesse em avaliar o quanto isso era problemático.

O mito da beleza de Naomi Wolf fala da profundidade patológica da relação entre as mulheres e a própria aparência. Resumidamente, ela diz que nunca seremos bonitas o suficiente e, enquanto a importância do mito da beleza persistir, nós ficaremos desconfortáveis e sentindo que falta algo. Veja bem, não estou dizendo que todas as mulheres sejam obcecadas em parecer perfeitas o tempo todo, nem que a principal validação delas venha de ser considerada gostosa por homens ou mulheres. Mas a atratividade feminina está tão profundamente arraigada na sociedade que *todas nós* nos preocupamos com isso mais do que a maioria dos homens.

Em primeiro lugar, há muito a fazer. Enquanto os homens não costumam usar maquiagem ou não têm muitas opções em termos de roupas, nós podemos usar vários produtos para a pele, maquiagem, perfumes e roupas em várias combinações. Sem contar o que fazemos aos nossos corpos. Alguns biólogos alegam que as mulheres devem buscar um bom parceiro e por isso precisam ser mais atraentes que os homens, mas pavões e outros animais são uma exceção interessante: os machos precisam trabalhar mais e ser mais atraentes para conquistar o interesse da fêmea. As mulheres nunca consideraram atraentes os homens passivos, já as mulheres passivas sempre foram atraentes.

> *"O problema da mulher que corre atrás é ver demais."*

Nossa aparência é extremamente importante, nossa personalidade vem em segundo plano, pelo menos no começo. Quando conhecemos um cara e vamos atrás dele, estamos apostando tudo na aparência. Usamos as melhores roupas, maquiagem, o sapato mais bonito, o perfume mais gostoso. Se depois de tudo isso ele não estiver interessado, ficamos magoadas.

E quando uma mulher pergunta "eu sou feia?" não importa o quanto a resposta seja positiva, ela não ficará satisfeita até que outro homem apareça e prove que ela é bonita. Esse é um padrão de amor junk food do qual estamos tentando nos livrar.

Justamente por isso não vamos nos colocar à mercê do selo masculino de aprovação por um determinado período de tempo. Não vamos mandar nenhum bumerangue na direção dos homens que pode nos deixar mal se não acertar o alvo. Vamos parar *completamente* de tentar.

Parando de correr atrás: como colocar isso realmente em prática

1. Fique temporariamente cega

O segredo dessa parte da detox de homem é o oposto do "buscai, e encontrareis". Pare de procurar. Você não vai ver e, consequentemente, não ficará tentada a agir. O problema da mulher que corre atrás é ver demais. Ver o cara, ver como poderia ser divertido ficar com ele, dormir com ele, sair com ele, apresentá-lo às amigas. Ver o quanto você se sai bem. E ver o quanto será impossível para ele não gostar de você.

Mas essa visão não é tão confiável quanto pensamos, nem vai ser útil para você agora. Olhar ao redor procurando homens bonitos é um hábito, principalmente quando se está solteira, que aciona o alerta máximo de possíveis parceiros. Muitas de nós têm o radar ativado e pronto para agir sempre que entramos em algum lugar, ainda mais numa noitada. Não sei quantas vezes eu disse: "Ai, meu Deus, você *viu* aquele cara?" para uma amiga casada ou namorando que partiria para cima dele se estivesse solteira e ela respondeu: "Hã? Não! Onde?"

Canalize essa cegueira e se transforme nesta pessoa. Quando estiver andando pela rua ou entrando num bar, pare de procurar homens ou monitorar como eles reagem à sua presença. É uma questão de controle ocular. Use antolhos metafóricos, como um cavalo. Na rua é perfeitamente fácil olhar diretamente apenas para frente, para o chão ou para todos esses prédios fascinantes no caminho. No bar, mantenha-se concentrada nas pessoas com quem você está. Toda vez que sentir a mente voar e seus olhos rastrearem o local em busca de homens atraentes, foque os olhos e a mente na pessoa com quem você está.

E se alguém vir na *sua* direção, você pode avaliar se é atraente ou não e seguir em frente, de acordo com a detox de homem, é claro

2. Vista-se confortavelmente e não saia por aí se sentindo um ímã de homens. Vista-se de maneira simples e confortável

Descobri que quando saio pela rua sentindo que o mundo me deve um imenso "UAAAAAU! Você é muito GOSTOSA!", eu só arrumo problema. Quando você se arruma, principalmente com roupas que a deixam pouco à vontade em termos físicos (um olá aos sutiãs sem alça que não vestem bem e saltos altíssimos), você espera alguma coisa. Você fica chateada se ninguém puxar conversa. Indo direto ao assunto, você acha que o mínimo que merece por colocar os pés em saltos altíssimos é um pouco de reconhecimento, oras.

Então, se você apenas sair vestindo roupas verdadeiramente confortáveis, mais discretas do que seus trajes de "vestida para matar", vai achar mais fácil agir como você mesma em vez de se portar como ímã de homens. Você tenderá a se concentrar mais nos amigos e dificultar a ânsia de correr atrás de algum cara. Você vai pensar: "Não posso chegar nele sem minha armadura." E esse é um ótimo motivo para não fazer isso.

3. Seja rígida com aparelhos eletrônicos

Nem toda mulher tem o temperamento ou a ânsia de tomar a iniciativa com os homens. Mas toda mulher fica tentada a mandar aquela mensagem de texto chamando para beber, para fazer *alguma coisa* quando vê, namora ou dorme com alguém de quem gosta e esse alguém não entra em contato. Pode ser sutil ("ei, foi ótimo te ver") em vez de direto ("vamos beber amanhã?"), mas ainda é correr atrás, ainda é se colocar à disposição e ainda faz você se sentir mal quando não recebe a resposta esperada. Nesse caso, a tentação é continuar até receber uma resposta. Afinal, de repente ele não recebeu a mensagem, talvez o cachorro tenha comido o computador ou telefone, de repente ele teve uma crise súbita de difteria e tenha ido parar no pronto-socorro. Vai que ele só tem uma péssima memória e precisa de um lembrete?

Basicamente, é fácil não cair em tentação. Boa parte da detox de homem consiste em ter um período de abstinência. Os antolhos significam que você não precisa enfrentar a ânsia de correr atrás. Se houver uma recaída e um cara for parar na sua cama, eu imploro para lutar contra a ânsia de correr atrás dele. Medite, saia com as amigas, leia, veja um filme. Quando os dedos coçarem, faça outra coisa com eles. Há uma probabilidade mínima de conseguir o que quer entrando em contato quando ele não o faz. É ínfima. Acredite, eu já tentei.

E por fim

Agora, uma pergunta complicada. Como você lida com:
a) O tesão?
b) A presença de homens sedutores?

O tesão é difícil, ele fica de modo abstrato no seu cérebro e no coração, deixando você agitada e cheia de adrenalina ou para baixo e sem esperanças.

Por ser algo que vem e vai, se você conseguir viver com ele por um tempo e se entender com o vibrador e as outras coisas na vida, ele deve diminuir naturalmente. Depois que a detox de homem acabar, o tesão voltará melhor, mais interessante e proveitoso. Eu prometo.

Como todas sabemos, o tesão é fortemente acentuado pelo álcool. Como diz a especialista em correr atrás de homens Meera, de 31 anos:

> "Quando estou bêbada e com tesão, todo o bom senso vai para o espaço. Fico igual a uma criança de 5 anos: 'Quero isso agora, preciso disso agora.' No dia seguinte eu fico: 'Ai, Jesus. Por quê?'"

Se você conseguir controlar a bebida (veja a regra número 2), sua vida será mais fácil. Beba, claro, mas não faça isso para amenizar o tesão. Porque você *vai* acabar fazendo algo que termina em amor junk food. Ou pelo menos terá probabilidade muito maior de fazer.

Quanto aos homens sedutores, repita esta pergunta: "Eles são mesmo tão atraentes assim?" Se um homem não demostrar muito interesse em você além da conversa civilizada, pergunte a si mesma se realmente quer ou precisa se entregar de modo tão ardente. Ele realmente vale tudo isso? Pode ter um rostinho bonito e algumas qualidades, tudo bem, mas ainda não é suficiente para fazê-la abandonar a detox de homem. Os homens só valem a pena quando reconhecerem o quanto você é ótima. Se ele não demonstrar isso, não é tão atraente assim.

Lucy, de 30 anos, contou que se um cara não corresponde ao seu afeto, ela tem maior probabilidade de gostar dele. "Tendo a gostar de quem não me acha atraente, isso os deixa *mais* atraentes. É uma questão de baixa autoestima porque você tende a pensar que não merece a atenção. Muitas garotas procuram os caras errados. O cara parece atraente por não querer sair com você e você respeita isso, pois isso o deixa mais interessante!"

A essa altura você já notou um sinal grave de intoxicação pelo amor junk food. Esta regra é feita para tirá-la deste caminho de (inevitavelmente) correr atrás dos caras errados, o que serve apenas para abalar a autoestima. Lucy experimentou seguir esta regra por um tempo e adivinha o que aconteceu? Ela está muito feliz desde que parou de venerar os homens que não viam nela nada a ser venerado. Mas para chegar a esse ponto, foi preciso pisar no freio no hábito de correr atrás e se mostrar interessada. Ela já se sente muito mais forte, orgulhosa e em paz. Em breve Lucy estará pronta para voltar com tudo e ainda melhor. E você também vai estar!

Como eu segui esta regra

Antes da detox de homem
Tudo bem, eu vou abrir o jogo e confessar que corria muito atrás de homens. Mais do que a maioria das pessoas. Mas isso era uma extensão natural de certos aspectos do meu caráter que são menos evidentes (às vezes até mais) na maioria das mulheres de hoje. Entre eles está a vontade de assumir o controle da situação e não entender por que eu deveria ficar apenas sentada lá quando quero alguém e, claro, a linha de pensamento "eu quero isso e quero agora".

Eu costumava correr atrás de homens que me atraíam. Até passei por uma fase imprudente de entrar em contato e pedir telefone e e-mail. As palavras são a minha forma de ataque preferida, então eu mandava vários e-mails e mensagens de texto que não deveriam ser mandados. Duas taças de vinho me faziam pensar que uma mensagem "ousada" era uma boa ideia. Pois é, eu era terrível.

Como eu consegui cumpri-la
Simplesmente parei de fazer tudo isso, mesmo quando estava tentada. Parece fácil demais? Bom, seria se eu não estivesse no auge, mas eu *queria* dar um tempo de toda aquela energia caótica desperdiçada, pois boa parte dela voltava para mim de forma negativa. Estar no auge vinha em primeiro lugar, não correr atrás vinha em segundo.

Como eu me senti

Um milhão de vezes mais tranquila, como se um peso tivesse sido tirado dos meus ombros. Deixar para lá toda a questão de "vou ou não vou?" foi um grande alívio. Quando eu saía com as amigas, estava muito mais presente, pois as possibilidades do que poderia acontecer *se eu fosse lá e falasse com aquele cara que está olhando para mim* pararam de me interessar. Tem um gato à minha direita? Não é problema meu. O cara pegou o meu telefone e não entrou em contato? Já esqueci.

O que deixei passar

Nada, por um bom tempo. É bem fácil cumprir esta regra porque tudo o que você precisa fazer é... nada. Mas eu tive algumas recaídas, tomando a iniciativa com rapazes em bares ou mandando mensagens para qualquer um que parecia interessante quando estava procurando alguém pela internet. Mas o feedback instantâneo foi negativo (homens à parte, eu me sentia meio humilhada e arrependida depois desses surtos impulsivos de correr atrás) e, envergonhada, acabei voltando ao caminho certo.

E agora?

De vez em quando eu cedo a determinados impulsos, mesmo sabendo que não deveria. Assim como alguém faz quando está numa dieta alimentar e o frango frito está tentando seduzi-la do outro lado da rua. Eu me arrependo na mesma hora, mas tenho a detox de homem em mente o tempo todo, então geralmente consigo me recuperar bem rápido de qualquer recaída.

SOS!

Tive várias recaídas com esta regra, só para ser dolorosamente lembrada de que é melhor segui-la, como um cachorro que esbarra numa cerca elétrica (desculpe pela imagem brutal).

Basicamente, o que pode acontecer é você passar um período de tempo seguindo perfeitamente esta regra. Se esse período se sobrepuser a uma estranha falta de interesse masculino, você vai começar a pensar: "Ah, qual é, é óbvio que eu preciso correr atrás de um cara. Isso não está levando a lugar algum." Bom, está levando você a algum lugar. Está ajudando a fazer de você uma mulher completa e confiante.

Contudo, se você teve uma recaída porque está louca para fazer sexo e conseguiu seu objetivo correndo atrás de um homem, tudo bem. Apenas seja realista: não crie expectativas. Se você se sentir mal depois, não fique se criticando por isso. Apenas considere isso como minha amiga Diane gosta de chamar: uma "pequena informação", uma informação útil sobre você mesma que servirá para o futuro.

REGRA NÚMERO 8

Dar um tempo nos namoros pela internet

Você precisa desta regra se:
Está cansada dos encontros pela internet. Especificamente de:
- Tarados piscando e sendo pervertidos com você enquanto os atraentes a ignoram.
- Encontros sem química.
- Encontros com malucos.
- Conversas de baixo nível pela internet.
- A rejeição constante e diária que é parte necessária dos encontros amorosos pela internet.
- Não consegue controlar o tempo que passa on-line, isto é, está sempre navegando.
- Já começou a pensar em homens como produtos a serem comprados.
- Sente como se estivesse batendo cabeça.
- Fica acordada até tarde esperando que pessoas entrem em contato, depois se sente cansada durante todo o dia seguinte.
- Já começa a stalkear o Facebook do cara desde o início, pois os encontros amorosos pela internet são um paraíso para suas habilidades em fuxicar.
- Descobre que os namoros pela internet exercem uma pressão negativa leve, porém constante na sua mente.

Combina com:
- Não fuxicar o Facebook
- Concentrar-se na sua autoestima
- Fazer algo ousado
- Dar um tempo nos joguinhos

Alexa, de 29 anos, se autodescreve como "viciada em namoros". Ela está no eHarmony há um ano e meio, é linda, intensa e sempre está solteira. Recentemente, Alexa conheceu um cara pela internet (um dos vários que são atraídos pela combinação de cabelo louro, olhos verdes e corpo magro) e achou que ele parecia legal. Ela concordou em se encontrar com ele (Jake), esperançosa embora desconfiada como sempre. Ele usava uma camiseta que dizia "Não muito sofisticado". "Ah, uma camiseta com uma mensagem", pensou a especialista em moda masculina Alexa: "Já vi que é um desses gays metrossexuais". O encontro começou com muita troca de informações genéricas, mas ela logo percebeu que eles tinham um bocado em comum. "Além do mais, ele trabalha com afinco em finanças, é ambicioso", explicou Alexa. Eles acabaram tendo um jantar de três horas em Liverpool Street, perto do escritório onde ele trabalhava.

Jake parecia ser capaz de lidar com um relacionamento e ela pensou: "Gosto mesmo deste cara". Eles saíram mais duas vezes e, no terceiro encontro, ela dormiu com ele. Mas aí veio "o trabalho". Até aí Alexa já esperava, mas isso também surgiu como uma desculpa. E Alexa começou a se justificar pelo Jake: "Ele está no meio de um período complicado no trabalho. Acabamos nos conhecendo justamente nessa época. Nas primeiras semanas de relacionamento ele não conseguia fechar o contrato no qual estava trabalhando". Alexa notou que ele não faz qualquer plano nem tenta ser flexível e dar apoio. Isso está começando a irritá-la.

Em seis semanas, eles se viram umas seis ou oito vezes. Num sábado de manhã Alexa liga e ele diz que vai à feira com um vizinho, depois à academia e perguntou se ela gostaria de passar na casa dele. Ela não está a fim. Depois, ele liga, dizendo: "Eu gosto de você, mas estou em um momento insano no trabalho e não tenho estrutura para isso. O que eu quero fazer é dar um tempo e quando o negócio fechar, eu ligo para você". Alexa diz: "Tá, tudo bem". Uma semana depois, pensando nele, ela manda uma mensagem: "Pensando em você". A resposta foi: "Muito bom saber". Ela, então, pergunta: "Alguma chance do tempo acabar logo?". Ele: "Não é um tempo de você, é uma oportunidade para me concentrar".

O que aconteceu depois

Depois que ela o mandou "se f*der" assim, explicitamente, Alexa voltou à internet. Ela estava magoada, mas já tinha se acostumado a esse tipo de bizarrice. Mais um que foi para o espaço. Quinhentas pessoas viram o perfil dela desde que Alexa entrou no site no dia anterior, vinte mandaram piscadelas virtuais e ela começou a analisar, sem muito ânimo, a próxima leva de potenciais candidatos. Alexa se sentia meio mal por estar de volta ao antro da perversão, avaliando os caras, dando piscadelas virtuais e batendo papo. Afinal, Jake era um pouco promissor. O próximo cara provavelmente não chegaria nem à metade do nível dele. Foi quando Alexa notou algo que a deixou realmente mal: Jake estava on-line e já havia algum tempo. Ele estava dando um tempo, mas não de outras mulheres, evidentemente. Ela tentou justificar para si mesma que Jake devia ter entrado no site só para relaxar, mas uma semana depois ela o viu com outra garota no mesmo bar onde eles se encontraram pela primeira vez. O trabalho tinha dado uma folga? Possivelmente, mas ela duvidava. Parecia mais outro "fracasso". Ele nem era assim tão bom.

Alexa, ainda solteira e frustrada, mas sem perder a esperança, definiu a situação desta forma: "Existe esta ideia que a internet tem uma quantidade ilimitada de possíveis pretendentes, mas estamos tratando as pessoas como se fossem descartáveis. Sempre tem mais um. As pessoas ficam mais exigentes porque pensam: 'Não consegui exatamente o que queria porque não coloquei as palavras certas na caixa de busca'. Mas não sei se existe a busca perfeita".

Não me entenda mal. Eu conheço dois casais que vão se casar este ano e se conheceram pela internet. Muitas amigas minhas tiveram bons momentos, ótimos relacionamentos e sexo de qualidade graças ao namoro pela internet. Esse tipo de relacionamento perdeu tanto o estigma agora que em alguns lugares (certo, principalmente nos EUA) você parece anormal se *não* estiver procurando namoro na internet.

Por isso eu digo:

> "Por todas as imensas vantagens, tanto em termos românticos quanto em todo o resto, a internet é um antro de amor junk food."

Se você estiver se sentindo exposta demais e um pouco agredida pelos sites de namoro na internet, o melhor a fazer é dar um tempo deles. Por quê? Porque isso vai lhe permitir se afastar de:
- Infinitas possibilidades de escolha.
- Ter homens pouco atraentes querendo fazer algo pervertido com você.
- Insinuações que não levam a lugar algum.

- Ser rejeitada por pessoas de quem você nem gosta.
- Sentir-se um fracasso.
- Caras mais interessados em trepar do que em relacionamentos.

Faça, mas não acredite em toda a propaganda

Sites de namoro são apenas outra plataforma para conhecer pessoas, sejam elas boas, más e, claro, feias. Sites de namoro funcionam por meio de um jogo numérico: você navega, vê, cutuca, dá piscadelas virtuais para várias pessoas e provavelmente vai acabar com mais encontros amorosos do que se deixasse por conta da vida real. Mas segundo uma matéria no *Wall Street Journal*, a maioria deles não vai dar em nada e os comunicados à imprensa desses sites não mencionam que a maioria das pessoas não vai achar o que procura na internet. A psicóloga de Chicago Kate Wachs, autora de *Relationships for Dummies*, disse ao jornal que as pessoas que buscam namoro on-line estão tendo crises de esgotamento causadas pela exaustiva busca no mundo dos encontros amorosos pela internet.

> *"Grandes sites de namoro gostam de citar estatísticas sobre a quantidade de casamentos gerados por eles, dando a impressão de serem, literalmente, máquinas de felicidade."*

Grandes sites de namoro gostam de citar estatísticas sobre a quantidade de casamentos gerados por eles, dando a impressão de serem, literalmente, máquinas de felicidade. Carl Bialik escreveu um belo artigo para o *Wall Street Journal* em 2009 sobre o exagero nas estatísticas de casamento. Ele mencionou que o eHarmony alega ser responsável por 2% de todos os casamentos nos Estados Unidos, com base numa pesquisa patrocinada por eles. Já o Match.com (EUA) alega ser responsável por 12 noivados ou casamentos por dia, mas depois retirou esse número do ar. O executivo e fundador do Plenty of Fish, Markus Frind, estima que seu site gere cem mil casamentos por ano.

Bialik descobriu que acadêmicos estavam céticos quanto a essa pesquisa. Um dos acadêmicos citados por ele, Eli J. Finkel, psicólogo social da Universidade Northwestern, disse que deveríamos desconfiar dos dados vindos dos sites de namoro pela internet até os estudos serem revisados por outros cientistas, como acontece com os artigos acadêmicos. O ex-executivo do mercado de namoros pela internet Mark Thompson acredita que comerciais de TV mostrando casais apaixonados contando como encontraram o par perfeito pela internet deveriam ter avisos que tais resultados estão longe de serem uma regra.

Até a revista *The Economist* recomenda ceticismo a quem procura relacionamentos pela internet. Uma matéria especial sobre o assunto citou especialistas do mercado dizendo que as estatísticas do namoro on-line podem ser tendenciosas. Um desses especialistas, por exemplo, indicou que o número total de perfis de um site pode ser em boa parte composto por integrantes inativos. Quando você acrescenta o fato que a maioria das pessoas que procura namoro pela internet quer parceiros num raio de 50 quilômetros de onde mora, o número de possíveis candidatos diminui ainda mais. Outro especialista avisou aos usuários desse tipo de serviço que finais felizes vindos de investidas românticas virtuais são incomuns. Apesar dos comerciais melosos na TV (e as histórias melosas contadas pelas amigas, que sempre conhecem uma pessoa que encontrou o marido ou esposa pela internet), a maioria dos usuários não encontra a pessoa certa on-line.

O que sabemos de fato é que existe uma série de opções na internet. Mas ainda não sabemos a quantidade exata de relacionamentos que todas essas opções realmente fornecem nem como o namoro pela internet afeta a autoestima da *maioria* das pessoas ou se afeta homens e mulheres de modo diferente.

Excesso de opções?

"Escolha" é uma das palavras mais valorizadas pela nossa sociedade. Afinal, ela anda lado a lado com a liberdade. Graças a Deus, eu agradeço todos os dias por ter nascido quando nasci e não um século antes, quando as escolhas se limitavam a: "Qual nome darei ao meu 15º filho?" e "Qual a melhor forma de servir ao meu marido?".

Mas como acontece com tudo que é bom, o excesso pode não ser tão bom assim. Não estou nem por um minuto dizendo que devemos abandonar a internet, voltar para as cavernas ou regredir ao "jeito antigo de fazer as coisas", mas com todas essas ferramentas à disposição, precisamos usá-las de modo muito mais inteligente e sábio ou vamos começar a nos sentir um lixo.

Muitas mulheres que leem este livro, se não a maioria, já tentaram o namoro pela internet. É uma boa estratégia e muito melhor do que ficar sentada reclamando, mas tem os seus riscos. E acho que o maior deles é o excesso de péssimas opções para escolher. A frase "água por toda parte e nem uma gota para beber" não está longe da verdade.

Ou, para dar continuidade às metáforas com comidas, canapés por toda a parte, mas nada para comer. Lucy, de 32 anos, que está solteira há muito tempo e no Match.com há um ano, está cansada desse banquete de carne:

"Sempre tem uma mulher mais gostosa um pouco a frente: o namoro pela internet é um bufê self-service. Um bufê de rostos, que nos bombardeiam. É como nos EUA, onde você pode comprar o café ou sanduíche que quiser e sempre se pergunta se há algo melhor do que a sua escolha. Os homens recebem boletins por e-mail com listas de garotas que podem considerar melhores. Você nunca fica satisfeito com o que escolheu. É como eu me sinto quando tento decidir o hotel para a minha viagem de férias."

Há escolhas dentro da escolha: existiam centenas de sites de namoro no Reino Unido quando escrevi este livro. Embora você possa não ter ouvido falar, o Badoo é o serviço de namoro/ficadas mais bem-sucedido da internet, com quase 130 milhões de integrantes e conquistando 300 mil novos usuários por dia. É uma quantidade estonteante de opções. Cada site tem a sua reputação, campanha publicitária, público-alvo e o importantíssimo algoritmo. O eHarmony, por exemplo, usa um sistema de análise de compatibilidade patenteado e exige que os usuários respondam 258 perguntas para fazer parte do site.

E também existem as infinitas opções de como se apresentar: você "bebe socialmente" ou "bebe muito"? Está em busca do amor, mas ficou tentada a marcar "procurando parceiros para atividades"? Se admitir que ama os filmes do Tarkovski atrairá pseudointelectuais pretensiosos? Você quer escrever uma biografia longa e passional ou uma resumida e inteligente? Algumas pessoas não conseguem fazer nem isso e terceirizam os perfis em sites de relacionamento a profissionais que vão escrever de modo impecável e gerenciar os flertes por mensagem até o primeiro encontro ao vivo. É sério.

Estudos revelaram que o excesso de opções pode, na verdade, "levar a mais buscas e escolhas piores ao procurar parceiros para relacionamentos românticos pela internet". Isto é, o fato de ter muitas opções disponíveis reduz a capacidade dos usuários de separar o joio do trigo. Talvez isso aconteça porque ter uma imensa quantidade de opções pode exigir que seu cérebro trabalhe mais analisando e escolhendo, e, consequentemente, você comete mais erros.

Além disso, mais escolhas nem sempre significam mais informações. A professora Janet Reibstein, autora do estudo sobre relacionamentos *The Best Kept Secret*, afirma:

> "Há menos informações quando você encontra pessoas na internet, como sugestões verbais ou de outro tipo, que têm papel crucial na atração. Mas há muita gente online, o que compensa isso. Então, embora você possa se magoar muito mais vezes, terá mais chances de acertar."

Você não é a única que não acha a internet (sempre) um mar de rosas

Muitas mulheres sentem que tudo será diferente na internet, mas na realidade acabamos em situações similares às que viveríamos num bar. Muitas ficam com raiva porque, mesmo entrando nesses sites, os encontros ainda são frustrantes. É como um bar imenso no qual é possível entrar do conforto do seu sofá. Diz a minha amiga Kat, que encerrou as contas nesses sites após receber mil visualizações de um dia para o outro, mas apenas uma abordagem vinda de um caçador de esposas vietnamita de 21 anos:

> "A quantidade de caras vendo a minha conta era absurdamente alta, mas a quantidade que entrava em contato para um encontro ao vivo era incrivelmente baixa. E, destes, poucos

eram normais. Basicamente eu me senti como se estivesse num bar vagabundo em que vários homens me olhavam, mas ninguém chegava em mim. Não gostei da ideia de toda essa gente tendo acesso a fotos e informações minhas, por isso encerrei a conta. Fico feliz de ter tentado, mas nunca mais!"

Sally, de 33 anos, diz:

"Você sente que precisa fazer algo, pois não tem homem disponível no mercado. Aí você começa a conhecer esses caras pela internet e vai dizer, bom, ele é um perfeito babaca, não tem a profissão que você gostaria, mas tem algo legal nele, aí ele acaba tratando você como lixo. Você dá uma chance a eles porque todo mundo lhe diz para fazer isso, você tenta ser pragmática e aí eles te fazem de gato e sapato. Isso é muito comum nos namoros pela internet. Ser rejeitada por alguém de quem você nem gosta é a ofensa máxima."

Outras mulheres tiveram experiências menos negativas, é claro, mesmo não tendo encontrado a alma gêmea na internet. Mas acho que Sally, Kat e Lucy estão descrevendo algo que muitas mulheres vivenciam: decepção e sensação de ser repetidamente insultada.

É mais difícil para as mulheres?

Sei que algumas de vocês não concordarão comigo: muitas mulheres acham a dinâmica da internet boa para autodescoberta, conhecer gente nova com uma agenda de trabalho atribulada, ter boas conversas, além de fazer amigos (e, às vezes, bebês), mas se você está lendo este capítulo provavelmente não está se divertindo muito na internet ou quer saber como fazê-la funcionar para você.

Então, desculpe se isto não se aplica nem de longe ao seu caso ou se você discorda totalmente (mas há um consenso entre as mulheres com quem falei que as opções oferecidas pela internet são melhores para homens e não tão boas para elas). Caroline, de 33 anos, que está no My Single Friend e no Lovestruck há dois anos, analisa: "Existem opções demais para os homens. É como uma loja de doces: 'Hoje eu quero um bombom; amanhã, uma bomba.'" Ela acha que isso leva os homens a usarem os sites como uma imensa fonte de trepadas em potencial, enquanto as mulheres, particularmente as de trinta e poucos anos, estão procurando um parceiro sério na internet. Em outras palavras: as intenções são bem diferentes.

Com todo o risco e o sexo em potencial, a internet é o playground perfeito para os homens. Vivienne, de 32 anos, concorda: "A quantidade de opções facilita a traição e também os homens terem o ego massageado. É a exarcebação do estilo de vida norte-americano: os homens são gananciosos por natureza, eles querem espalhar sua semente. A internet aumenta a quantidade de pessoas para sair, mas a escolha não traz felicidade".

A escolha, como disse anteriormente, é parte essencial da liberdade. Eu preferia definitivamente sofrer com o excesso em vez da falta. Mas o que a Vivienne quer dizer é que a escolha de *parceiros* em potencial parece errada se for tratada como uma escolha de *produtos* em potencial. Dan Ariely, professor de psicologia e comportamento econômico da Duke University nos EUA e autor de *Positivamente irracional*, não aprecia a ideia de tratar seres humanos "como se fossem mercadorias". Segundo ele, as pessoas não podem ser definidas de acordo com características e opções marcadas em caixinhas, da mesma forma, por exemplo, que um par de fones de ouvido (o que é óbvio). E não importa o quanto uma pessoa se descreva bem, não há substituto para aquela centelha de romance. Joanna, de 30 anos, concorda com Ariely. "Fiquei no Guardian Soulmates por um tempo, mas desisti. Todos se apresentam de forma idêntica: todo mundo gosta de almoçar no domingo em pubs (há controvérsias), ir a festivais e ficar em casa vendo DVDs. Se eu não fosse totalmente superficial, seria impossível diferenciar uns dos outros."

Minha pergunta é: Ariely já tentou encontrar alguém para um encontro pela internet? Porque eu acho que, se você vai criticar algo, é melhor experimentar para saber do que está falando e eu sei que ele está casado há muito tempo. Ellie, de 29 anos, certamente experimentou encontros amorosos pela internet. Ela é bem direta, porém brilhante, então se prepare:

> "A internet destruiu os relacionamentos e transformou os homens em fracotes. Os homens são grossos porque podem. Eles não vão continuar a sair com você porque não precisam. Não há consequências se eles forem uns babacas. Você não manda e-mail para ninguém depois do encontro para saber como ela está. Você basicamente sabe que toda garota ali é solteira e não fez sexo há um tempo. Então, basta fingir que quer um relacionamento para a garota transar rapidamente. Os homens usam a internet para sexo e as mulheres são arrastadas nessa. Existem homens que querem relacionamentos, mas são desajustados de alguma maneira. Se você é um cara legal e normal não precisa da internet, mas as garotas precisam, porque existem várias como nós."

Pode haver uma incompatibilidade na forma pela qual (alguns) homens e (algumas) mulheres *usam* a internet para procurar parceiros. Mas a sensação de incompatibilidade não termina aí. Por exemplo, a principal frustração de Lucy é que mesmo on-line há várias e várias mulheres que parecem perfeitas (ou pelo menos atraentes) e poucos homens decentes. "O equilíbrio de poder é ainda pior na internet porque existem muito menos homens [bons] do que mulheres", comentou ela recentemente entre hambúrgueres e cervejas.

A sensação desoladora de que só existem homens que não valem a pena ao seu redor é a sensação do amor junk food. Conhecer alguém pela internet pode aumentar essa sensação. E é por isso que a praticante da detox de homem deve se afastar temporariamente disso para se reequilibrar e ver as coisas por outro ângulo.

Se você quiser olhar, precisa ser olhada

A outra esquisitice dos encontros amorosos pela internet (e motivo pelo qual é ótimo e ao mesmo tempo assustador) é a sensação de estar sendo observada. As mulheres respondem de modo diferente dos homens ao fato de serem avaliadas e examinadas. Isso pode levantar o nosso ego, mas a linha entre ficar lisonjeada e se sentir agredida é muito, muito tênue. Veronica, usuária do Match.com há dois anos, contou algo de modo muito passional (durante a nossa terceira taça de vinho branco da casa) que me impressionou: "Caras horríveis estavam me mandando piscadelas virtuais. Homens de 65 anos. Havia tantos filhos da p*** nojentos mandando essas piscadelas que me sentia agredida".

Eu superei o medo e a vaidade e fui para internet: Jdate (três caras, sete encontros ao vivo, zilhões de e-mails e conversas em programas de mensagens instantâneas com caras que assinavam "Naughtyboy 1234" [Safado 1234] e gostavam de ir direto para a webcam, o que me recuso a fazer) e Lovestruck (cinco mensagens, nenhum encontro ao vivo). Também achei estranho ver as pessoas me analisarem e mandarem piscadelas, mas não passar disso. Eu me senti extremamente exposta, e também lisonjeada e horrorizada. E também ofendida, pensando: "Por que *você* está me olhando?" Mas, diferente de um bar, não é possível desprezá-los. Você precisa deixá-los olhar e avaliar o quanto quiserem.

E ainda tem o fato de não saber muito bem *quem* está olhando para você. É notório que as pessoas fraudam os perfis para conseguir mais acessos. (Nem sempre, visto que a ameaça de ser desmascarado num encontro ao vivo serve de freio.) Como argumenta a professora de economia Marina Adshade em seu blog BigThink: "Todo mundo consegue achar pelo menos uma boa foto de si mesmo. E se todos colocarem a melhor foto no perfil do site de namoro on-line (e por que não fariam isso?), é quase certo que uma pessoa que tente estimar a distribuição de pessoas atraentes usando imagens de site de namoro superestime o nível médio de pessoas atraentes daquele gênero disponíveis no mercado." Em outras palavras, como todos colocam suas melhores fotos on-line, a maior parte das pessoas que procura relacionamento pela internet vai ter um grande choque na hora de conhecer o pretendente ao vivo.

O OkTrends, blog feito pelo site de namoros on-line OkCupid, relatou em 2009 que os usuários costumam mentir quanto à altura e riqueza (homens) para aumentar a probabilidade de alguém entrar em contato. Já as mulheres têm maior probabilidade de mentir o peso ou o tipo de corpo.

Caroline acrescenta: "Nossas mães não teriam a menor chance se tentassem conhecer gente nesses sites".

Dar um tempo nos namoros pela internet: como colocar isso realmente em prática

Fechar a conta no site é fácil. Mas caso você não queira abandonar totalmente os namoros on-line, veja como diminuir o amor *junkfood* pela internet:

É engraçado, mas eu não ficaria surpresa se, justamente quando os encontros pela internet ficarem populares no recatado Reino Unido, acontecesse um retrocesso. O Reino Unido segue os EUA em praticamente tudo, do fast-food aos namoros. Por isso fiquei interessada quando vi a recente matéria no *Wall Street Journal*: "Novo site de namoros é assustador: a verdade sobre o assunto", sugerindo que uma grande quantidade de pessoas está batendo cabeça com os encontros amorosos pela internet e voltando a estaca zero, isto é, à vida real. "Encontrar pessoas pela internet é gastar muito tempo para ter pouco retorno", diz um gerente de marca citada pelo jornal.

Não importa se você pensa que conhecer pessoas pela internet é ótimo ou horrível, caso esteja canalizando a vibração do amor junk food, aqui estão algumas formas de gerenciar seus relacionamentos na internet de modo a alcançar o objetivo da detox de homem: mais você, mais sorrisos, menos porcarias: homens, sentimentos, sexo. E ponto final.

1. Defina limites (e não aceite migalhas)

Seja clara quanto a diferença entre on-line e off-line. O maior desafio em tudo que seja social e pela internet é se mostrar indisponível. Se você for igual a mim, terá meia dúzia de abas abertas no navegador a qualquer hora. Esqueceu-se de fechar o Facebook? Quando você perceber, o Joe Confuso e Pouco Saudável do ano passado aparece querendo conversa. O mesmo vale para os encontros amorosos pela internet. Se você esquecer o site de namoro aberto numa aba, pode estar lendo o *The New York Times* e de repente o Elliot456 "quer bater papo com você". Ótimo para o Elliot456, não tanto para você e nem para o seu foco (você sabia que concentrar-se deixa as pessoas felizes e perder a habilidade de se concentrar as deixa deprimidas?). Por isso, afaste-se dos caprichos entediados dos caras que estão à toa na internet, apenas navegando e matando tempo, pois esse tipo de interrupção é uma das formas mais puras de amor junk food. Na primeira instância, se eles quiserem entrar em contato, podem mandar um e-mail ou mensagem por outros caminhos.

Não estou dizendo para você não bater papo. É claro que os programas de mensagens instantâneas são uma das principais características dos sites de namoro e podem ser divertidos ou importantes se forem bons. Mas defina limites para a conversa: se você gosta de uma navegaçãozinha safada e uma rodada de bate-papo aleatória, reserve entre meia e uma hora para isso. É melhor não deixar que aconteça a qualquer momento do dia. Quando estiver on-line, esteja on-line, mas defina uma quantidade de tempo e saia do site.

A terapeuta Val Sampson fala de "ser representada por todos estes símbolos de disponibilidade", acrescentando que "limites estão ligados à autoestima. Neste momento, é muito importante defini-los".

2. Provoque quando necessário

Passe para uma conversa em pessoa antes de começar a sentir que não vai dar em nada. Alexa, que sabemos ser especialista no assunto, explica: "Gosto das provocações girando em torno do encontro em si, mas odeio quando ela vira um substituto para a conversa real, cara a cara. Assim que isso acontece, eu digo: 'Esquece esse bate-papo, mal posso esperar para ver você pessoalmente.' Eles dizem: 'Tudo bem, beleza.'" Val Sampson concorda: "Não há nada errado com um pouco de flerte pela internet. Pode ser excitante e divertido, mas não um substituto."

Em seu livro *Alone Together: Why We Expect More from Technology and Less from Each Other* [*Sozinhos juntos: Porque esperamos mais da tenologia e menos de um para o outro*], a acadêmica do MIT especialista em mundo digital Sherry Turkle entrevistou um jovem típico, que faz de tudo para não falar ao telefone. Ele prefere mensagens de texto, e-mail, programas de mensagens instantâneas, qualquer coisa. Ela tem um argumento interessante: como as pessoas estão sempre on-line e sempre há um pontinho verde na tela, elas começam a temer a comunicação em tempo real. Como observa Turkle, com uma dose de tristeza: "Se você sente que está sempre de sobreaviso, começa a se esconder dos rigores do que acontece em tempo real".

3. Não seja boazinha
Nesse caso, aja como muitos homens, que são bem mais cruéis ao dizer de quem eles gostam e consideram potenciais candidatas a relacionamento. Se você odeia quando os caras começam as mensagens com "E aí? LOL" interrompa a conversa. A vida é curta demais para isso. Se um cara parece legal, mas você sabe que a careca cheia de gel dele vai te dar nojo ao vivo, dê o fora. Não se sinta culpada!

4. Faça o seu tempo on-line ser produtivo
Escolha alguns critérios decentes (não só "ele é uma gracinha e acho que poderia transar com ele, mesmo parecendo que ele gosta de joguinhos e sendo sete anos mais novo do que eu") e seja agressiva. Passe meia hora mandando piscadelas, mensagens e escolhendo todos os solteiros que atendem aos seus critérios. Depois espere 24 horas e entre novamente no site. Você pode descobrir que apenas um respondeu, mas há uma boa probabilidade de que ele pelo menos mereça que você gaste um tempo mandando um e-mail e quem sabe algo mais.

5. Afaste-se de sites e apps para celulares que procuram parceiros por sua localização
Quem está por dentro deste mercado diz que este é o futuro das redes sociais e dos namoros pela internet, mas eu digo: e daí? En-

quanto durar a sua detox de homem, ignore apps e sites como o Badoo, Floxx (onde você pode avisar outras pessoas que há alguém atraente perto de você), Blendr (uma versão para todas as orientações sexuais do app de pegação gay Grindr) e o Flirtomatic (no qual integrantes trocam mensagens de paquera gratuitamente). Esses sites são como comidas gordurosas de fast-food e lojas de doces: feitos para dar um barato de curto prazo, mas não ajudam a praticante da detox de homem que precisa dar um tempo na deprê causada pelo amor junk food. O Badoo, caso você não seja uma das centenas de milhões de usuárias do site, é o maior bufê de pessoas prontas e dispostas a algo do mercado (Nabucodonosor: "*Quiero* encontrar, beijar, rir, com *una chica* de 24 a 32"; Londonboy "quer ir direto ao que interessa com uma garota de 22 a 26"; Feri "quer praticar beijos com uma garota").

6. Tenha uma boa experiência na vida real

Você se lembra de Sherry Turkle e os "rigores do tempo real"? Então, saia de trás da tela e lembre a si mesma do quanto os encontros cara a cara são diferentes e divertidos. Não estou falando de encontrar os velhos amigos e sim de ir a uma palestra e fazer uma pergunta ao palestrante no final. Ou ir a uma livraria e falar com o cara (ou garota) atrás do balcão sobre os lançamentos ou a situação crítica do mercado editorial. Se estiver num bar e o garçom tiver um sotaque interessante, pergunte de onde ele é (nessa situação, eu teria grande dificuldade para não flertar. Se você puder flertar e curtir sem desejar convidá-lo para sair ou vice-versa e sem ficar com raiva, tudo bem).

7. Arranje um hobby do qual você gosta e que PODE *incluir homens*

Se você estiver determinada a encontrar homens agora e não quer saber de cancelar as contas em sites de namoro nem temporariamente, faça questão de *também* tentar conhecê-los no mundo real optando por *fazer* algo em vez de *navegar*. Há uma frase hilária no livro *Sex and the Single Girl*, de Helen Gurley Brown, em que ela aconselha as mulheres que não se cansam de conhecer homens a arrumar emprego (como balconistas ou secretárias) em "oficinas, lançamentos de mísseis e barcos de pesca com iscas vivas". Se conseguir encontrar o equivalente a "barcos de pesca com iscas vivas" (seja lá o que for isso) nos dias de hoje, você é a melhor!

Não é fácil mudar o comportamento na internet. Esse negócio de "você tem uma nova mensagem!" está arraigado no nosso sistema de recompensa do cérebro e pode ser tão viciante quanto os jogos de azar. Mas devagar você consegue. Um pouco de disciplina aqui, um afastamento ali e você pode descobrir que acabou perdendo alguns quilinhos de amor junk food.

Como eu segui esta regra

Antes da detox de homem

Eu não procurava conhecer muita gente pela internet, mas experimentei um pouquinho e não exerci qualquer controle sobre quando, como ou com quem eu conversava. Assim, eu me pegava trocando provocações com qualquer cara mais ou menos atraente que puxasse papo, independente de ser um marginal ou idiota. Eu acessava os sites como fazia com o Facebook antes da detox de homem: compulsivamente, só para ver se havia algo de novo. Claro, que "novo" geralmente significava um flerte, uma piscadela ou mais três pessoas que "viram o seu perfil".

O que eu fiz
Fiquei de saco cheio da quantidade de tempo perdido com aquilo (igual ao Facebook) e o retorno comparativamente pequeno (um ou dois encontros sem química, algumas paqueras razoáveis) que basicamente parei de gostar disso e perdi a compulsão de entrar nos sites. Outras pessoas acham muito divertido conhecer gente nova pela internet.

Como eu me senti
Como se tivesse me livrado de um fardo, em parte devido ao meu orgulho, para ser bem sincera. Mas às vezes eu me perguntava, com razão, o que estava perdendo ao ser tão teimosamente contra o namoro pela internet. Não era fácil encontrar muitos homens solteiros na vida real e várias amigas estavam conhecendo gente pela internet, então eu me perguntei se estava fazendo a coisa certa. A curto prazo eu acho que sim, mas a longo prazo, não tenho tanta certeza.

SOS!

Rendeu-se novamente aos namoros pela internet? Uma amiga a convenceu a tentar outro site? Ótimo, eu não estou dizendo para poupar dinheiro. Sugiro o seguinte:

- Enlouqueça na primeira semana, para matar a vontade. Arrume alguns encontros cara a cara e, quem sabe, conheça o homem dos seus sonhos. O frenesi inicial não é um bom momento para ser rígida consigo mesma, mas depois de uma semana, ou assim que surgir a velha sensação de frustração ou desalento, pare na hora. Este capítulo ensina como fazer isso.
- Não use o site só porque pagou por ele. Se você ficar ansiosa logo de cara, pare de acessá-lo. Pode até surgir uma mensagem interessante, mas ela pode ser acessada depois de alguns dias. Seja muito seletiva quanto aos momentos em que entra no site e não se esqueça de ser cruel e dispensar quem não lhe apetece. Tempo é dinheiro, você sabe.
- Se você continua recebendo e-mails de algum site dizendo que fulano de tal entrou em contato, mandou uma piscadela para você ou algo do tipo, confira. É justo. Afinal, nenhum ser humano resistiria a dar uma olhada. Mas se você estiver lendo este SOS porque voltou a acessar o site obsessivamente, volte a ser rígida: limite o tempo de acesso e evite bate-papos não solicitados.

REGRA NÚMERO 9

Concentrar-se na sua autoestima

Você precisa desta regra se:
- Costuma se sentir muito mal por causa de homens, seja por que as coisas não estão indo bem ou devido aos longos períodos de seca.
- Não consegue imaginar como vivia antes de sair com o homem que acabou de partir seu coração ou sente que o término de um relacionamento lhe fez muito mal.
- Encara a rejeição como um sinal de que você não é boa ou não vale o suficiente.
- Fica se criticando por estar solteira.
- Costuma ser a primeira a dizer algo negativo a seu respeito.
- Sente-se entediante quando não tem "histórias" para contar.
- Entra em pânico todos os dias porque o tempo está passando.
- Odeia o fato de todas as suas amigas estarem casadas e sente que está ficando para trás.

Combina com:
- Fazer algo ousado
- Não fuxicar o Facebook
- Não falar sobre homens
- Recusar o sexo sem compromisso

Jenny, de 32 anos, é jornalista e acabou de terminar a tarefa mais importante da sua vida. Ela realmente conseguiu desta vez, disse a si mesma com orgulho. Jenny não mediu esforços para fazer com que as pessoas contassem os podres de uma marca de roupas corrupta e envolvida em todo tipo de ilegalidade, como trabalho infantil e abuso sexual. O texto era pura dinamite e ela conseguiu a primeira página do maior jornal semanal do país.

Ao ver o resultado do seu trabalho, ela ficou empolgadíssima, sentindo aquela sensação única de ver o nome no jornal numa matéria de destaque.

Naquela mesma noite, saiu para comemorar com algumas amigas. Elas beberam e Jenny acabou ficando com um cara e o levando para casa. Às 4 horas da manhã numa lanchonete, ele disse: "Você pelo menos vai me deixar comer a sua bunda?" Ela decidiu levá-lo para casa assim mesmo e, embora não tenha atendido ao pedido, Jenny dormiu com o rapaz e descobriu que ele tinha um corpaço. E nem era tão insuportável assim. No dia seguinte, depois de se despedir, Jenny sentiu uma pontinha de esperança de que ele pediria o telefone dela e ligaria.

Por volta das 4 horas da tarde, com uma ressaca dos infernos, ela começou a ficar deprê. Afinal, um cara que pediu para comer a bunda dela às 4 horas da manhã conseguiu acesso ao seu quarto. E apesar do agravante de que ele não valia nada, o silêncio e desatenção a deixavam realmente deprimida. E pensar no sucesso que ela fez no jornal no dia anterior não melhorava muito o humor.

Jenny tinha uma conta no eHarmony. Ao entrar no site, viu que só recebera piscadelas de manés. Um dos pretendentes podia até ter sido criminoso. Ela se sentiu ainda pior.

No dia seguinte, Jenny foi a um jantar promovido por um casal de amigos. Todos a cumprimentaram pela matéria, mas logo começaram a perguntar sobre a vida amorosa. Ela não conseguiu deixar de sentir que para eles o aspecto mais interessante, talvez até o mais importante, da vida dela era sua solteirice.

Jenny foi embora se sentindo ainda pior. Em vez de estar nas nuvens pela conquista profissional, o sucesso como jornalista e tudo o mais em que era boa e reconhecida, ela se sentia reduzida apenas ao fracasso com os homens. Uma mulher solteira, acima de tudo.

O interessante é que quanto pior ela se sentia por "nunca achar ninguém", mais ela pensava no cara de sábado à noite. Jenny não sabia por que insistia nele, se era por ter dormido com um sujeito que não presta, pelo desejo de vê-lo retomando o contato mesmo assim ou pelo fato de as duas hipóteses serem verdadeiras.

O que aconteceu depois

Saí com a Jenny para tomar uns drinques naquela mesma semana. Passei meia hora argumentando: Jenny é inteligente, bem-sucedida, incrivelmente divertida, dona da própria casa, atraente, livre, talentosa, gentil e faz a família feliz.

Depois de falar sobre isso por um tempo, a importância do homem do sexo anal, que parecia a cereja num bolo de amor junk food, dissipou-se como uma nuvem. Os homens e o fato de estar solteira eram um rodamoinho de negatividade sem solução, enquanto as conquistas eram a realidade positiva. Jenny saiu mais animada. Conversamos no dia seguinte e ela disse que a nuvem negra de sensações ruins realmente tinha desaparecido, o que aconteceu rapidamente quando destaquei o *fato* de ela ser fabulosa. Aí, a autoestima aumentou de novo e Jenny se concentrou em ser quem realmente é em vez de pensar na pessoa com quem não está.

Esta regra diz respeito a:

Trocar o duvidoso (fracasso com os homens) pelo certo (conquistas reais e concretas) é muito reconfortante, além de abrir caminho para uma perspectiva mais saudável que coloca homens e encontros abaixo de nossos parâmetros no fim de nossa escala de importância (eles só são importantes — às vezes muito importantes — para ensinar o que *não* fazer).

Isso também pode aliviar corações partidos. Quando você termina com alguém, nem sempre consegue perceber como voltar a ser você mesma. A sensação é de que falta uma parte do corpo, metade do cérebro, algo assim. Você perdeu algo que amava e a pessoa que você se tornou sem o seu ex — mais vítima, mais mal-humorada, mais sisuda, não importa — não é mais necessária. Você não pode sair desse luto antes de estar preparada, mas pode se lembrar de que *é* uma pessoa, uma pessoa completa apesar de se sentir como se metade de você tivesse sido arrancada. Esta regra deve ajudar nesse processo e deve ajudar a controlar ataques de desespero se for relembrada sempre que possível.

A mulher moderna: um híbrido

Estamos neste momento esquisito da história em que nós, mulheres e solteiras, estamos ganhando força, explorando mais do que nunca as oportunidades duramente conquistadas e apreciando a liberdade sem pontos negativos. Muito mais mulheres do que homens vão à universidade. Dados obtidos pela organização Universities UK mostram que mulheres superam os homens (57% dos estudantes universitários são do sexo feminino) em todas as áreas, incluindo engenharia e ciências naturais. 2002 foi o primeiro ano em que a Universidade de Cambridge aceitou mais calouras do que calouros. Em universidades da Ivy League norte-americana, como Yale, há mais mulheres do que homens entre os alunos, e no discurso de formatura o presidente de Yale se dirigiu "às mulheres e aos homens da turma de 2011".

> *"Você não é ninguém até alguém amar você."*
> Stanford, *Sex and the City*

As mulheres solteiras estão em ascensão, a coabitação divide espaço com o casamento e a taxa de divórcios está em 50%. A ideia confortável da dona de casa na família nuclear feliz e perfeita foi basicamente destruída. Uma em cada três crianças vive a separação dos pais. O primeiro-ministro David Cameron é obcecado por restaurar a família tradicional, reconhecendo que ela está em extinção: "Pense em qualquer grande problema social que enfrentamos: do crime e dependência do estado de bem-estar social aos problemas de saúde, vício em drogas e fracasso educacional e na maioria dos casos a questão está relacionada à família", escreveu ele em tom de súplica no *The Sun*.

Você acha que a velha ideia de tentar achar um parceiro para a vida inteira com o qual procriar estaria obsoleta.

Até pode ser, MAS...

O estado civil de solteira ainda está longe de ser um lugar social fácil para as mulheres. Afinal, por que a lembrança da solteirice pulverizada e traumática de Bridget Jones perdura de modo tão perene? "Eu culpo Bridget por me sentir como um caso perdido", diz minha amiga Margaret, de 30 anos. Por acaso, nós duas estamos relendo o livro, que foi devorado pela primeira vez aos 16 anos. "Ele deixou toda uma geração de mulheres com uma angústia imensa por não encontrar o cara certo", comenta ela enquanto partimos para a segunda garrafa de vinho. E tem também todas as palavras negativas para definir a solteira "que passou da hora" (solteirona, frígida, triste, por exemplo), comparando com o vocabulário similar para homens (err... solteiro). As coisas mudaram um pouco, até a palavra "solteira" passou a ser mais usada.

Mas a solteira moderna ainda é um híbrido estranho: forte e independente, mas precisando de um homem. Beyoncé discute a questão na música "Single Ladies". Por um lado, ela está linda numa noitada, com os homens ao redor e finalmente gostando de ser solteira. Por outro lado, sente raiva porque o ex não lhe deu um anel de noivado. A solteira dessa música parece caminhar rumo a um destino mágico (referindo-se a si mesma e ao que tem a oferecer frequentemente como "isso", objetificado). Difícil saber por que a música se chama "Single Ladies" ["Solteiras"], afinal.

Essa música, que dancei empolgada um milhão de vezes é um microssímbolo de algo maior: identificar-se como mulher, *independente* da situação amorosa é muito estranho e inusitado em nossa sociedade. Veja a obsessão com Jennifer Aniston: a pobre garota pode muito bem não ter uma carreira como atriz, até onde nos consta. Acho Jennifer muito boa atriz, mas quando se pensa nela, provavelmente será em termos da tristeza pela solteirice pós-Brad e vários filmes fracassados. A capa da revista *Grazia* em 2 de junho de 2011 resumia tudo em letras garrafais: "FINALMENTE, Jennifer achou O CARA CERTO!"

Meninas, estou pedindo para vocês não pensarem em si mesmas — nem por um segundo — em termos de *finalmente* encontrar o cara certo. Esse "finalmente" fala tudo, não é? Ele diz: "Estamos esperando algo *verdadeiramente* importante e agora aconteceu." É esse tipo de pensamento, todas as palavras que acompanham o "Finalmente", como "Nunca vou conseguir", "Quando será a minha vez?" ou "Um dia" que fazem cada erro romântico parecer um fracasso pessoal. Mas não é o caso, porque somos muito mais do que isso.

Estamos melhores desde os anos 1960, é claro. Mas ainda há um toque exagerado da *mística feminina* na atualidade. Se você não prestou atenção na aula de história, mística feminina é o conceito fortemente criticado por Betty Friedan em seu livro de mesmo nome em 1963. Segundo Friedan, a tal "mística" é um boato que leva as mulheres a serem confinadas ao papel sexual de esposas, mães e donas de casa como verdadeira vocação. Hoje o mundo é diferente, mas a sensação da mística feminina, de que na verdade somos criaturas em busca de um marido, ainda está no ar.

Confirmando essa tendência, ao longo do último ano vários artigos em tabloides populares como *Stylist* e *Shortlist* registraram uma regressão dos gêneros aos papéis tradicionais. Os homens querem ser Don Draper, o macho-alfa de *Mad Men*: barba por fazer, ossos largos, ternos bacanas e conquistas sexuais (ainda bem que os artigos pararam antes de dizer que as mulheres querem ser a deprimida porém linda dona de casa Betty Draper.)

"Ser solteira é um trabalho, mas é um trabalho secreto."

É o que diz minha amiga Ruth. E assim dizem os autores do best-seller sobre relacionamentos da década de 1990 *As 35 regras para conquistar o homem perfeito:* "Para resultados duradouros, acreditamos em tratar o namoro como um emprego, com regras e regulamentos".

Bom, eu digo que não temos tempo para *mais um* emprego. Já não estamos ocupadas o bastante com o trabalho, os amigos, os hobbies e tentando agir corretamente no geral?

Claro, mas como você já deve ter adivinhado estar ocupada não é a questão. Se permitir que a solteirice assuma proporções de emprego, você está deixando de lado a arte de ser feliz do jeito que é e não está aproveitando totalmente seu conjunto singular de qualidades e defeitos.

Então, quando estiver sofrendo com namoros, tentando conciliar ao mesmo tempo quatro caras que não lhe dão o devido valor, enlouquecendo com seu peso (como os caras vão gostar de mim *deste* jeito?), verificando compulsivamente os sites de namoros sempre que recebe uma "piscadela", indo a um encontro às escuras desastroso após o outro... é hora de ler este capítulo. E enquanto estiver lendo, lembre-se de que você é muito mais do que solteira: você é amiga, irmã, filha, tia. É funcionária ou chefe. Você trabalha e ganha dinheiro. Ajuda as pessoas e as faz sorrir.

Sentimo-nos muito melhor quando nos lembramos disso e colocamos essas conquistas acima da situação amorosa. Você deve estar pensando que esta regra está fortemente ligada à regra do fazer algo ousado. E está, mas o objetivo é apresentar outra forma de chegar ao objetivo da detox de homem: *sentir* a sua individualidade como um todo. Enquanto "fazer algo ousado" fornecia medidas urgentes para afastar a cabeça de ruminações infrutíferas sobre homens e acabar com os sentimentos negativos gerados por elas, esta regra exige uma abordagem mais atenta e cuidadosa e provavelmente fica melhor quando lida após o "fazer algo ousado".

Entrando na área "eu-pessoa" *versus* "eu-solteira" e por que isso é tão difícil

Estar solteira é algo importante — para os amigos

Pode ser difícil lembrar que você é muito mais do que seu status de relacionamento ou último encontro amoroso. Você precisa realmente trabalhar nisso quando todos (amigos, família e meios de comunicação) parecem obcecados pela pergunta: você tem um homem em sua vida? Se não, por quê? Se sim, que tipo de homem? Quando é o casamento? Se você mudou de status recentemente, há o milhão de luzinhas piscando na rede social. O Facebook ajuda no processo ao colocar um coração vermelho partido no feed de notícias caso você mude o status de relacionamento para solteira. O livro de Alex Heminsley *Ex and the City* tem um bem-humorado subtítulo: "Você não é ninguém até levar um pé na bunda".

Holly, de 31 anos, tem a impressão de que seu status de solteira é importantíssimo. E diz:

> "Há um verdadeiro estigma social em ser solteira, principalmente quando se tem mais de 25 anos. Fica mais difícil ir a casamentos. Há todo um temor de que você vai acabar sozinha, desaprender a ter compromisso com alguém e ficar bastante egoísta. Especialmente na minha idade, quando se passa dos 30 anos, há a sensação de ser meio que deixada para trás. Ter um namorado ou um parceiro de longo prazo está associado a crescer. Solteira, você se sente uma criança que ficou para trás."

Mary, de 30 anos, acrescenta:

> "Você se sente horrível, como se houvesse algo errado com você, como se fosse meio que louca. As pessoas dizem: 'Seja menos exigente, você está escolhendo demais!' Mas na verdade quanto mais você fica sem sexo, mais aceita os caras aleatórios."

Ruth, de 30 anos, também acha que é difícil para as pessoas superarem o fato de ela estar solteira:

> "As pessoas sempre perguntam: 'Por que você está solteira?' Amigos exigem: 'Por que você não está saindo com o Jeremy ou Derek?' ou seja lá quem for. Eles fazem uma lista dos outros amigos que por acaso são solteiros."

Como dizem as garotas no episódio de *Sex and the City* chamado "Baía dos porcos casados":

Charlotte: Odeio quando você é a única pessoa solteira numa festa e todos olham como se você fosse...
Carrie: Fracassada!
Miranda: Leprosa!
Samantha: Vadia!

A grama mais verde

Mas essas pessoas podem estar é com inveja. Ou estão enganadas, achando que a grama do vizinho é sempre mais verde. Samara O'Shea, blogueira que está sozinha há seis anos, fez uma observação inteligente num texto para o *The Huffington Post*. Segundo ela, supõe-se que pessoas solteiras estão procurando parceiros e, embora isso geralmente seja verdade, a suposição se baseia na ideia de que a vida fica melhor quando se está num relacionamento. Num relacionamento tudo fica melhor, certo? Errado. A gama de emoções que você pode sentir como solteira, incluindo solidão e tédio, também pode ser sentida num relacionamento. E as emoções maravilhosas que podem ser sentidas nele, como calor humano, consideração e até êxtase também podem ser sentidas quando solteira.

Ou, dependendo do jeito que se olhe, talvez a grama seja um pouquinho mais verde no lado dos solteiros. Um estudo de 2009 feito pela Universidade de Nevada, Las Vegas, revelou que mulheres heterossexuais ganham menos no trabalho que lésbicas, com um salário 6% menor do que as colegas gays. Isso acontece porque se pensa que o desejo por um marido ou o fato de ter um faz com que elas avancem mais devagar na carreira, subconscientemente ou não. Algumas pensam que o marido vai ganhar mais mesmo (e é justamente o que elas querem) ou se boicotam subconscientemente no trabalho para ter um papel maior em casa. Bom, quando chegamos aos trinta não há caminho mais lento a seguir. Então, se considerarmos as lésbicas como exemplo promissor de mulheres livres de homens, podemos acabar com um salário maior. Mary, advogada no centro de Londres, leu o estudo e comentou: "Está vendo? Pensar em homens limita a produtividade das mulheres!" Portanto, conseguir se enxergar como *muito* mais do que o status de relacionamento, em termos de características reais como habilidade, produtividade, capacidade de lidar com pessoas e alegria de viver pode até render uma grana a mais no seu pagamento.

Esqueça os contos de fadas, amiga: você é o final feliz

Se você acredita nos contos de fadas, evita construir o próprio destino. Passa a ver cada encontro, relacionamento que não sai conforme o esperado ou período de seca como altos e baixos numa pista de esqui em cujo topo está um lindo bolo de casamento para completar sua felicidade.

Mas queremos mesmo é reconhecer que já temos todos os ingredientes para um conto de fadas completo. Podemos ir bem, conquistar vitórias, ajudar as pessoas que amamos e gostamos a apreciar mais a vida, melhorar o mundo ou apenas nos divertir imensamente. Com alguma sorte, um dia, essa versão completa de você *incluirá* um homem, mas não precisa ficar parada esperando se não houver alguém. Veja bem: se você está esperando o príncipe encantado que vai completar seu conto de fadas, está se colocando no papel de donzela à espera, estilo Rapunzel. Por que não se imaginar como uma rainha guerreira amazona, exalando poder, atraindo magneticamente as pessoas, tão completa que tem o bastante para si e todos os servos?

Apesar do vigor, independência e potencial de rainha guerreira que compõem a mulher moderna, ainda está muito presente a ideia do final feliz de conto de fadas com o Sr. Perfeito pegando a parceira no colo. É difícil não pensar que o Sr. Perfeito virá nos buscar se esperarmos e agirmos corretamente. Jogue no Google a frase "he's the one" ("ele é o homem certo", em inglês) e verá quase o dobro de resultados de "she's the one" ("ela é a mulher certa", em inglês). E eu poderia escrever outro livro inteiro (se é que já não o fizeram) sobre os montes de roupas e objetos cor-de-rosa, além de trajes de princesas, dados a bebês do sexo feminino.

Nos livros

As editoras norte-americanas são particularmente boas em encher as prateleiras das livrarias de obras que ensinam a ter o seu final de conto de fadas (ou como não tê-lo ou por que isso ainda não aconteceu).

A Amazon está cheia de livros com títulos, como:
- *When Fairy Tale Romances Break Real Hearts* [*Quando romances de contos de fadas partem corações na vida real*, em tradução livre]
- *Projeto felizes para sempre: A divertida história real de uma mulher que usou todas as estratégias possíveis para salvar seu casamento*
- *When the Fairy Tale Fails: How Women Today can Create Their Own Happy Ever After* [*Quando o conto de fadas fracassa: Como as mulheres de hoje podem criar o próprio final feliz*, em tradução livre]
- *Happily Married With Kids: It's Not a Fairy Tale* [*Feliz, casada e com filhos: Não é conto de fadas*, em tradução livre]
- *Felizes para sempre: A fórmula dos contos de fada para o amor duradouro*
- *Realistically Ever After: Finding Happiness When He's Not Prince Charming* [*Realistas para sempre: Encontrando a felicidade quando ele não é o príncipe encantado*, em tradução livre]
- *You're Not Snow White, and Life's Not a Fairy Tale* [*Você não é a Branca de Neve e a vida não é um conto de fadas*, em tradução livre]

Não é por acaso que o precursor de todos eles, *As 35 regras para conquistar o homem perfeito*, atraia as mulheres usando a linguagem do amor cortês e dos contos de fadas: "Acredite: um dia um príncipe vai notar que você é diferente de todas as outras mulheres que ele conheceu e vai pedir a sua mão!"

Na televisão

Até *Sex and the City* tem um começo típico de contos de fadas: a voz de Carrie recitando "era uma vez". E embora Carrie seja radicalmente independente, ela quer o cavaleiro de armadura brilhante o tempo todo (o Mr. Big) e consegue. Charlotte, por sua vez, é muito mais aberta quanto ao seu conto de fadas romântico. É digno de crédito que o programa não seja tão direto assim. O que parece ser um conto de fadas, isto é, o casamento dela e Trey, com traje escocês e tudo, não chega a tanto, mas Charlotte consegue seu cavaleiro de armadura brilhante na forma de um advogado careca e baixinho. E Miranda consegue o dela no bobão Steve. Carrie acaba com o tipo mais parecido com um príncipe: ele é literalmente grande (*big*, em inglês), podre de rico e em vez de ter uma carruagem branca, dirige uma limusine preta que a leva para casa na noite em que eles se conheceram. E não vamos nos esquecer do período em Paris acompanhando o artista russo Aleksandre, com quem estava decidida a finalmente conseguir seu conto de fadas na cidade mais "romântica" do mundo. Pobre Aidan... Com seu cachorro, o gosto por frango frito e falta de interesse nos vinhos de Napa Valley e na alta costura, não era príncipe o bastante. Quando ele tentou ser o cavaleiro de armadura brilhante oferecendo uma prova de amor e lealdade na forma de um anel de noivado, Carrie o usa no pescoço em vez de no dedo.

Fenômenos mais recentes da TV, como *Desperate Housewives* e *Mad Men* nos prendem justamente pela forma como subvertem os contos de fada. Essas séries nos provocam e ficamos querendo mais, achando que da próxima vez conseguiremos. Quanto mais assistimos, mais chocante e deliciosamente cativante é ver o quanto Betty e Don Draper ou Joan em *Mad Men* e Susan e Mike em *Desperate* parecem estar cada vez mais longe do final feliz.

Nos filmes

Você provavelmente não precisa ouvir que o clichê de "amor verdadeiro que leva a um casamento incrível" está em incontáveis filmes. Os estúdios de Hollywood são especialistas em atender (ou seria estimular?) a fixação norte-americana por finais felizes e eu dificilmente tenho forças para resistir às comédias românticas e dramas brilhantes e glamourosos. Por quê? Eles fazem você se sentir bem.

Finais de contos de fadas estão por toda parte, seja naquele filme sobre uma gravidez acidental envolvendo uma mulher linda e bem-sucedida e um cara gordo, fracassado e barbudo (*Ligeiramente Grávidos*) ao filme de Natalie Portman. *Sexo sem Compromisso,* no qual uma mulher que prefere sexo aos relacionamentos é mostrada como totalmente desajustada e confusa, especialmente por recusar Ashton Kutcher (eles têm razão). Ela cai em si — num casamento, é claro — e eles acabam juntos, prestes a se casar. *Amor e outras drogas* faz o mesmo, só que aqui o personagem de Jake Gyllenhaal salva a teimosa paciente de esclerose múltipla interpretada por Anne Hathaway, apesar da intensa aversão que ela sente a toda essa situação e das dúvidas ocasionais dele. Vários outros filmes (dos quais gostei, pode acreditar) seguem o caminho do "felizes para sempre com o homem perfeito" como se não houvesse alternativa: *Vestida para casar* e *Nunca fui beijada* são dois deles. *Missão madrinha de casamento*, o antirromance absolutamente brilhante de 2011, mostra de modo hilário e doloroso a agonia de ser solteira aos trinta e poucos anos enquanto todas as amigas estão casadas ou prestes a se casar. Além de ser o triunfo da amizade feminina, critica ferozmente a loucura pelo casamento e o culto aos contos de fadas. Mas até em *Missão madrinha de casamento* o final feliz é uma história de amor voltada para a solteira.

A loucura pelo casamento

Por um lado, celebrar o sexo casual é permitido e até estimulado em nossa sociedade (o que é bom, convenhamos), mas por outro lado também somos absolutamente obcecados pelos casamentos. Vejamos os vestidos de noiva, por exemplo. Eles são fonte de interesse histérico e são caríssimos: pense no da Kate Middleton, pelo qual os pais dela pagaram cem mil libras (cerca de quinhentos mil reais). Na verdade, pense naquele casamento como um todo. Foi um evento incrível, mas o mais incrível para mim foi o quanto o mundo se preocupou com a cerimônia de modo tão passional. Em vários lugares, do Laos a Connecticut, eu tive conversas sobre o assunto. Todas tinham as melhores intenções, claro, mas o outro lado desse furor dos casamentos é que para as mulheres fica difícil não sentir a pressão para ser bem-sucedida em seu próprio conto de fadas, sendo uma noiva em alto estilo.

A intensidade do conto de fadas conjugal não conhece limites (algo estranho quando se leva em conta as taxas de divórcio, especialmente nos EUA). O programa de TV *Bridezillas* é um grande sucesso e não podemos nos esquecer de *The Bacheiorette/Bachelor*, *Joe Millionaire*, *My Big Redneck Wedding*, *A Wedding Story*, *Say Yes to The Dress*, *Rich Bride, Poor Bride* e, no Reino Unido, *My Big Fat Gypsy Wedding*. A revista *Brides* é leitura obrigatória para milhões de mulheres. A indústria de casamentos norte-americana vale 40 bilhões de dólares, enquanto a do Reino Unido fatura 6 bilhões de libras. De acordo com uma pesquisa sobre casamentos feita em 2008 pela revista *Brides*, o custo médio total de se casar no Reino Unido é de 23 mil libras, cerca de 115 mil reais (eram 22 mil libras, cerca de 110 mil reais, em 2007. Os casais em Londres e no sudeste da Inglaterra gastam em média 24 mil libras, cerca de 120 mil reais, num casamento). É muito dinheiro.

Marianne, de 28 anos, estudante de pós-graduação na Universidade de Princeton, faz um retrato minucioso do casamento nos EUA, onde a cerimônia é como o verdadeiro cálice sagrado. "Você fica preocupada por ter um prazo de validade", comenta. "Para mim, infelizmente é uma questão de conquistas. Estudei em Harvard, agora estou em Princeton, o casamento é o próximo passo. Quero me livrar logo disso. Após terminar o Ph.D, o título com o qual eu me importo é o casamento."

Não me interprete mal, eu não tenho problemas com casamentos maravilhosos e nem me importaria em ter um assim algum dia, mas incluí todas essas informações sobre casamento aqui para mostrar o quanto a ideia do "felizes para sempre" é poderosa em nossa cultura.

Janet, de 30 anos, observa que suas noitadas mais agitadas agora são despedidas de solteira.

> "Tem toda uma veneração da noiva rolando. É como se o casamento fosse o objetivo maior e supremo, como se transformasse uma mulher numa deusa para a qual todos nós temos que nos curvar. É um absurdo."

Será que isso tudo tem a ver com a grana, pura e simples? É bem provável. O consagrado escritor Jonathan Franzen expressou repulsa pelo amor materialista. "Todos vocês podem dar um exemplo favorito e mais nauseante da mercantilização do amor", contou ele aos formandos no discurso durante a cerimônia de entrega de diplomas em Kenyon College, Ohio. "Entre os meus estão a indústria de casamentos, comerciais de TV protagonizados por criancinhas fofas, dar automóveis de presente de Natal e a relação grotesca entre diamantes e devoção eterna."

Ele soa um tanto mal-humorado, mas não seria o primeiro a dar um argumento convincente de que a necessidade comercial de publicitários e empresas são o *verdadeiro* pano de fundo para tudo, da insegurança feminina em relação ao peso e o envelhecimento (compre dietas, cremes e plásticas!) aos casamentos grandiosos e chiques que nos sentimos obrigadas a ter. Quanto mais longe deste Santo Graal você estiver, mais se sentirá como leite estragando ao sol, a menos que alguém a leve ao altar a tempo. Nesse cenário as mulheres precisam repensar, passando a basear o sucesso ou a felicidade em quem são como indivíduos e não na etapa do conto de fadas em que estão.

E por fim: o massacre virtual

Então você sabe que está solteira e precisa fazer algo a respeito. Você entra na internet e os sites jorram mensagens insistentes na sua direção (ao contrário das pessoas com quem você entra em contato): "O amor está no ar. Podemos ajudar você a encontrá-lo" e "Mais chances ao amor", diz o eHarmony. "Comece a sua história de amor", estimula o Match.com, usando a ideia de conto de fadas e mencionando uma história de amor com começo, meio e fim. Os e-mails estressantes do JDate vêm adornados com: "Mostre a ele que você é a garota certa".

Subitamente, você fica ainda mais estressada quanto ao seu status amoroso. Os sites fazem todo um discurso para que você encontre seu príncipe. Atualizações e mensagens surgem a cada minuto, oferecendo dicas de como ser melhor e mais atraente e potenciais parceiros. Muitas pessoas se divertem à beça com isso, mas sem dúvida os namoros pela internet podem gerar ansiedade social e deixar você ainda mais irritada por ser solteira.

Pode ser algo sensacional e também pode fazer você sentir que algo está faltando quando não é o caso. E tudo isso também pode fazer com que você consiga exatamente o que está procurando, claro, mas por ora a ideia é perceber que já conseguimos o que procuramos em nós mesmas. (Alerta de sobreposição de regras! Se você estiver dando um tempo nos namoros pela internet — regra número 8 — já saiu na frente. Diminuir o acesso a sites de namoro ajuda a bloquear um pouco deste *ruído* que interfere na capacidade de nos reconhecer como pessoas em vez de mulheres procurando homens desesperadamente).

Concentrar-se em você como indivíduo: como colocar isso realmente em prática

1. Dê valor a si mesma

Parece simples, chato e o tipo de coisa que norte-americanos fazem durante workshops de autoajuda em Oklahoma. Mas os norte-americanos tiveram a ideia certa, porque é algo importante e difícil. A psicoterapeuta Judy Bud, diz: "As pessoas não se se dão o devido valor".

Então como se dar valor? Comece pensando em algo que lhe agrade, seja um desafio no trabalho, em casa ou social. Pode ser uma boa ação, um trabalho bem feito ou algo com que você se preocupava, mas ainda superou, como uma reunião de diretoria ou encontro de família. Geralmente lembrar-se do que é agradável exige um esforço ativo. Estamos tão acostumadas a ser autocríticas que acabamos bloqueando o que merece um tapinha nas costas, mesmo que seja dado por nós mesmas. Então, primeiramente, lembre-se de algo. Depois diga a si mesma, mesmo que pareça brega: "Sim! Eu fiz isso. Isso foi bom. Eu mereço um tapinha nas costas".

Repita esse exercício mental uma vez por dia. É muito menos cansativo e chato do que ir a academia.

Muitos terapeutas aconselham os clientes que estão aprendendo a arte do autorreconhecimento a literalmente darem tapinhas nas próprias costas. Basta estender a mão e dar uns tapinhas felizes. É algo que pode ser feito discretamente de modo a parecer que você está se coçando e evitar a impressão de ter enlouquecido. Isso permite que você se congratule em público caso pense em algo quando estiver na rua.

Você pode ter ouvido falar em afirmações, outra sugestão terapêutica em que a pessoa escreve algo inspirador e positivo que considera genuinamente verdadeiro sobre si mesma e, uma vez ao dia, lê em voz alta algumas vezes. Isso funciona muito bem para algumas pessoas, principalmente porque o poder das palavras pode ser tão forte que muda o cérebro. Basicamente, você se convence a ver todo o seu ser de um jeito meio zen.

O meu favorito, contudo, é "A Lista". Basta abrir um documento do Word ou pegar um bom e velho pedaço de papel e uma caneta e escrever o máximo de coisas positivas feitas por você que conseguir lembrar. Se quiser jogar algumas características positivas gerais sobre quem você *é*, vá fundo. Mas sempre acho que ser específica quanto a ações ou realizações é melhor. E se alguém como a sua mãe ou uma tia idosa ou irmão disse recentemente o quanto te ama, anote isso também.

2. Ignore a sua mãe
Não ignore o quanto ela te ama e que você precisa ser boa para ela (dentro dos limites. Estou imaginando a mãe comum, isto é, entre irritante e maravilhosa e não um monstro). Mas as mães ficam muito preocupadas com o fato de as filhas estarem solteiras. Elas podem ficar neuróticas com isso, pois cresceram em outra época, em que mulheres solteiras com mais de 27 anos estavam perigosamente perto de serem consideradas solteironas com gato, correndo o risco de virarem criaturas tristes apo-

drecendo sozinhas e pobres sem o salário de um homem. Não vamos nos esquecer das acusações de frigidez, esterilidade e sofrimento. Então, é compreensível que elas fiquem preocupadas, especialmente se a esperança de netos está em suas mãos. Mas a mãe pode fazer você se sentir muito mal em relação a isso e, com um ou dois comentários fora de hora, reduzir todas as suas outras conquistas à triste (para elas) falta de homem. Não ajuda em nada. Mas se você se fortalecer, pode simplesmente ignorar o assunto quando ele surgir ou chocá-la com outra notícia que a distraia. Ou então dizer: "Olha, eu estou completamente na seca em relação a sexo. O que você quer que eu faça?" Isso deverá fazê-la abaixar o tom.

3. Desenvolva um olhar crítico e consciente
Conforme mostrei em boa parte deste capítulo, estamos cercadas por coisas e pessoas dizendo:

FAÇA SEU CONTO DE FADAS ACONTECER AGORA!!!!

e

ONDE ESTÁ O SEU PRÍNCIPE, QUERIDA?

Nós absorvemos boa parte disso, junto com toneladas de outras informações, sem perceber. Mas é gratificante fazer uma tentativa consciente de monitorar manchetes e anúncios publicitários e até formas sutis, como tramas de filmes e conversas que dizem algo sobre ser solteira. Não estou aconselhando a ficar furiosa sempre que ler uma manchete sobre a Jennifer Aniston, mas comece a observar quando vir algo direcionado a você (seja iogurte probiótico, joias, cremes para a pele, revistas femininas ou filmes) que gire em torno dos romances como contos de fada ou sexo e perceberá o quanto eles existem aos montes por aí. Para não enlouquecer por causa deles e seguir esta regra de modo eficaz, basta reconhecer que tudo é uma questão de marketing e vendas, alimentando-se de ideias antigas sobre a feminilidade. Nada disso existe por ser realidade. Depois dê um tapinha nas costas por não ter ido à loucura e conseguido manter os pés no chão apesar dos pequenos deslizes (como os que a trouxeram para este livro).

4. Escolha ídolos para seguir

Parece brega demais, mas quando a maioria das mulheres que vemos em videoclipes, filmes, revistas, desfiles de moda, *reality shows* e até na lista dos mais ricos da revista *Forbes* (pense na Lady Gaga) são caracterizadas pelo corpo sensual, pela vida amorosa turbulenta (ou muito bem-sucedida, vide Kate Middleton) e roupas malucas, é preciso lutar para se lembrar de que existem mulheres famosas que conseguiram vencer sem depender da aparência física, roupas ou *sex appeal*.

Escolha três ou quatro mulheres e compre biografias delas, caso estejam disponíveis. O simples fato de tê-las na mesa de cabeceira já será benéfico, pois você vai subconscientemente registrá-las sempre que for dormir. Leia os livros ou passe os olhos neles, se puder. Pense em algo brega e faça: coloque essas mulheres como protetor de tela no computador, por exemplo. Ou compre pôsteres e os pendure na parede.

Algumas mulheres que me inspiram

Ayaan Hirsi Ali — *Infiel*, a história da fuga de um casamento arranjado na Somália para a Holanda, saindo da vida tribal islâmica e da circuncisão feminina para a fama política na Europa, é totalmente inspiradora.

> Hillary Clinton — quem diria. Hillary poderia ter deixado a indiscrição de Bill atrapalhar o seu progresso, mas não deixou. As pessoas a odeiam pelo que ela é e por correr atrás dos seus objetivos, mas ela não consegue se manter focada nem dominar um jogo que, infelizmente, é masculino.
> Tzipi Livni — o azarão da política israelense e outro exemplo de mulher que escalou muros construídos por homens e virou uma figura indispensável na política.
>
> Eu citaria Angela Merkel, mas ela não me empolga tanto. Europa, aff!
>
> Também adoro as mulheres de negócios. Eis algumas que chegaram ao topo em empresas que não são de roupas, dietas ou maquiagem:
>
> Sheryl Sandberg, COO do Facebook
> Irene Rosenfeld, CEO da Kraft Foods
> Indra Nooyi, CEO da PepsiCo
> Zoe Cruz, ex-coCEO da Morgan Stanley (foi uma das mulheres mais bem pagas de Wall Street)

Este é o meu gosto. Estas mulheres podem não lhe dizer nada: você pode preferir Oprah ou uma mulher realmente inspiradora que trabalha na lanchonete perto da sua casa. O importante é levar em conta quem você considera inspiradora e depois discutir o nome com as amigas. Elas concordam? Caso não concordem, por que não? E quem elas escolheriam? Conversar sobre os ídolos com as amigas também é uma ótima forma de se esquecer dos caras e descobrir a capacidade de falar de outros assuntos. Tenha isto em mente quando estiver seguindo a regra de não falar sobre homens.

Como eu segui esta regra

Antes da detox de homem
Eu me concentrava na minha autoestima de vez em quando, mas não nos momentos mais úteis. Às vezes eu fazia uma reflexão rápida sobre as minhas qualidades se fizesse algo particularmente legal ou digno de nota a ponto de ser elogiada por um parente ou amigo, o que aumentava a autoestima. Mas foi *muito* fácil canalizar nos homens toda a minha noção de autoestima. Acabei me contentando com migalhas da aprovação deles em várias ocasiões. Por isso, minha autoestima era um tanto volátil. Por não ter uma base sólida, meu humor oscilava violentamente, passando por altos ("Sim, eu sou o máximo!") e baixos ("Ninguém me ama").

Como eu consegui
Implementei um regime. Sempre que fazia algo remotamente bom, eu me dava um tapinha nas costas. Às vezes, literalmente. Peguei todos os momentos entediantes em que costumava pensar em algo hipotético relacionado a um homem e transformava numa oportunidade para pensar sem qualquer pudor sobre os fatos positivos da minha existência. Pode parecer presunçoso, e de fato às vezes era mesmo. Mas tudo bem. Você também tem motivos para se orgulhar. Claro que a regra não é para isso, mas

é normal fazer essa autoanálise de vez em quando. Vale tudo para colocar a situação em outra perspectiva. Para mim, isso às vezes envolve (ou começa) com a presunção.

Como eu me senti
Brega, às vezes. Mas não muito. OK, na verdade foi bem agradável.

O que deixei passar
De vez em quando você se sente um lixo porque fica abalada por um cara. Acontecia/acontece comigo, mas sempre tentei (e continuo tentando) contrabalançar isso com alguma tentativa de analisar a situação por outro ângulo.

E agora?
Incorporei o autorreconhecimento ao meu estado mental geral. Foi um hábito bizarramente fácil de implementar depois que notei o quanto eu *não* costumava fazer isso. E agora, assim que um cara me deixa mal ou percebo que estou me negando como pessoa por causa dele, eu pratico um pouco de pensamento positivo e mudança de ângulo para ver se ajuda. Quase sempre dá certo.

SOS!

Está se sentindo negativa quanto à sua situação amorosa apesar de todos os esforços? Pensar de modo construtivo em você como pessoa acima de tudo foi ofuscado por uma rejeição ou um momento de "EU QUERO UM HOMEM, PÔ!"?
Todas nós passamos por isso. É natural. Temos inteligência emocional em função desses momentos, mas não deixe isso durar muito.

- Faça algo absurdamente divertido: maratona de comédias românticas com a melhor amiga, sair para um fim de semana de ciclismo com um bom amigo, dar um jantar para as pessoas de quem você mais gosta e fazer com que seja incrível.
- Recupere o equilíbrio. Para mim, alguns minutos de respiração concentrada com os olhos fechados pode fazer maravilhas. O segredo para o sucesso é ficar atenta quando se concentrar na respiração. Não se preocupe, apenas tente apreciar a inspiração e a expiração e ouça os sons ao seu redor. Ou vai ser uma maravilha ou você vai ficar tão entediada e impaciente que vai fazer a próxima tarefa com vigor, seja qual for.
- Se você estiver lidando com um fracasso amoroso que está ofuscando sua situação de indivíduo extraordinário, tente reconhecer que não ia dar certo mesmo. Ou seja, você não é um fracasso em relação aos homens e sim um sucesso na medida em que luta para ser boa, feliz ou bem-sucedida como pessoa. Você vai chegar aonde precisa no momento certo. É isso. Budismo na veia. (Aliás, dedicar-se ao budismo não seria má ideia...)

REGRA NÚMERO 10

Conhecer seus obstáculos

Você precisa desta regra se
- Todo mundo precisa disso!

Combina com
- Todas as outras regras

Joanne, de 28 anos, teve uma semana intensa: levou bolo de um cara que ia ver pela segunda vez, transou com outro para compensar — um semiamigo que depois alegou não poder mais "fazer isso", pois temia que ela fosse se envolver. Depois, para confortá-la, algumas amigas festeiras a arrastaram para a rua, encheram Joanne de bebida e a ajudaram a participar de uma péssima troca de beijos com um idiota aleatório numa boate que ficava embaixo de uma ponte. Quando ela finalmente saiu de lá, acabou levando quase duas horas para chegar em casa.

O negócio é que Joanne não gosta do caos. Essa semana a fez pensar que estava enlouquecendo. Então, ela jurou dar um tempo disso tudo, exilou-se na casa da irmã mais velha no Norte e ficou um período trabalhando como babá. Joanne voltou renovada e vagamente recuperada daquela semana verdadeiramente traumatizante, indicando que ela precisava muito da detox de homem.

Na quarta-feira, ela já tinha conseguido ficar bêbada uma vez. Na sexta, dormiu com o "amigo" de novo.

Algo precisava mudar. Ela percebeu que estava dizendo sim a pessoas que até poderiam ter boas intenções (as amigas festeiras), mas que estavam levando Joanne para um belo caminho com várias plantas, porém cheio de cobras no fim (o garoto em questão).

Ela precisava de um período de recuperação e contemplação e o fato de parecer incapaz de conseguir algo assim (a menos que se afastasse totalmente de tudo) era... preocupante. Por isso Joanne parou, pensou e decidiu levar a situação a sério. Ela precisava detectar os tipos de pessoas que iriam levá-la a lugares indesejados antes que isso acontecesse.

Em outras palavras...

Sabe aquelas pessoas que tentam fazê-la comer o brownie que elas acabaram de assar sempre que você está de dieta? Ou dizem para você parar de ser chata, pouco saudável ou preocupada com o peso sem ter necessidade? Elas podem estar em todos os lugares e ser desde os colegas de trabalho que levam doces para a empresa até a mãe, passando por amigos. Parece que, conscientemente ou não, eles fazem questão de afastá-la do caminho certo.

Isso também acontece quando você segue a detox de homem. Certos tipos de homem podem ser o caminho direto para o amor junk food, mas o mesmo vale para alguns tipos de mulheres. As mulheres com quem você sai geralmente são suas amigas e, portanto, querem o melhor para você ou estão movidas pelo desejo de se divertir. Isso as deixa muito mais perigosas, pois você não espera que as amigas sejam a causa do seu desvio para longe do caminho certo.

Os indivíduos do sexo masculino, por sua vez, podem ser a causa direta de um surto de amor junk food. Claro que o pesadelo de amor junk food de uma mulher pode ser o melhor amigo ou futuro marido de outra, mas acredito que seja possível definir alguns tipos a serem evitados. Se conseguir detectar os tipos perigosos, do jogador ao traidor de consciência limpa, você evitará alguns problemas e dores de cotovelo pelo caminho.

As mulheres a evitar

1. A festeira
Todas nós temos amigas que parecem imunes à ressaca ou que ainda conseguem levantar da cama depois de três noites saindo

durante a semana até as 3 horas da manhã. Elas são divertidíssimas, o tipo de pessoa com quem você quer ir para a noite quando está se sentindo forte e "na pista para negócio". Mas quando você está na detox de homem, é melhor ficar longe delas.

Quem é: quando estiver saindo com esta amiga, é impossível não ficar bêbada. Basta virar as costas e lá está outra rodada na mesa. Pode-se até começar dizendo: "Vou tomar só um drinque" e de repente são 4 horas da manhã e você está em algum lugar onde não tinha a menor intenção de estar. Agora, quando você e a festeira têm uma noitada ótima, você costuma precisar de uma séria reestruturação física depois, seja pelos beijos na pista de dança, por dormir com garçons ou chegar em casa sabendo que não vai conseguir levantar da cama no dia seguinte.

Por que é um perigo: se você sair com ela, tem grande probabilidade de quebrar várias regras da detox de homem:

- Correr atrás, seja por estar bêbada ou por ter um ataque de impulsividade na madrugada.
- Mandar mensagens de texto bêbada ou outro comportamento relacionado ao álcool destinado a tornar a ressaca ainda pior.
- Enlouquecer de tesão e agarrar o primeiro homem que vir pela frente.
- Permitir que algum cavalheiro para lá de desqualificado tome o seu tempo e acordar no dia seguinte sentindo-se fraca mentalmente e incapaz de se concentrar no seu projeto ousado (veja a regra número 5).
- Inevitavelmente a noitada vai gerar muita conversa sobre homens, fofocas da noite anterior e por aí vai (regra número 4). Adoro tudo isso e sou a primeira a fazê-lo, como minhas amigas podem confirmar, mas não é algo útil enquanto você estiver na detox de homem.

Então: se ela quiser sair, sugira um jantar. Depois de comer, fica difícil entrar no clima de sair entornando por aí. Ou apenas adie a saída com ela. Afinal, a festeira sempre tem muitas pessoas para quem ligar e sair.

2. A imprudente

Quem é: ela tem personalidade forte e as pessoas tendem a segui-la. Ao contrário da festeira, que pode muito bem ter namorado e apenas gosta de verdade da vida na farra, esta garota provavelmente é solteira e tem uma atitude em relação ao sexo que faz você esquecer a existência do amor junk food. A habilidade dela consiste em fazer tudo *parecer* fácil: a imprudente leva homens para cama, faz sexo a três, passa a noite num banheiro de boate ou faz algo escandaloso numa festa na casa de alguém e nada disso tem qualquer impacto emocional ou deixa qualquer marca além de boas risadas. Quem sabe se ela está reprimindo tudo ou tem sérios problemas? Pode ser. Ou não. Seja lá o que for, a imprudente faz com que sexo casual às pencas, encher a cara ou fazer loucuras pareça algo bacana e fácil. É comum encontrá-la passando muito mal em algum momento da noite, quando vomita, mas aí do nada ela se recupera e volta com tudo para a festa.

Por que é perigosa: é muito fácil entrar no ritmo e imitar esse tipo de moça (exceto pela parte de vomitar, espera-se). Elas são como uma "força da natureza", conseguem influenciar vários grupos de amigos. Você a vê vivendo o sonho mais louco da solteira, sem qualquer cicatriz física ou emocional e sente que pode fazer o mesmo. Então você manda os limites para o espaço, já não tem muita certeza de tê-los mesmo e, quando se dá conta, ganhou um quilo de peso em amor junk food com uma dúzia de ficadas nada a ver, boa parte delas inevitavelmente longe do ideal.

Você pode não ter uma amiga assim ou pode surgir a qualquer momento: numa hora ela está com um namorado fixo, na outra está livre, solteira e pronta para todas as imprudências do universo. O problema desta garota é que sua influência pode se estender além da noitada: ela fica presente, como uma ideia na sua cabeça. Mas tudo bem, desde que você a considere um tipo a ser apreciado com moderação.

3. A caçadora de homens
Esta pode muito bem ter sido você antes de conhecer a detox de homem. Talvez você tivesse o hábito de empreender uma busca ardente e bêbada por qualquer um com cromossomo XY no recinto depois das 11 horas da noite.

Quem é: a caçadora de homens é a mulher agressivamente solteira, que vive a solteirice intensamente, seja como oportunidade sexual a ser explorada o tempo todo ou como a busca incansável pelo Sr. Perfeito. Todo homem é uma opção e nenhum cara atraente passa despercebido e sem um comentário. Ela vê tudo em termos de possíveis ficadas ou relações. Se você deixar claro que tem um irmão, vai detectá-la de longe quando ela perguntar: "Ele é solteiro?"

Por que é perigosa: quando vocês saem juntas, a caçadora de homens age com força total. O álcool é o trampolim para se aproximar dos grupos de homens, falar com eles e, se possível, trocar uma boa quantidade de fluidos corporais. Com ela, sair basicamente significa conhecer homens.

Então: pode ser meio estressante ter a caçadora de homens por perto, pois o jantar que você pretendia ter inevitavelmente se transformará numa festa para conhecer homens. E não importa se vocês estão num restaurante ou bar, ela sempre encontra alguém para caçar. Isso é muito divertido e pode ser bastante útil, se você estiver sem amor junk food há um tempo e desejar algo que não presta ou se está com um tesão louco e precisa de companhia masculina para resolver o problema. Mas enquanto estiver seguindo a detox de homem, sair com a caçadora de homens significa impossibilidade total de cumprir as regras. Tente afastá-la um pouco ou vê-la apenas para um *brunch* ou outro programa sem álcool.

4. A amiga casada/apaixonada

Acho que *O Diário de Bridget Jones* e *Sex and the City* abordaram muito bem essa categoria das futuras mães dignas de pena e orgulhosamente casadas. Acho que a maioria de nós não encontra esse extremo com frequência, mas existem versões dele em todos os lugares, portanto, tenha cuidado.

Quem é: sua melhor amiga da escola, amiga do trabalho, amiga de uma amiga. Ela vem em todas as formas. À medida que você se aproxima dos 30 anos ou mais, várias amigas estarão casadas ou tendo filhos. Ela é apenas uma dessas amigas que levou a solteirice a sério e tomou para si a tarefa de resolvê-la (muito carinhosamente). Ela pode dar nos nervos, mesmo que geralmente seja uma das melhores amigas.

Por que é perigosa: ela nunca deixa você esquecer que está solteira. Se você não estiver conhecendo gente nova, ela pergunta: "Por quê?" Se estiver: "Quem é?" ou "O que houve?" Agora, eu pergunto: todo esse interesse é altruísta? Talvez. Também pode ser que pessoas com relacionamentos sérios achem *divertido* falar de parceiros em potencial e do quanto ser solteira é péssimo (na opinião delas) já que passaram para o outro lado.

Naqueles jantares cheios de casais, se você sentir uma atenção indesejada na sua vida amorosa, sinta-se à vontade para mudar de assunto ou sair mais cedo. Além disso, nunca se esqueça do poder que tem uma resposta curta, porém carinhosa. Se ela insistir em quebrar a regra de não falar sobre homens, afaste-a com: "Ah, você sabe como é! Nada a declarar". E siga em frente.

Os homens a se evitar

Este livro diz respeito principalmente a *você*, mas é claro que você está lendo devido a seus encontros amorosos com homens. Saber quais tipos de homens têm maior probabilidade de tirá-la do caminho certo é uma parte fundamental do kit de ferramentas da detox de homem. Afinal, reconhecer o tipo de homem com quem você está lidando pode evitar um monte de ganho de peso relacionado ao amor junk food, eu prometo.

Estes são alguns tipos de homens. Cuidado com eles, meninas. São o caminho certo para tirá-la dos trilhos.

1. Casado... e feliz por trair.
CMD. Não, não é o nome de uma empresa. Significa casado, mas disponível e é exatamente o que um homem de quarenta e poucos anos disse a uma amiga minha num jantar de aniversário há pouco tempo.

É esquisito. De repente aparece um homem atraente e inteligente e o fato de ele estar interessado em você parece um alento, mas, no fim das contas, ele é casado. Ou talvez você tenha visto uma aliança e quando se dá conta o homem já está chamando você de linda. O estranho nisso tudo é que esses caras costumam ser jovens e parecem ter casamentos sólidos. Não é que eles estejam infelizes e sofrendo no campo doméstico, a verdade é que eles querem mesmo é fazer sexo com a esposa e fora de casa. Para eles, não há o menor problema dar em cima de você. O cérebro do casado que é feliz por trair se recusa obstinadamente a admitir que há algo errado em ter uma santa em casa e uma vadia na rua. Pode parecer grosseiro, mas há um motivo pelo qual esta é a dicotomia mais famosa da psicologia sexual. Eles sentem que têm direito a isso, e pronto.

Talvez não haja nada de errado com esse comportamento, mas, para mim, ser a transa ou casinho aleatório de um homem casado (a cereja no bolo dele, digamos assim) não vai fazer *você* feliz, mesmo que seja muito divertido para ele. E isso porque nem falamos das questões de consciência em relação à esposa e aos filhos.

Como detectá-lo: da próxima vez que um homem atraente e charmoso tentar cantá-la do nada, pergunte a si mesma: "É bom demais para ser verdade?" Porque a resposta pode muito bem ser "sim". Se ele não estiver usando aliança, pergunte na cara dura se é solteiro. Se o homem for casado e você seguir em frente, entrará numa área muito, mas muito perigosa do amor junk food.

Por que é perigoso: charme, confiança, elogios. Você pode pensar que nunca cederia a um tipo desses, mas ficaria surpresa com a frequência em que isso acontece. Primeiro, a quantidade de homens comprometidos que não veem nada demais numa transa ou casinho com outra mulher me deixa chocada. Segundo, o problema de muitos desses jovens traidores é que eles são muito atraentes, muito dissimulados e sabem elogiá-la exatamente quando você está com a autoestima em baixa. Nem todo homem trai, mas há muitos que o fazem sem o menor problema.

2. Cheio de charme, mas não quer compromisso

Poucas características são mais atraentes na primeira instância do que charme. Estou me referindo a um belo sorriso, ótimo contato visual e estilo paquerador com inteligência e aparente consideração pelas suas necessidades: ajuda a carregar bolsas, lembra o seu drinque favorito, ajusta a temperatura do quarto se você estiver com frio ou calor e por aí vai.

Mas alguns caras são exatamente isso. Têm um interesse especial em *você*, estão solteiros e obviamente a fim de jogo.

Isto geralmente significa o seguinte: são charmosos, estão acostumados a levar mulheres às alturas com seus encantos, adoram fazer isso e você é apenas mais uma na lista. Ah, sim: eles podem ou não ser solteiros.

Como detectá-lo: assim que conhecer um desses caras, você fica caidinha por ele. Quando o charmoso aperta a sua mão antes ou depois dos beijos, olha diretamente nos seus olhos. Ele lhe serve uma bebida antes mesmo de você se sentar. Ele pode ser amigo de um amigo, o anfitrião de um jantar ou pode tentar encantá-la por motivos sociais ou profissionais. Por exemplo, ele pode ser dono de hotel, ator, barman ou outra pessoa acostumada a atender clientes ou interpretar personagens. O seu erro é confundir linguagem corporal e boas maneiras com interesse de verdade. Bom, algumas mulheres têm tara por homens de uniforme e é aí que caímos na lábia de garçons paqueradores e afins.

Por que é perigoso: você cai no charme e eles dão apenas o bastante para fazê-la se sentir especial. Mas esses caras não têm a menor intenção de sair com você. O flerte incrível misturado à maldita boa aparência é uma combinação sedutora, mas você vai acabar percebendo que está dando murro em ponta de faca ao tentar obter uma demonstração concreta de interesse da parte dele. Essa é uma revelação e tanto na batalha contra o amor junk food. Se você conseguir detectar esse tipo de imediato, está realmente indo bem. Viva!

3. O cara que mantém as opções abertas
Este é difícil de detectar até a hora do encontro amoroso propriamente dito. É aquele que a deixa doida com sinais confusos: algo que em geral acontece justamente quando você está começando a achar que pode gostar dele. Por quê? Ele está deixando as opções abertas e não sente nada por você. Este cara é um jogador? Possivelmente, mas não necessariamente.

Para o meu último livro, falei com vários homens sobre os motivos para enrolar uma garota e um das principais era que uma mulher legal e razoável é melhor do que nada, mas uma mulher que um cara acha apenas OK desde o começo não é digna de compromisso sério. Por mais duro que pareça, você é um quebra-galho. Estes são os caras que podem muito bem levá-la a começar a detox de homem, pois provavelmente estão saindo com outras pessoas e se superestimam. Por essas e outras, faça questão de sair correndo para que ele *continue* solteiro.

Como detectá-lo: este cara é perspicaz o bastante para deixá-la interessada nele, mas depois de sair algumas vezes dá para sentir uma notável falta de progresso. Ele fica muito na defensiva quanto às noites que não passa com você, porque não quer perder a oportunidade de encontrar outra pessoa.

Por que é perigoso: durante várias conversas com amigos, fiquei chocada ao descobrir que vários homens têm aversão a conflitos e conversas complicadas. Por isso, em vez de dizer que não querem compromisso, muitos preferem esconder a verdade, geralmente com uma boa dose de charme. O resultado é que esse tipo de cara parece estar a fim quando vocês estão juntos, mas é frio e distante quando estão separados. Nada parece fácil. As mensagens de texto dizem uma coisa, a frequência delas diz outra. Os sinais contraditórios serão de enlouquecer, caso você permita.

4. O cara lindo mas chato

Homens desse tipo são tão lindos (e infelizmente sabem disso) que exercem um poder imenso tanto em termos sociais quanto amorosos. Contudo, quando você lhes dá o elogio da sua atenção e atração eles não retribuem da mesma maneira. Ao parar e analisar o que dizem, deixando de lado a admiração, você vai notar que eles realmente não têm muito a dizer. E o que esses caras dizem tende a girar em torno deles mesmos. Argh, monólogos? Que brochante. *Não perca seu tempo.*

Como detectá-lo: corpão, rosto lindo, aversão a fazer perguntas, exceto se ele for respondê-las.

Por que é perigoso: tudo bem, num mundo ideal você sairia correndo assim que notasse o quanto ele é egocêntrico. Na verdade, é fácil acabar tendo uma quedinha por ele por causa da aparência. A única vantagem deste tipo de homem é que garotas como *você* tendem a perder o interesse *neles* primeiro, mas isso só acontece se chegar a namorá-lo. Detecte-o de cara e você vai pular o turbulento período inicial de esperar e rezar para que ele demonstre algum interesse, temer que ele seja areia demais para o seu caminhão e por aí vai.

5. O babaca
Tenho uma quedinha pela maioria dos tipos de caras desta lista, eles são meu ponto fraco. Só porque eles são assim para você ou para mim não significa que não tenham vantagens para outras mulheres. Mas há certos homens dos quais eu jamais seria amiga depois de ver o comportamento "romântico" deles.

Eu os chamo de babacas, simples assim.

Como detectá-lo: muito direto sexualmente, deixa claro logo de cara que supõe que você vai se derreter toda e irá agir de acordo com a conveniência dele, como ir para bares perto da casa dele, deixar você pegar as bebidas, dar longos telefonemas para os amigos enquanto você fica lá sentada. O pior de tudo é o fato de se recusar a usar camisinha porque não gosta e que se dane a sua saúde sexual e o seu conforto. Espero que você não chegue a fazer sexo com esse tipo de cara porque sexo egoísta vem acompanhado pelo comportamento de te jogar para escanteio.

Por que é perigoso: você acha que detectaria um babaca de longe e terminaria qualquer conversa antes da terceira frase. Nem sempre: eles podem parecer muito bons e lhe cobrir de elogios quando estiver vulnerável. Além disso, às vezes é possível se confundir e considerar esses caras atraentes simplesmente por serem um desafio.

CONHECER SEUS OBSTÁCULOS 287

6. O assexual
São os bonzinhos que parecem dispostos e/ou a fim de namorar, mas nunca passam disso. Quase sempre são lindos e ótima companhia.

Como detectá-lo: igual ao casado, ele pode parecer bom demais para ser verdade. Inteligente e artístico, amigável e espirituoso, mas a última coisa que ele vai fazer é olhar para os seus peitos. Você pode conhecê-lo em festas e conversar horas antes de trocar contatos, mas nada de beijo. Todas as suas amigas perguntam o que está rolando, mas você já sente que a resposta é "nada", pois não há química ali.

Há outra versão deste cara: o metrossexual sarado de corpo perfeito. Para ele, as mulheres são uma potencial fonte de distração da academia e dos shakes de proteína. A maioria dos mortais não vai ter corpo bom o bastante para esse cara, mas ele ainda gosta se divertir por aí. Esse cara até vai namorar você, mas só para se divertir, então, não espere sexo *caliente* da parte dele.

Por que é perigoso: ele a atrai para pseudoencontros românticos nos quais você passa a noite se perguntando se ele está minimamente interessado. Quando chega a hora do beijo de despedida e ele te dá um selinho na bochecha, você pode se sentir de desolada a decepcionada. Eu já me repreendi muito por ter perdidos noites de sábado assim.

7. O cheio de problemas com a ex
Este cara é completamente inútil para qualquer garota com um ego normal. Ele usa a ex como desculpa para ir devagar e mantém você por perto para ligar quando estiver a fim ou quando realmente tiver problemas a resolver com o passado. Esse homem sempre vai ser:
a) Chato de conversar
b) Emocionalmente distante

c) Um beco sem saída em termos românticos

Uau, que combinação, hein?

Como detectá-lo: em vez de dizer logo que precisa ir devagar porque acabou de terminar um namoro, ele falará isso depois do sexo como quem não quer nada, quando os dois estiverem abraçadinhos ou quando você quiser vê-lo de novo. Ele achará um jeito de falar disso justamente quando você demonstrar que está a fim dele. É chantagem emocional, pois nenhuma garota quer "ir rápido demais" depois de ter ouvido esse papo e ele sabe muito bem disso.

Há formas mais óbvias de detectar os homens cheios de problemas com a ex: se ele ficar no telefone com ela o tempo todo, se os dois flertam pelo mural do Facebook na frente de todo mundo e se ainda trocarem mensagens de texto. Contudo, eu não sei como descobrir o conteúdo do telefone dele, pois sou contra esse tipo de coisa.

Por que é perigoso: ele parece disponível no começo e é muito bom em lhe dar esperança. Depois, cai a guilhotina. A única forma de descobrir se um cara tem problemas com a ex é perguntar aos amigos e conhecidos do jeito mais sutil possível. Depois, é correr muito assim que ele tentar manipular você usando a ex.

8. O networker
Ele gosta de você ou da sua rede de contatos? Este cara está atrás de você por interesse e não por quem você é. Se você tiver dinheiro e for bem-sucedida, há um tipo de homem que não tem vergonha e pode estar atrás do seu dinheiro, pura e simplesmente. Mas o mais comum é o cara que pensa que você conhece pessoas que podem lhe ser úteis: um colega mais sênior no seu ramo, amigo da família, agente, primo.

Como detectá-lo: ele se mostra de modo bem óbvio e rápido, o que é bom. Enquanto isso não acontece, fique de olho se alguém armou o encontro amoroso ou se você o conheceu pela internet e por acaso vocês trabalharem na mesma área ou em áreas complementares. Se for a mesma área e você estiver numa empresa melhor ou for mais experiente, é hora de ligar o alerta máximo. Se for uma área complementar: você é jornalista e ele, relações-públicas, por exemplo, ou ele é roteirista e você trabalha para a BBC, ligue o alerta vermelho. Preste atenção para ver se ele faz alguma pergunta para sondar, com objetivo claro de obter informações e avançar na carreira. Há uma chance de ele também estar interessado realmente em você, mas é difícil saber. Além disso, essa atitude indica péssimas habilidades sociais e um egoísmo impressionante ao confundir namoro com *networking*. Você não quer um parceiro com essas características.

Por que é perigoso: Ele não está interessado em você, apenas nos seus contatos. Apaixonar-se por ele seria o pior erro. Descobrir no meio do caminho o que ele realmente queria pode ser tão doloroso quanto descobrir que ele estava te traindo.

9. O semideus misterioso

Este é poderoso: bonito, caladão, atencioso, distante e incrivelmente bom de cama (nas poucas vezes em que vocês terminam lá). Ele é tão misterioso e quieto, na verdade, que você preenche todas as informações que faltam com projeções insanas sobre o quanto ele é incrível. A profundidade oculta e sensacional e a forma de semideus são um mero reflexo da sua alma divina. E por aí vai.

Mas existem algumas características não tão positivas neste cara absurdamente atraente. Ele não está realmente disponível para um relacionamento. E não está tão preocupado ou tão a fim de você quanto você está por ele. Mas você está tão caidinha por esse homem e está tão convencida que há mais nele do que aparenta que está disposta a quebrar todas as regras do decoro para o continuar vendo, quando ele deixar, é claro.

Como detectá-lo: atração física instantânea e violenta da sua parte. Mas é a aura gentil e interessante que atrai. Ele é gracioso. Você manda a cautela para o espaço e deixa claro que está interessada. É assim que tudo começa, e você nunca sabe se ele a abordou por iniciativa própria (provavelmente não). Este homem é indecifrável. Você nunca sabe quando o verá de novo. Na verdade, nunca se sabe o que ele vai fazer. Ele emana uma sensação poderosa de mistério, mesmo quando suas amigas o acham sem graça. Geralmente ele tem uma história de vida diferente da sua ou vive num mundo totalmente oposto ao seu.

Foi exatamente o que aconteceu com uma amiga minha e um segurança croata em Camden. Quando ela apareceu na casa dele naquela noite, descobriu que o rapaz era budista, além de lindo. Ela ficou fascinada, mas ele se recusou a vê-la de novo. *Game over.*

Por que é perigoso: ele parece distante e indisponível porque é *exatamente* isso. Ele não tem a menor intenção de venerar a sua impressionante aura misteriosa e loucamente sexy do mesmo modo que você o venera. Ele não está a fim de relacionamento com você, nem com ninguém. Mas atraída por ele mesmo assim, você se recusa a perceber isso e desperdiçará um tempo precioso e muita energia emocional numa causa perdida. E também vai se magoar quando, no fim das contas, ele sair com outra pessoa, revelar que tem esposa e filhos na Lituânia ou subitamente se mudar para as Ilhas Salomão. O outro problema com esse cara é que ele quase certamente não é tão fascinante ou intrigante quanto parece. Lembre-se disso quando estiver prestes a ter uma recaída por ele.

10. O ex

Não há lugar como a nossa casa. E para muitas mulheres, nada se compara ao sexo com alguém ao mesmo tempo familiar e proibido. Os ex podem saber o lugar deles e você também pode: fim da linha em termos românticos, apenas amigo. Mas isso não impede de levá-la a gastar toneladas de energia de modo frustrante e às vezes nocivo. Você não está isenta de culpa, claro: quando um não quer dois não transam. Agora, se você não quiser escorregar no território do amor junk food com um ex, aqui estão algumas dicas.

Como detectá-lo: não é apenas algum cara com quem você teve um rolo. Ele será o resultado de um relacionamento significativo e bem sério. E vai pedir para tomar uns drinques em cima da hora e estar muito disponível quando você o procurar. Não há limites, você sabe que se o encontrar, pode e provavelmente vai dormir com ele.

Claro, você pode perder tempo fazendo sexo casual com ex-namorados. Mas com um ex mais importante, você terá reações instintivas, vai agir de modo totalmente irracional e sentir milhões de vezes mais prazer, significado, culpa e frustração. O segundo sinal de perigo é que vocês ainda estão em contato, isto é, vocês se permitiram agir como se a porta estivesse apenas fechada, mas não trancada. Podem me chamar de radical, mas acho que se você terminou por bons motivos, como brigas constantes, valores absurdamente diferentes e ideias opostas sobre a vida, além de uma incompatibilidade considerável, não há nada a ganhar ao tentar de novo. E mais uma vez parecendo radical, você realmente deve tentar esquecer essa pessoa, e a melhor forma de fazer isso é largando de uma vez. Ser amiga e manter contato com o cara que você amou e com quem transou não vai facilitar a sua vida. Você realmente quer tê-lo como amigo? Pois é. Você odeia as amigas dele.

Então: esses ex-namorados importantes com quem você ainda mantém contato são nocivos à detox de homem. Não chega a ser algo impossível de entender, eu sei, mas esses caras podem desestabilizá-la totalmente e não é no bom sentido. Ele é o pote de sorvete do amor junk food e eu recomendo fortemente que você ponha a colher em outra coisa, como em sorvete de verdade.

E os ex pouco ou nada importantes? Eles criam os mesmos problemas, talvez com danos menores pela conexão mais fraca. Estamos tentando evitar gasto inútil de energia sexual e emocional e desperdiçar tudo isso com alguém do passado ou que não oferece nada além de um orgasmo complicado às 2 horas da manhã de um dia de semana não faz parte da nossa dieta.

Por que é perigoso: Provavelmente está claro pelo que dissemos até aqui, mas para explicar ainda mais: os ex são perigosos porque você está ligada a eles de modo intenso e automático e por isso eles têm muito poder sobre o seu coração e a sua felicidade. O que eles fazem pode magoá-la, excitá-la ou derretê-la praticamente do mesmo jeito que acontecia quando vocês estavam juntos. A única diferença entre um namorado e um ex com quem você está dormindo é que antes ele oferecia um compromisso, agora não precisa disso. E vice-versa, é claro. Mas eu só posso falar da experiência de ter um ex do sexo masculino. Fazer sexo sem compromisso com um ex é impossível ou o caminho para a loucura. Provavelmente ambos, porque cedo ou tarde ele vai sair com outra pessoa. Se você dormiu com ele recentemente, isso será muito, muito ruim (o mesmo vale se você fizer isso com ele. Mas, de novo, estamos resolvendo o seu problema aqui).

Tudo o que estou dizendo obviamente supõe que o ex não seja uma opção viável para o futuro. Se você quiser voltar para ele, é outra história (ainda que transar com ele não seja a melhor forma de conseguir isso). Lembre-se: com a detox de homem estamos tentando cortar a quantidade de energia que dedicamos a quem não tem futuro. Poucas pessoas têm menos futuro do que um cara com quem você saiu e já largou.

11. O cara só para constar: legal, mas chato (para você, pelo menos)

Quando se está solteira há um tempo, a pressão aumenta. As pessoas a acusam de ser exigente demais. Sua mãe a quer num relacionamento sério com um cara legal, com um bom salário e coração idem. Química? Ora, não se poder ter tudo na vida! Talvez não, mas nenhuma quantidade de "Eu deveria gostar desse cara" compensará o torpor sentido quando vocês se beijam ou mesmo aquele revirar de olhos secreto quando ele fala. Por isso a prática difundida entre solteiras com medo de serem "exigentes demais" ou estarem destinadas a "acabar sozinhas" é sair com caras que não as interessam. Não façam isso, meninas! Não é tão perigoso quanto dormir com um destruidor de corações, mas ainda é péssimo para você, além de desnecessário.

Como detectá-lo: provavelmente é um cara bem legal, obedece a todas as regras de etiqueta e paga as bebidas, mas que te faz começar a pensar, no fim do encontro, em formas inteligentes de não ter de beijá-lo. Ele também é o cara que você concorda em ver "mais uma vez" só porque não tem mais ninguém em vista.

Por que é perigoso: você se sente culpada por não gostar dele e provavelmente vai ter um monólogo interno do tipo: "Sempre escolho os caras errados. Por que quando surge um cara legal eu não me interesso?" E por aí vai. Aí você continua vendo esse homem num esforço consciente de "dar mais uma chance", mas não gosta de sair com ele. Acaba sendo inútil e desagradável ao mesmo tempo. Queremos caras legais e, apesar do que suas amigas dizem, é *possível* achar um cara legal e sexy. Então, caia fora.

Uma Pequena Listinha

Se você não sabe qual o seu tipo, veja algumas dicas para guiá-la rumo ao caminho certo.

Saia com ele de novo se:
- No fim do primeiro encontro, fica a agradável sensação de algo no ar. Independente de terem se beijado ou não, você se sente confiante e levemente feliz. Basicamente, você gostaria de manter contato, mesmo se não sonhar com ele aquela noite nem escrever o nome do rapaz no seu diário.
- Assim que você o vê, mal pode esperar para beijá-lo e, *além disso*, gostou do papo dele. O beijo de despedida a encheu de esperança, rendendo até soquinhos no ar. Apenas tenha cuidado para não criar muitas expectativas.
- Há algo de atraente nele, embora você não saiba o que é ou o quanto está atraída por ele. Vale a pena descobrir, desde que não seja a arrogância do rapaz.
- Ele é incrível, mesmo que você não o ache atraente. Tem cérebro privilegiado, senso de humor verdadeiro ou outra característica maravilhosa (ou possível característica) que valha a pena, mesmo se não rolar romance.

Não saia com ele de novo se:
- O papo não a animou. Por exemplo, você podia prever tudo o que ele ia dizer três frases antes de o homem abrir a boca. Ou seja, é um imenso clichê.
- Você ficou preocupada com a falta de perguntas da parte dele, ou seja, a conversa foi de mão única.

- Ele falou de assuntos que a desagradaram, como outras mulheres, as ex dele ou visões políticas que você abomina.
- Você vê que ele é um cara legal, mas aquele papo nunca vai ser do tipo que você gosta.
- Você não gostou do beijo dele.

Zoe comenta esta regra:

Uso esta regra o tempo todo, principalmente no que diz respeito a homens. Pode parecer cínico categorizar quem você não conhece, mas acredite: ter uma noção de "tipos" pode ser muito útil.

Quando se trata do comportamento no namoro, a maioria das pessoas cai em algumas categorias. Uma pessoa pode ocupar várias categorias ao longo da vida, mas um cara que usa o charme para ganhar poder é um tipo, pura e simplesmente. Ele pode não ser assim sempre, mas acho útil ver os caras aparentemente encantadores (por exemplo) com cautela. Melhor que cair na lábia e deixar que eles a convençam do contrário.

Uma dica simples, mas bem interessante para fechar: se você acha um cara realmente atraente, pode apostar que ao longo da vida dele, várias outras mulheres também acharam. Nem sempre, mas quase sempre. Fica por sua conta determinar o impacto disso na forma como ele lida com as mulheres.

SOS!

Você convive com pessoas perigosas, sejam homens ou mulheres? Com amigas loucas por homens que forçam a barra para você sair e ficar bêbada com elas? Caras que você sabe que são uma roubada, mas se engana dizendo que podem ser ótimos? Veja se consegue se preparar melhor para a pressão deles pensando com antecedência no que gostaria que acontecesse (ou seja, você não quer cair no papo de um jogador ou começar a dormir com um cara só porque ele está disponível ou ficar totalmente chapada com uma amiga só porque ela quer isso).
Lembre-se: todo mundo faz isso. A pressão das amigas, a promessa de diversão e loucuras, caras gatos que usam o charme para conquistá-la: tudo isso acontece e merece atenção. E às vezes até vale a pena deixar rolar. Mas agora essas pessoas estão contra o nosso objetivo, então releia a lista de tipos e pense bem. Confie na intuição: você já vai saber quem é quem, basta pensar um pouquinho mais para perceber. E lembre-se que sempre é possível dizer não educadamente.

PARA CONCLUIR...

É engraçado. A palavra "dieta" evoca sentimentos muito fortes nas mulheres. Para muitas de nós, significa privação, disciplina, desconforto e outras sensações desagradáveis em nome da virtude e, em última instância, dos resultados. Porque quando se trata de perda de peso física, quanto mais você se controla, melhores os resultados.

Mas espero que você tenha achado ou vá achar a detox de homem uma experiência positiva. Em vez de constituir uma privação, cada regra foi criada para ser revigorante e interessante de seguir. À medida que você avança, quero que se lembre de que esta dieta não é uma punição, ela trata de explorar o que novos limites podem fazer a seu favor. Eu garanto que se tiver seguido as regras, além de ter uma relação mais saudável com os homens, você terá acumulado informações bem úteis sobre quem você é.

O objetivo principal deste livro não é fazer de você uma mulher melhor ou fazê-la sofrer pela virtude (Deus me livre!) e sim fazer de você uma mulher mais feliz. Afinal, mulheres felizes são mulheres melhores.

Sobre este livro e como seguir em frente

Esta é uma dieta personalizável. A detox de homem de uma mulher pode se resumir a seguir três regras por um mês, enquanto para outra será seguir todas as dez regras durante dez meses. Algumas mulheres apenas lerão o livro e (espero!) pensarão sobre algumas das ideias discutidas aqui. Em resumo, o livro terá significados diferentes para cada um.

Eu não quis receitar o fim da diversão nem fazer uma revisão geral e assustadora da sua vida. Já fiz dietas alimentares suficientes para saber que isso não vai dar certo em longo prazo: dizer não quando todos estão dizendo sim tem de vir de um desejo genuíno de dizer não, e não das regras de um regime.

Sei como é não só porque já fiz isso, como estou fazendo agora. Minhas amigas e eu bebemos muito além da conta e nunca somos vistas no fim de semana sem um copo ou cinco nas mãos. Todas nós adoramos uma boa fofoca sobre homens e recorremos umas às outras quando algo sai errado. Nós sofremos, sentimos tesão e por isso às vezes fazemos o que não deveríamos, bêbadas ou não. Pedir a você (ou a mim) para não fazer nada disso seria o fim da nossa vida social e deixaria os nossos pensamentos mais nublados.

MAS... a mudança inteligente não só é boa como possível. *Existem* ajustes importantes a serem feitos para a maioria de nós. E os desafios não são necessariamente ruins, especialmente os propostos pela detox de homem.

Um dos objetivos deste livro, se você já não percebeu, é que seguir a detox de homem pode levar à estranha e possível mudança permanente. Por exemplo, desde a detox de homem, eu escolho melhor os homens a quem digo sim, de quem e quando eu corro atrás e as expectativas que tenho nessas horas. Gosto mesmo de beber um pouco (só um pouco) menos do que antes, já que odeio ressacas monstruosas temperadas com arrependimento e sofrimento por algum incidente relacionado a homens cuja importância (ou falta dela) não consigo compreender em meu estupor. Ainda tento acessar menos o Facebook e, quando o faço, limito as fuxicadas. Também tento limitar minha disponibilidade para o bate-papo instantâneo. Claro que cometo meus erros: assim que terminei de escrever este livro, surtei e chamei três caras para sair. Dois encontros amorosos de três horas se seguiram, nenhum deles gerou um contato depois. Respirei fundo, deixei passar e reli meu próprio capítulo.

A detox de homem afeta o cerne da sua vida: afinal, não são estas as decisões que tomamos sobre homens e nós mesmas? Ao lidar com homens, lidamos com as nossas inseguranças, desejos, esperanças, sonhos, medos, raiva, irracionalidade e passado. E não há fracasso quando se está falando da vida em si. Existem apenas desafios e momentos de autoconhecimento.

Então, dê uma chance a este método, se é que você ainda não o fez, pois durante e depois da detox de homem você se sentirá melhor. Ficará com menos medo do que pode acontecer e mais contente com quem você é. É neste estágio que estou agora: os homens podem ou não vir em seguida.

Embora eu incentive que a detox de homem seja considerada um conjunto de regras de ouro para seguir indefinidamente, este pode não ser o seu caminho. Mesmo que você siga a detox por apenas um mês, será uma mulher mais feliz quando terminar.

Fase de manutenção: a vida além da detox de homem

Perder peso é a parte excitante: é rápido, desafiador e uma novidade, mas como qualquer praticante de detox pode depor, depois de um tempo a empolgação acaba e sobra apenas o velho e manjado "estilo de vida". Em resumo: uma chatice. É por isso que poucas dietas são bem-sucedidas no longo prazo.

Diferentemente das dietas alimentares, a detox de homem não é uma chatice no longo prazo, pois os quilos iniciais de peso morto emocional foram embora, mas exige um pouco de vigilância para durar como "estilo de vida" positivo (para usar a terminologia da detox). Porque embora você possa relaxar quando terminar a dieta, caso decida sair dela, não quero que você largue tudo e esqueça totalmente destas regras.

Funcionará da seguinte forma: depois de um tempo, sempre que considerar suficientemente explorado o que cada uma das regras pode fazer por você, baixe o nível de vigilância de laranja para verde. A esta altura, você já deve ter pensado o bastante sobre as regras para sentir quando estiver entrando no amor junk food e quando deve dar um tapinha nas costas e mostrar um pouco de afeto por si mesma. Basta estar ciente dos seus atos ou de uma situação para verificar se houve algum ganho de peso emocional.

O que a detox faz, basicamente, é reduzir o apetite pelo que é ruim para você. Aí é que está a genialidade: embora o bolo de chocolate nunca deixe de ser bom, o mesmo não ocorre em relação a sentir-se vazia ou um lixo por algum cara ou pelos homens em geral. Não quer dizer que não me sinta tentada a ir para casa com alguém com quem não tenha a menor ligação *ou* que seja, claramente, uma roubada (que pode não ser solteiro ou por quem qualquer garota se apaixonaria, por exemplo). Chame de autoproteção ou de puritanismo, mas eu posso ver com muito mais clareza agora (igual à música "I Can See Clearly Now!") quando algo será ruim para mim *no geral* do que antes da detox de homem. Eu conscientemente reconheci que não gosto do que sinto depois de dormir com alguém que não está tão a fim de mim. É ainda pior quando isso vem acompanhado de uma ressaca de matar.

Embora o conhecimento racional das consequências nem sempre impeça as pessoas de fazer algo (seja fumar, comer um monte de bolo de chocolate etc.), neste caso esse conhecimento parece ter um papel importante para controlar apetites. Porque se você seguiu a detox de homem, está familiarizada com aquela sensação realmente boa de acordar sem o horror do arrependimento, de ter tido conversas com amigas que a estimularam em vez de deixá-la mais neurótica do que nunca com alguém ou algo, de ter feito outro uso do seu tempo em vez de elaborar um dossiê sobre as amigas do seu ex. Essa sensação boa é uma grande motivação e ajuda muito a mudar os hábitos.

Está tudo muito bom, está tudo muito bem, diz você. Mas é noite de sexta feira. Eu saí, estou bêbada, doida por uma guloseima noturna de amor junk food. É o de sempre: fins de semana cheios de festas, idas ao pub e boates. Não posso ficar sem bebidas e homens! Eu não iria me divertir nem ter vida! A isso eu respondo: a detox de homem não acabará com a sua diversão. Viva a vida, saia, encha a cara, mas tudo o que precisa fazer para seguir a detox de homem a vida inteira é perguntar: "Tenho certeza de que desejo a ressaca que está por vir? Vale a pena ficar bêbada aqui e agora? Seria difícil ou bem fácil parar neste momento?" Pode ser fácil. O mesmo vale para ir para casa com alguém para um belo prato de amor junk food. Pode ser bem fácil apenas se perguntar: "Se ele não vai pegar meu telefone e me procurar quando estivermos sóbrios, vale mesmo a pena transar com ele agora?" É apenas uma questão de parar e pensar. Esta é a fase de manutenção da detox de homem.

Talvez você tenha caído naquela de falar sobre homens o tempo todo com as amigas ou voltou a passar a noite bisbilhotando o Facebook. Ao detectar um desses padrões de junk food, basta tentar resolver. Como? Relendo os capítulos deste livro sobre o assunto em questão e se controlando por uma ou duas semanas. Então, com a detox de homem de volta à mente e atuando como uma defesa ativa e pulsante contra o comportamento venenoso, você poderá voltar à vida de sempre. Está longe de ser tão difícil ou chato quanto ficar longe do bolo de chocolate. E à medida que passam os meses ou anos, os princípios de autoafirmação da detox devem ajudar a manter a cabeça erguida e guiá-la pelos altos e baixos de um relacionamento.

A solteirice e o futuro

Ao contrário de praticamente todos os livros do mercado direcionados às solteiras, este não quer saber se você vai encontrar um homem ou não. Não estou dizendo que ser solteira é o melhor caminho, como fazem alguns dos estridentes livros norte-americanos à venda na Amazon. Nem estou dizendo que o objetivo maior é encontrar um homem e que se você seguir a detox de homem vai conseguir isso.

A questão é você ser feliz e fazer justiça a si mesma para que possa progredir. Acredito que o resto venha a seguir, seja um marido e filhos ou não. E se você ficar solteira aos trinta e poucos anos ou mais, ignore as mensagens sociais dizendo que é vergonhoso e que você é uma espécie de aberração. Como eu mostrei na regra fazer algo ousado, algumas das nossas ancestrais mais nobres consideravam impossível conquistar seus objetivos de vida presas nos grilhões associados ao papel de esposa e mãe. O senso comum e as estatísticas mostram que há uma forte ligação entre solteiras ou mulheres sem família e sucesso profissional. Um possível motivo para essa relação é que os homens temem a ambição e a inteligência. Bom, nunca vale a pena abafar essas características para arranjar um homem. Espere por um que a ame com tudo isso e, enquanto ele não aparece, você terá o luxo de se concentrar na realização dos seus sonhos.

Também vale lembrar que, do ponto de vista de uma pessoa mais velha e casada, ser solteira aos quarenta ou cinquenta e poucos anos parece uma terra maravilhosa de oportunidades. Uma amiga mais velha, Harriet, de 50 anos, deu um jantar há pouco tempo e convidou um casal e três solteiras (além do marido dela). Ela observou: "Estava claro que Richard, o marido de Mary, era um fardo e ela poderia ter tido uma vida muito melhor se não tivesse se casado. Pode ser que não houvesse esta percepção se os outros convidados fossem casados, mas não era o caso: todos estavam solteiros. E todas as amigas do meu marido são solteiras. Existem solteiras aos montes. Quando se está solteira, há muito mais liberdade para se divertir, enquanto Richard limita a Mary."

Deixando de lado a liberdade quanto ao estilo de vida, vamos falar sobre a fertilidade? Esta é uma preocupação tanto para mim quanto para várias das minhas amigas: como terei filhos se não há homem no mercado? Como vou arrumar, num passe de mágica, algum que considere adequado para procriar antes de chegar aos 35 anos? Como já comentei, os meios de comunicação se esforçam para assustar as mulheres e fazer com que elas se reproduzam numa janela de tempo menor do que o estritamente necessário. A sociedade ainda quer que sejamos jovens parideiras e engravidemos no meio da vida profissional. Por outro lado, cada vez mais mulheres estão tendo filhos mais tarde, até aos 40 anos. Se a vida exigir, é possível. E existem alternativas a encontrar um parceiro: você pode fazer inseminação artificial com um amigo gay, congelar os óvulos, ir a um banco de esperma. Também pode adotar, tentar engravidar aos 41 anos ou decidir não ter filhos. Não há vergonha alguma nisso, basta trabalhar com as opções. Acredito que temos mais escolhas do que acreditamos.

Não entre em pânico. Sente-se, relaxe e aprecie a viagem. Desde que você tenha uma cópia de *Detox de homem* na cabeceira, tudo ficará bem. Há muitas ferramentas à disposição, do seu cérebro ao ânimo, da sua liberdade à intuição emocional, passando pela força de vontade. Agora é hora de fazer tudo isso trabalhar a seu favor. De verdade.

FEMINISMO
E OUTRAS LEITURAS

O que as mulheres fazem em termos sexuais e amorosos ainda é uma batata quente em termos políticos. Por isso é difícil investigar os relacionamentos sexuais entre homens e mulheres sem usar a palavra que começa com a letra f. Falando de modo mais direto, o corpo da mulher (com quem ela faz sexo, quem faz sexo com ela, quando e como ela quer fazer sexo) ainda é um campo de batalha no que ainda é a guerra dos sexos.

As mulheres e homens ocidentais têm divergências cada vez menores um com os outros, mas elas definitivamente estão brigando com algo: a obsessão por estar sempre magra, bonita e fazer sexo como uma estrela pornô, associada à dificuldade de conquistar um cargo alto na política e nas empresas indica que as águas estão turbulentas no oceano do jogo sexual.

Durante minha pesquisa para *Detox de homem*, fiquei cada vez mais interessada nas implicações feministas deste livro. Ao aconselhar mulheres a pensar com mais cuidado sobre sexo, supor que elas tendem a vivenciar o sexo de modo diferente do homem e encorajá-las a pensar e tomar atitudes que nada têm a ver com ser bonitas, atraentes ou conhecer um homem, eu estava me encaminhando para algo que lembrava muito o feminismo. E queria trazer um pouco disso para vocês, pois acho que dar um contexto feminista às suas escolhas destaca sua importância e significado, fazendo com que seja mais natural seguir as regras.

Mas o que significa a palavra feminismo?

É um termo confuso, em parte porque o significado precisou mudar ao longo da sua existência. Há muito tempo nós conquistamos os objetivos de Emmeline Pankhurst e das sufragistas. Não só podemos votar, como ninguém ousaria levantar objeção pública a qualquer caminho que escolhamos seguir na vida, seja escalar montanhas, pilotar barcos ou criar partidos políticos (o que não significa que esses caminhos sejam fáceis). Betty Friedan, se ainda estivesse viva, ainda veria as mulheres sendo prejudicadas pela mesma ideia da *Mística feminina* (1963), mas não poderia argumentar que a maioria de nós é composta por donas de casa entediadas até o último fio de cabelo.

Agitadoras feministas incríveis tomaram conta da década de 1970 (o auge de Germaine Greer) e os anos 1980 e 1990 tiveram polêmicas bem fortes, mas aí tudo pareceu enfraquecer. O feminismo se confundiu com o Girl Power (Poder das Garotas) das Spice Girls e até com o simples ato de tirar a roupa. Agora, despir-se é ser empoderada. Ser gostosa é o máximo para a mulher. Mães levam as filhas para fazer aulas de pole dance porque é "muito libertador".

Houve algumas tentativas recentes de fazer o feminismo voltar ao caminho rigoroso necessário para forçar a mudança: essa seria a terceira, quarta ou quinta onda?

O interessante é que o feminismo mais uma vez virou um grande argumento de venda. O livro *Como ser mulher* de Caitlin Moran, uma pesquisa nada séria sobre os problemas, atribulações e partes divertidas do gênero feminino, criou um alvoroço, chegou ao topo dos mais vendidos na Amazon e rendeu pôsteres no metrô de Londres. Embora não seja o feminismo do jeito que acadêmicas como Simone de Beauvoir, Germaine Greer, Susie Orbach, Naomi Wolf e Susan Faludi escrevem (que estão provando um determinado ponto de vista de modo tão passional e tão preocupadas com exemplos, referências, fatos históricos, estudos, literatura e tudo o mais que não tiveram tempo para acrescentar humor), o livro se considera feminista. É o feminismo nos detalhes em vez da ideia: a primeira menstruação e os horrores do parto em vez do "eterno feminino" e o "mito da beleza". Esse tipo de literatura vem fazendo um imenso sucesso.

Você, o grande F e eu

Para mim, "feminismo" é a tentativa de resolver a realidade de ser mulher (ser objeto da atenção masculina e a maternidade, se você quiser filhos biológicos) com a verdadeira liberdade. Não sei se a realidade mencionada anteriormente precisa entrar em conflito com as mulheres que buscam o sucesso no caminho que escolheram, mas infelizmente o mundo pensa diferente.

Porém, eu deixo a maternidade, a cirurgia plástica, bem como os horrores e estatísticas de estupro para outras feministas. A minha fatia do bolo (e espero que você considere sua também) são as relações entre você e os homens antes do casamento. O namoro. A vida de solteira. E a minha impressão ao pesquisar as mulheres britânicas de hoje é que estamos indo maravilhosamente bem, mesmo dando alguns tiros no pé. Nós nos subestimamos, às vezes até demais. Uma das principais formas pelas quais fazemos isso é aceitando amor junk food aos borbotões. Para ficar revigorada e livre para ser feminista, precisamos da autoestima intacta. Quando possível, precisamos não nos sentir um lixo. E, de certa forma, a detox de homem é isso: um programa pré-feminista cujo cartão de visita é ter o amor-próprio em alta. E, claro, não se sentir um lixo.

Leituras

Certo, eu adoro ler, mas até recentemente só lia ficção. Embora os romances sejam a minha praia, na pesquisa para *Detox de homem* eu descobri que, quando se trata de feminismo, a não ficção pode ser instigante. Por isso, se você deseja entender suas lutas, desde a questão da maternidade e o trabalho até a dor sentida ao usar saltos altíssimos, recomendo ler alguns textos clássicos. Eles são brilhantes e você vai gostar, mesmo se não fizer o estilo acadêmica. (Aviso: eles também podem te deixar com um pouco de raiva. Desculpe, mas vale a pena.)

A lista definitiva de leituras feministas para a praticante da detox de homem

Mary Wollstonecraft:
Reivindicação dos direitos da mulher:
Não é uma leitura das mais fáceis, mas a paixão e as construções de frase extraordinárias usadas pela mãe do feminismo (e da autora de *Frankenstein*, Mary Shelley) faz desta uma obra imperdível. Os comentários e a raiva motivada pelas roupas femininas desconfortáveis, por ser usada por homens inúteis e pela educação apenas para constar dada às meninas irritam também qualquer mulher moderna. Além disso, também é interessante a vida pessoal profundamente turbulenta de Wollstonecraft, que envolve infelicidade no amor e depressão, sem contar a morte prematura. Politicamente ela pertencia à turma do Iluminismo inglês, grupo em busca de progresso que também contava com William Godwin e Francis Bacon.

Harriet Martineau:
Autobiography

Quando um acadêmico amigo meu apareceu no pub carregando um livro engraçado com uma dama vitoriana na capa, pensei: "O que é isso?" Enquanto ele foi ao banheiro, eu comecei a ler porque estava entediada. O livro não é apenas sincero e hilário, como admirável: as descrições honestas que Martineau faz de sua enfermidade na infância e feiura certamente conquistarão seu coração. Martineau decidiu que seu destino era ficar para a titia, pois era necessário ser solteira para conquistar a vida e o desenvolvimento mental que desejava. E como foi uma das primeiras pessoas a se meter no campo da "economia política", ela conseguiu realizar seus sonhos, pelo menos os conscientes. Martineau é uma grande inspiração para a regra número 5, faça algo ousado (embora eu não esteja propondo que você passe a vida negando o amor masculino).

Rosalind Miles:
A história do mundo pela mulher

A questão central aqui é: por que as mulheres nunca estão nos livros de história? Com esta obra bem escrita e divertida, Miles faz um esforço corajoso para compensar todo um mar de vozes e realizações perdidas. Este é um daqueles textos que podem te deixar com raiva, pois Miles não economiza ao definir as coisas maravilhosas que as mulheres fizeram sem receber qualquer reconhecimento. Mas é preciso ler sobre o nosso passado oprimido. Além disso, o estilo emocionante e cheio de belas frases curtas de Miles faz da leitura um prazer.

Simone de Beauvoir:
O segundo sexo

É quase certo que você já tenha ouvido falar deste clássico escrito em 1949, mas pode tê-lo considerado fora da sua área de interesse. Também nunca tinha lido, mas fiquei feliz quando terminei: é um daqueles livros em que cada frase tem alguma ideia ou assunto que faz você pensar: "Isso é TOTALMENTE verdade!!!" Impressionante o fato de Beauvoir ter escrito este texto antes das feministas da segunda onda e como todos os argumentos continuam relevantes: "Não se nasce mulher, torna-se mulher." Certamente não há afirmação mais verdadeira, pelo menos se você acredita que a cultura e a sociedade afetam os papeis de gênero. O ponto de vista de Beauvoir (e isso também pode deixar você furiosa porque é verdade) é que as definições de "normal" e "padrão" feita pelos humanos sempre foram masculinas. A mulher é tratada como um desvio. Isso ainda se mantém num certo grau: formulações linguísticas como: "homens e mulheres", "filhos e filhas" e "dele e dela" provam isso.

Betty Friedan:
Mística feminina

Este livro causou um frenesi nos EUA quando foi lançado em 1963 porque propôs a ideia que as mulheres são naturalmente felizes como donas de casa, crença originada do que Friedan chamava de (falsa) mística feminina. É um clássico e bem divertido de ler, mesmo que hoje esteja um pouco ultrapassado. Afinal, a vida de dona de casa, embora ainda exista, não é mais considerada a única alternativa a uma existência dedicada ao carreirismo neurótico. Passamos para a fase do "querer tudo", mas talvez nem conseguíssemos conceber esta possibilidade se não fosse pela Friedan. Só o olhar sobre a publicidade e os motivos econômicos para a armadilha que seus líderes impõem às mulheres já valem a leitura.

Germaine Greer
A mulher eunuco
Você já deve ter ouvido falar nele e provavelmente revirou os olhos. Sim, Greer é a favor de provar o próprio sangue menstrual e dispensar os sutiãs, "uma invenção ridícula". Mas o livro é incrivelmente apaixonado, articulado e interessante. Vinte anos depois de *O segundo sexo* ter sido publicado, Greer mostra o quanto as mulheres avançaram (e ainda precisam avançar). O título enigmático se refere à convicção de que a sociedade, com suas normas, preferências e sistemas econômicos e sociais afasta a mulher de seu eu verdadeiro e vital, isto é, elas não podem vivenciar a própria libido, corpo, mente e alma de modo adequado e livre. Uma tipo de separação de si mesma no estilo *A mulher eunuco* pode acontecer quando você tem aquela sensação de entorpecimento durante o sexo... (só estou falando).

Susie Orbach:
Gordura é uma questão feminista
Aqui, Orbach alfineta outro tipo de detox, a alimentar, e afirma que as mulheres engordam como reação contra as ideias padrão de sensualidade e feminilidade. Também é um livro de autoajuda para quem tem distúrbios alimentares. Da próxima vez que você jurar que começará uma dieta, dê uma olhada neste livro. Pode haver outras forças (de gênero) em jogo no seu relacionamento com a comida. Um livro clássico e emocionante.

Susan Faludi:
Backlash: O contra-ataque na guerra não declarada contra as mulheres

Esta é mais uma leitura marcante e daquelas que prende o leitor. Você pode reconhecer o título pelo *Diário de Bridget Jones*: todas as colegas de Bridget estão lendo (foi lançado nos EUA em 1991. No Brasil, em 2001). De qualquer modo, Faludi diz que o consumismo está enganando as mulheres e no prefácio à edição de 15º aniversário ela mantém a mesma opinião.

Naomi Wolf:
O mito da beleza

Aviso: este livro vai deixá-la furiosa ou cativá-la, não há meio-termo, mas a inteligência absurda e a retórica afiada de Wolf farão com que você continue lendo. Contudo, assim que terminar verá a opressão feminina sorrateiramente presente em todos os lugares, começando pelas revistas e na representação dos corpos e anseios femininos na mídia. A questão central é: uma vez que a sociedade não pôde mais reprimir as mulheres com leis foi preciso inventar outra forma, que seria o mito da beleza. Wolf enfatiza essa ideia pelo viés do sexo, da religião e de vários outros ângulos, defendendo que tudo é feito para que a mulher jamais se sinta suficientemente bela e, como consequência, não se sinta boa o bastante.

Ariel Levy:
Feminist Chauvinist Pigs: Women and the Rise of Raunch Culture

Se você não ler mais nada desta lista, fique com esta obra polêmica de 2005. É um argumento furioso e absurdamente gostoso de ler: só porque você parece gata conforme a definição da *FHM*, magra segundo os padrões da *Vogue* e faça striptease ou *pole dance* por opção, isso não significa que você tenha poder "feminista", muito pelo contrário. Levi é uma badalada jovem de trinta e poucos anos cujo estilo de escrita é um verdadeiro néctar para qualquer jovem mulher remotamente interessada na cultura ao seu redor.

Natasha Walter:
Living Dolls: The Return of Sexism

Tudo bem, se você ler apenas um livro, leia metade deste e metade do *Female Chauvinist Pigs*. Walter é séria, sagaz, culta e rigorosa ao explorar o que está errado no feminismo hoje. Segundo ela, estamos ocupadas demais nos vestindo como praticantes de striptease e dando bonecas Bratz de seios gigantes às nossas filhas para perguntar se somos *realmente* empoderadas ou se ainda somos escravas de algo pouco substancial como a aparência.

Michel Foucault:
A história da sexualidade

Uma série de três volumes que talvez seja a obra mais influente sobre a sexualidade moderna. As leitoras da detox de homem podem ficar particularmente interessadas na ideia do segredo sexual, segundo a qual estamos constantemente falando sobre sexo numa tentativa equivocada de entendê-lo.

> **Gail Dines:**
> ***Pornland: How Porn Has Hijacked Our Sexuality***
> O título (*Pornolândia: Como a pornografia roubou a nossa sexualidade*, em tradução livre) já dá a dica: este é um olhar crítico sobre a forma pela qual a pornografia está destruindo a intimidade. É ótimo se você estiver interessada no efeito da pornografia no seu relacionamento ou na sua vida, visto que esse é definitivamente um assunto quente. Lembre-se de que o livro também recebeu várias críticas.

BIBLIOGRAFIA

Adshade, Marina, "Online Dating Sites Creating 'Beauty Inflation'", *Big Think*, 10 de maio de 2011.

Akass, Kim e Janet McCabe, *Reading Sex and the City*, I. B. Tauris, 2004.

Angel, Katherine, "That's Amora", *Prospect Magazine*, 1 de agosto de 2007.

Argov, Sherry, *Por que os homens casam com as mulheres poderosas: Um guia para conquistar o amor e o respeito do parceiro*, Sextante, 2013.

Argov, Sherry, *Por que os homens amam as mulheres poderosas? Um guia para você deixar de ser boazinha e se tornar irresistível*, Sextante, 2009.

Bandura, Albert, *Social Learning Theory*, General Learning Press. 1977.

Behrendt, Greg e Liz Tuccillo, *Ele simplesmente não está a fim de você: Entenda os homens sem desculpas*, Rocco, 2005.

Bernstein, Elizabeth, "Scary New Dating Site: The Real World", *Wall Street Journal*, 19 de março de 2011.

Bialik, Cari, "How Many Marriages Started Online?" *Wall Street Journal*, 28 de julho de 2009.

Bloom, Lisa, *Think: How to Stay Smart in a Dumbed Down World*, Vanguard, 2011.

Brown, Helen Gurley, *Sex and the Single Girl*, Barricade Books, 2004.

Carver, Raymond, *What We Talk About When We Talk About Love*, Vintage, 1989.

CBS News, "*Sex and the City* linked to DUIs?" *CBS News*, 24 de abril de 2009.

Chandra, K., *et al.*, "High-risk Sexual Behaviour & Sensation Seeking Among Heavy Alcohol Users", *Indian J MedRes* 117, 88-92, 2003).

Collins, Marcus, *Modern Love*, Atlantic Books, 2004.

Copeland, Libby, "The Anti-Social Network", *Slate*, 26 de janeiro de 2011.
Daly, Meg, "The Allure of the One Night Stand" em Damsky, Lee (ed.) *Sex and Single Girls: Straight and Queer Women on Sexuality*, Seal Press, 2000, 194-204.
Damsky, Lee (ed.) *Sex and Single Girls: Straight and Queer Women on Sexuality*, Seal Press, 2000.
de Jour, Belle, *Intimate Adventures of a London Call Girl*, Phoenix, 2005.
d'Felice, Cecilia, *Dare to Be You: Eight Steps to Transforming Your Life*, Orion, 2009
Donath, J., e Boyd, D., "Public Displays of Connection", *BT Technology Journal*, 22 (4), 71-82, 2004.
Eisenberger, N., *et al.*, "Does rejection hurt? An fMRI Study of Aocial Exclusion", *Science* 302, 290-292, 2003.
Fine, Cordelia, *Homens não são de marte e mulheres não são de vênus: Como a nossa mente, a sociedade e o neurossexismo criam a diferença entre os sexos*, Cultrix, 2012.
Friedan, Betty, *Mística feminina*, Vozes, 1971.
Gaddam, Sai e Ogas Ogi, *A Billion Wicked Thoughts*, Dutton Books, 2011.
Graham, M., *et al.*, "Does the Association Between Alcohol Consumption and Depression Depend on How They are Measured?" *Alcoholism: Clinical and Experimental Research* 31 (1), 78-88, 2007.
Gray, John, *Homens são de marte, mulheres são de vênus*, Rocco, 1997.
Greer, Germaine, *A mulher eunuco*, Círculo do Livro, 1974.
Griffin, C., *et al.*, "'Every Time I do it I Absolutely Annihilate Myself": Loss of (self-)Consciousness and Loss of Memory in Young People's Drinking Narratives", *Sociology* 43 (3), 457-476, 2009.
Goldman, Emma, *Living My Life*, Vols. 1 & 2, Dover Books, 1970.
Gurstein, Rochelle, *The Repeal of Reticence: A History of America's Cultural and Legal Struggles Over Free Speech, Obscenity, Sexual Liberation, and Modern Art*, Hill and Wang, 1996.
Heminsley, Alex, *Ex and the City: You're Nobody 'Til Somebody Dumps You*, Pan, 2007.
Henderson, Lauren, *Jane Austen's Guide to Dating*, Headline, 2005.
Hensley, W.E., "The Effect of a Ludus Love Style on Sexual Experience", *Social Behavior and Personality* 24 (3), 205-212, 1996.
Flanagan, Caitlin, "The Hazards of Duke", *The Atlantic*, Janeiro de 2011.
Foucault, Michel, *História da sexualidade I, II e III*, Graal, 1998.
Joinson, A. N., "'Looking at', 'looking up' or 'keeping up with People?' Motives and use of Facebook," *Proceedings of ACM CHI 2008*

Conference on Human Factors in Computing Systems, 1027-1036, 2008.

Jordan, A., et al., "Misery has More Company than People Think: Underestirnating the Prevalence of Others' Negative Emotions", Personality and Social Psychology Bulletin 37, 120-135, 2011.

Lang, A., "The Social Psychology of Drinking and Human Sexuality", Journal of Drug Issues 15, 273-289, 1985.

Lanier, Jaron, Gadget: Você não é um aplicativo, Saraiva, 2013.

Lee, Abby, A garota que só pensava naquilo: Confissões de uma sedutora, Prestígio, 2007.

Lee, Aileen, "Why Women Rule the Internet", TechCrunch, 20 de março de 2011.

Levy, Ariel, Female Chauvinist Pigs: Woman and The Rise of Raunch Culture, Pocket Books, 2006.

Lohmann, Raychelle Cassada, "Teen Angst", Psychology Today, 13 de abril de 2011.

Lyvers, M., et al., "Beer goggles: Blood Alcohol Concentration in Relation to Attractiveness Ratings for Unfamiliar Opposite Sex Faces in Naturalistic Settings", Journal of Social Psychology 151 (1), 105-12, 2009.

McDonnell-Parry, Amelia, "Once Again Ladies, Drunk Dialing Is Strictly Forbidden", The Frisky, 31 de março de 2011.

Millar, Abi, "Daytime Dating", itsnotokcupid, 17 de janeiro de 2011.

Mootee, Idris, "Are You Suffering from Facebook Addiction Disorder (FAD)?" Futurelab, 1 de junho de 2008.

Moran, Caitlin, Como ser mulher, Paralela, 2011.

Norwood, Robin, Mulheres que amam demais, Rocco, 2011.

O'Shea, Samara, "The Grass is Rarely (Almost Never) Greener", Huffington Post, 16 de abril de 2008.

Oswald, D.L. & Russell, B.L., "Perceptions of Sexual Coercion and Heterosexual Dating Relationships: The Role of Aggressor Gender and Tactics", The Journal of Sex Research 43, 87-95, 2006.

Owen, J., Fincham F.D. & Moore J., "Short-term Prospective Study of Hooking up Among College Students." Archives of Sexual Behavior, 40 (2), 331-341, 2011.

Petersen, Trudie & Andrew McBride, Working with Substance Misusers: A Guide to Theory and Practice, Routledge, 2002.

Plummer, Ken, Telling Sexual Stories: Power, Change and Social Worlds, Routledge, 1994.

Prause, N., et al., "The Effects of Acute Ethanol Consumption on Sexual Response and Sexual Risk-Taking Intent", Archives of Sexual Behaviour 40 (2), 373-84, 2011.

Quilliam, Susan, "A Problem Shared is a Problem Doubled", *Mail Online*, 19 de julho de 2007.

Richtel, Matt, "Attached to Technology and Paying a Price", *The New York Times*, 6 de junho de 2010.

Rowan, David, "How Badoo Built a Billion-Pound Social Network... on Sex", *Wired*, 25 de abril de 2011.

Rudder, Christian, "The Big Lies People Tell In Online Dating", *OkTrends*, 7 de julho de 2010.

Savage, Dan, "The Dating Game", *Forbes*, 14 de dezembro de 2006.

Sax, Leonard, *Girls on the Edge: The Four Factors Driving the New Crisis for Girls*, Basic Books, 2010.

Schneider, Sherrie & Ellen Fein, *As 35 regras para conquistar o homem perfeito*, Rocco, 1995.

Sloshspot, "A Man's Guide to Drunk Texting", *Sloshspot*, 21 de abril de 2010.

Stefanone, M., "Contingencies of Self-worth and Social-networking-site Behavior", *Cyberpsychology, Behavior and Social Networking*, 14 (2), 41-49, 2010.

Storr, Antony, *Solidão*, Benvira, 2011.

Strauss, Neil, *O jogo — A bíblia da sedução*, BestSeller, 2008.

Strimpel, Zoe, *Afinal o que querem os homens? Saiba o que se passa na mente masculina e cultive relacionamentos verdadeiros*, Gente, 2011.

Stroud, Clover, "Why Women Drink Too Much", *The Sunday Times*, 9 de novembro de 2009.

The Economist, "Love at First Byte", *The Economist*, 29 de dezembro de 2010.

The Sun, "David Cameron: Why £7.5m a Year Will Help Give Every Child a Chance", *The Sun*, 10 de dezembro de 2010.

Townsend, Catherine, *Sleeping Around: Secrets of a Sexual Adventuress*, John Murray, 2007.

Turkle, Sherry, *Alone Together: Why We Expect More from Technology and Less from Each Other*, Basic Books, 2011.

Vargas-Cooper, Natasha, "Hard Core", *The Atlantic Monthly*, janeiro de 2011.

Walter, Natasha, *Living Dolls: The Return of Sexism*, Virago, 2010.

Womack, Sarah, "Female Drink Rate is Worst in Europe", *The Telegraph*, 22 de abril de 2005.

Wolf, Naomi, *O Mito da Beleza: Como as imagens de beleza são usadas contra as mulheres*, Rocco, 1992.

Wollstonecraft, Mary, *Reivindicação dos direitos da mulher*, Boitempo Editorial, 2016.

Wright, M.O., Norton, D.L. e Matusek, J.A., "Predicting Verbal Coercion Following Sexual Refusal During a Hookup: Diverging Gender Patterns", *Sex Roles* 62, 647-660, 2010.

Wu, P. L. & Chiou, W. B., "More Options Lead to More Searching and Worse Choices in Finding Partners for Romantic Relationships Online: An Experimental Study", *Cyber Psychology & Behavior* 12 (2), 1-4, 2009.

Zeldin, Theodore, *Conversação: Como um bom papo pode mudar a sua vida*, Record, 2001.

Este livro foi composto na tipologia Adobe Caslon,
em corpo 11/15.4, e impresso em papel off-white no Sistema
Cameron da Divisão Gráfica da Distribuidora Record.